门巴族珞巴族非遗保护及旅游开发研究

马宁○著

中山大学出版社
SUN YAT-SEN UNIVERSITY PRESS
·广州·

版权所有　翻印必究

图书在版编目（CIP）数据

门巴族珞巴族非遗保护及旅游开发研究/马宁著. —广州：中山大学出版社，2015.11

ISBN 978-7-306-05498-2

Ⅰ.①门… Ⅱ.①马… Ⅲ.①门巴族—民族文化—文化遗产—保护—研究—西藏②珞巴族—民族文化—文化遗产—保护—研究—西藏③门巴族—民族地区—旅游资源开发—研究—西藏④珞巴族—民族地区—旅游资源开发—研究—西藏　Ⅳ.①K286.7②K287.7③F592.775

中国版本图书馆 CIP 数据核字（2015）第 251382 号

出版人：徐　劲
策划编辑：刘丽丽
责任编辑：刘丽丽
封面设计：林绵华
责任校对：赵　婷
责任技编：何雅涛
出版发行：中山大学出版社
电　　话：编辑部 020-84111996，84113349，84111997，84110779
　　　　　发行部 020-84111998，84111981，84111160
地　　址：广州市新港西路 135 号
邮　　编：510275　传真：020-84036565
网　　址：http://www.zsup.com.cn　E-mail：zdcbs@mail.sysu.edu.cn
印 刷 者：广州中大印刷有限公司
规　　格：787mm×1092mm　1/16　13.375 印张　240 千字
版次印次：2015 年 11 月第 1 版　2015 年 11 月第 1 次印刷
定　　价：32.00 元

如发现本书因印装质量影响阅读，请与出版社发行部联系调换本书是教育部2012年人文社会科学研究西藏项目"门巴族、珞巴族非物质文化遗产保护及旅游开发研究"（12XZJC850002）的最终成果、教育部新世纪优秀人才支持计划（NCET-13-0960）的阶段性成果。

内容摘要

　　门巴族、珞巴族是我国的人口较少民族，千百年来，门巴族、珞巴族先民与藏族、僜人和夏尔巴人一起创造了灿烂的民族文化，这些具有强烈的地域性和民族性的文化被西藏各族人民不断传承、享用并发扬光大，给中华文化增添了无限生机，是整个中华文化不可缺少的一部分。在党和国家的大力支持下，门巴族、珞巴族已经拥有20项国家级、自治区级、地市级和县级非物质文化遗产项目，并在保护过程中形成了以文化援藏为主的"尼洋阁"模式、基层政府主导的"勒布沟"模式、跨境文化传承的"斗玉—准巴"模式，形成了独具特色的非物质文化遗产保护体系，延续着与印控区珞巴族民众的民间交往，扩大了我国对印控区的经济和文化影响力。在西藏大力发展旅游业的大背景下，门巴族、珞巴族民众也面临传统文化与现代化的冲突与调适问题，以手工技艺类非物质文化遗产为代表的生存技能型非物质文化遗产项目顺利转化为旅游产品，在实现非物质文化遗产传承的同时也增加了农牧民收入。生活娱乐型非物质文化遗产则因为其小众性、传统性和封闭性的特点而陷入无以为继的困境。依靠基层政府的扶持，发挥门巴族、珞巴族民众的能动性，以"地方政府+旅游公司+村寨"的模式进行生活娱乐性非物质文化遗产的集中展演，走社区参与旅游的发展路子，发展边境旅游、徒步探险旅游，给非物质文化遗产提供成熟的市场平台，才能使门巴族、珞巴族非物质文化遗产实现可持续发展。

从民俗文化到"非遗"的长征中，
有一匹"骊马"

当我拿到这本专题成果的清样时，这一回习惯性的第一动作不是先从文字、规模上快速地感受后判断其水平、亮点、不足，而是再一次确认："又是我们那匹勇往直前的'骊马'独自完成的吗？"

果然！

初看一遍全稿目次，任意翻翻各章内页后，却在无意中沉浸进了往昔与马宁叠接在一起的一个个远去的影像片断里……

——他是2002届的研究生。在当时我们多民族成分的门徒群里，唯一的羌族小伙儿，属"少数里的少数"，是青年帅哥中有特相者的一个。诚如其名：是匹马，但非烈类，确系安宁、平静甚或柔弱。

——他沉稳而有洒脱相（区别于中国少数民族子弟初入大场面的习惯性拘谨）；总体看，他从不张扬却有心机；规矩有礼貌也善自处，是平平淡淡里招大家喜欢的那种，原因是在他朴素无华的外相里传递出真诚、善良和几分天真又不失一点淘气夸张的率真。他非同学眼里那种事事爱冒尖的"头面"人物；他实在是一个日常令人放心、可信、中规中矩、绝无"乱子"的年轻人。

他在读研期间，是人群里不显眼但有人气的、有点"文质彬彬"却包含着绵柔韧性的自强者。

——毕业后，他，没表现出当代青年惯常但又不足为怪的好高骛远、拣肥挑瘦之举，首先就业，是欢欢喜喜进入一所地方的高校。不久，传来他引起学校领导重视，拟重新安排工作的信息；又不久，他申请到科研基金；又不久，他如约顺利报考中山大学读博，且"马"到成功；又不久，又不久……一连串不久的"好消息"不断传来，常常让我们这些上了年纪的"导师们"总有意外，又出惊喜，直至沉吟而感慨良久。是啊：

——他是一个陇南山地里出身的羌族青年，得机走出乡门，一个少数民族身份，直上时代快车一气走来，顺利进入大学任教。这已是通常最知感者、最幸运者，最值得扣额称庆之事；但他默默中并不止步，不仅只身去西藏边陲田野，一如他本有的民族情怀，发现、观察、体验、思考当地兄弟民族门巴、珞巴同胞的生活、劳作、感情、梦想……，用心灵、用沉静的激情述写他们的心思和愿景。当然，我不是说马宁的这个研究里，已全然是准确的，不无浅显和走样之处。我只是想说他的命运，他的成长、思考、关注、操作过程，全然流露出来的是一种我们时代对事业的自信，一份真情实意和一个不为人知的"小"民族青年的奋进精神！这能不是实实在在的弥足珍贵？

出于身处西北少数民族语言文化方面教学和科研的岗位，2003年，我"职业"性地参与到当时被称为"民族民间文化"抢救、保护类的呼吁继而学术研讨之中。如今回头想来，意味深长。那年，中国民间文艺家协会在一位当今中国有影响的著名作家的有心领头下，顺时宜地率先打出"抢救"之牌，呼吁一经发出，回响四起；接着，中国艺术研究院有声有色地召开了"中国少数民族艺术遗产保护及当代艺术发展国际学术研讨会"等等。伴随着联合国教科文组织《保护非物质文化遗产公约》的发布和之后一系列活动展开，文化部以及全国各地，可以说风起云涌地快速掀起了中国的非物质文化遗产保护研究的热潮。自上而下，历尽十数年，"非遗""原生态""传承人"之类的新语与社会文化活动，汇成一个持久的社会文化工程运动，于是当年被"文革"埋进地下的能师、巧匠、里手、内行纷纷露出地面。层出不穷的成果和业绩，的确成为"文革"之后，带有全民"抢救"性质的文化建设，大有大劫后"起死回生"的补偿性的大功大德。成果之一是在中国立法，机构、体系等虽不可说已完备，但足可说一应俱全。"非遗"抢救、保护的业绩，从规模着眼，举世无双的确不假；而一个亚洲太平洋区域"非遗"保护中心地位，非中国莫属的。

惊回首，才发现不知起自何时，一支中国特色的民间文化工作者蜕变出的非物质文化遗产专业队伍形成了，从中央直达全国边疆。我从2003年左右无意中被卷进这支队伍里，忝列入文化部专家行列，成了西北民族非物质文化遗产申报、评估、评审、调查、研讨、培训、督查……的一员或"代言人"。其时，由于我身在教学一线岗位，为了不误己任，自然与时俱进地把来自联合国教科文组织的新事业，从研究中引进我的课堂。及时在西北民族大学成立了"西北民族非物质文化遗产保护研究中心"，现在，这个中心已经被国家民族委员会批获所属六院校里的"国家民委人文社科重点研究基地名称"。这个过程里，意外中的事是出自高校攻读专业的一批青年学者应运诞生。从我们的角度看问题，尤其宝贵的是前已渐被冷却很少有人问津的少数民族文化,尤其是人口较少又无文字的那些民族的文化,现在专事研究的队伍被培养出来了。马宁,就是其中的佼佼者之一。马东平、戚晓萍、钱永平、马佩霆、杨静、刘永红、余粮才、李建宗、梁莉莉……一支各民族博士级的青年学者"登堂入室"了。

五年前的2010年第三季度,文化部为制定"十二五"规划参考,要对10万人口以下的22个人口较少民族的"非遗"状况立即进行摸底调查,便把这个紧急任务委托给我们西北民族大学的"非遗"中心。这22个人口较少民族,大部分居于新疆、西藏、云南和东北边境。而这些地区,在每年十月,早已经大雪封山而成为"绝地";道路不通,成了我们可做田野现场的最大障碍。门巴族与珞巴族又是西藏地区的独有民族。进不了西藏,门巴和珞巴两族的田野调查,摸清它们的"非遗"现状,就成了纸上谈兵一句空话。

怎么办?加上当时个别地区的境外势力作祟,一时间,了解西藏门巴、珞巴两族非遗现状一事陷入僵局。

我只有一招,打通我们中心团队研究员马宁的电话要他解决这个难题。小马不愧是匹"骍马",紧要之时,他毫不犹豫地接受了任务,通过与两族学生家属的电话采访,加上间接的往昔资料了解了一些基本信息,解决了当时的急需。待开春后便组织了赴藏的田野做了补充修订,初步完成了当时的任务。没想到的是,马宁是一个有心的青年,后来他正式组织团队,重新申请专题立项。几经整理、研讨与修订,变成了眼前这本专著。

我想,当我对以上涉及著者有关学习研究少数民族"非遗"的过程,做了些简略回顾性述说之后,对于这本书的特点、亮点的推介,以及对整体撰述的评价,就已经对自己形成了一堵多余的墙,这面墙对保护"非遗"、西藏及其各民族文化有兴趣的读者,却是不存任何障碍的透明体,所以在他们阅读之后,自然会得出自己的公平结论。

作为我国"非遗"这桩举国上下含各民族文化在内的巨大活动的开端、起始阶段全过程的参与者和见证者之一,我要说,一切形态、类型的文化活动,都犹如文化本身的属性,不论在任何环境,它都是在"活的"全过程中存在的。对于他的述说,在一定程度和角度上讲,不存在天生权威和永远正确的"老大"。企图以一般文化知识和把某时、某地、某一具体文化事象的印象、经验当作永恒"经典"理论,反复回锅炒作,是自欺欺人的无聊把戏。作为动词的"文化"哪有绝对"原生态"可言?多少年也不去现场田野深入调查研究的"学者",怎能设想他会成为对具体"非遗"事项的保护、研究,作出"对症下药"的诊断?可惜这类"大力丸"式的丸散膏丹,也借着豪华包装,煞有介事地混迹于市场。但是可以看到这部著作的田野材料是比较踏实地采择于门巴和珞巴当地的"土特产",而且基本上是遵守着人类学和中国化的民族学较规范的通常视角和操作进行的。马宁和他的同事们并不是就事论事地直对门巴、珞巴自说自事,而是把这两个民族置于西藏这个大环境里去观察、"深描",去理解、分析、叙述;甚至穿越历史,尊重现实,从印控区的视角去观察和思考问题。在叙述到旅游效益部分,按照社会学定量研究的要求,做了必要的问卷和数字统计。我想,就目前对一般人还不可能通畅去西藏这两个兄弟民族地方考察时,书里的现场材料就显得十分珍贵。至于种种形态"模式"的旅游,"对口支援"等地方措施,对于以保护为主的"非遗"是否相宜?"喜穿靴子"的西藏门巴珞巴同胞从自己脚的感受,会去决定他们的取舍,局外者也可说三道四,只能让实践与时间来回答吧。

作品表明,马宁博士在学术追求上是一个真诚的青年。至于马宁们,毕竟是一匹匹骏壮的"骊马",我们祝福他们在祖国辽阔广大的原野上扬蹄驰骋吧!

是为序。

2015 年 11 月初匆草于金城沙痕书屋

目 录

绪论 …………………………………………………………………… 1
  一、门巴族、珞巴族概况 ………………………………………… 1
  二、研究意义和研究方法 ………………………………………… 2
  三、门巴族、珞巴族研究综述 …………………………………… 3
  四、西藏民俗文化研究综述 ……………………………………… 16
  五、西藏民俗文化研究的特点和问题 …………………………… 24

第一章 西藏非物质文化遗产保护的历程 ……………………… 26
  第一节 西藏和平解放以来民族文化的保护与发展 ………… 26
  第二节 中央西藏工作座谈会与西藏非物质文化遗产保护 … 32
  第三节 门巴族、珞巴族非物质文化遗产保护情况 ………… 40

第二章 西藏各族大学生对非物质文化遗产的认识情况调查 … 47
  第一节 西藏大学生对西藏非物质文化遗产的认识情况 …… 47
  第二节 门巴族和珞巴族大学生对非物质文化遗产的认知情况 … 56

第三章 文化援藏的典范：尼洋阁藏东南文化遗产博物馆 …… 63
  第一节 尼洋阁藏东南文化遗产博物馆概况 ………………… 63
  第二节 尼洋阁藏东南文化遗产博物馆的运作经验 ………… 69
  第三节 博弈中的尼洋阁维护和旅游 ………………………… 74

第四章 政府的角色："勒布沟"模式的实践 …………………… 77
  第一节 勒布沟概况及旅游资源 ……………………………… 78

第二节　门巴族非物质文化遗产的传承 …………………………… 81
　　第三节　勒布沟非物质文化遗产保护的经验 ……………………… 88

第五章　传统的延续："斗玉—准巴"模式的文化效应 …………………… 94
　　第一节　印控区珞巴人的社会情况 ………………………………… 95
　　第二节　斗玉珞巴民族乡和准巴乡概况 …………………………… 97
　　第三节　珞巴族民众与印控区珞巴人的物物交换 ………………… 99
　　第四节　珞巴族非物质文化遗产的跨界传承 ……………………… 106

第六章　传统与现代的遭遇：南伊沟旅游开发中的非物质文化遗产 …… 114
　　第一节　米林县南伊沟概况 ………………………………………… 114
　　第二节　米林县珞巴族非物质文化遗产 …………………………… 117
　　第三节　南伊沟旅游开发中的冲突与调适 ………………………… 123
　　第四节　非物质文化遗产保护的喜与忧 …………………………… 127

第七章　渐进式发展：墨脱县限制性旅游和非物质文化遗产保护 ……… 133
　　第一节　墨脱县概况与旅游业 ……………………………………… 133
　　第二节　门巴族、珞巴族手工技艺类非物质文化遗产的鸣奏 …… 136
　　第三节　旅游业发展中的非物质文化遗产传承 …………………… 150

第八章　没有观众的演出：错那县非物质文化遗产保护的困境 ………… 159
　　第一节　自成一派的山南门巴戏 …………………………………… 160
　　第二节　生与舞的抉择：错那边境游中的门巴戏困局 …………… 164

第九章　门巴族、珞巴族非物质文化遗产与旅游业的结合路径 ………… 171
　　第一节　门巴族、珞巴族非物质文化遗产的旅游产品转化 ……… 171
　　第二节　门巴族、珞巴族聚居区旅游开发的路径探讨 …………… 186
　　第三节　西藏文化多样性的旅游式展演 …………………………… 195

后记 ……………………………………………………………………………… 201

绪　　论

一、门巴族、珞巴族概况

门巴族的族名"门巴"是历史上藏族人对居住在门隅地区的人的称呼。珞巴族的族名"珞巴"是历史上藏族人对西藏除门巴族以外的其他民族的统称，"珞巴"在藏语中的意思是南方人。门巴族、珞巴族的主体部分居住在被印度实际控制的我国藏南地区（简称"印控区"），在那里居住着5万门巴族和近30万珞巴族人。在藏南，门巴族主要生活在达旺、西卡门区和东卡门区，珞巴族则分布各处。虽然印度政府强制性地把门巴族和珞巴族人列为印度公民，不准他们前往西藏，但是在民间，居住在我国西藏和印控区的门巴族、珞巴族民众仍然相互走动，保持着一定的联系。印度政府不准我国学者前往他们实际控制的藏南地区，使我们多年以来一直不能对居住在印控区的门巴族、珞巴族的实际情况进行调查研究。

在我国，门巴族和珞巴族名列22个人口较少民族之中，从行政区划来说属于西藏自治区。门巴族主要聚居在西藏自治区东南部的门隅地区以及墨脱、错那、隆子等县。2010年全国第六次人口普查，门巴族总人口为10561人。门巴族有自己的语言，属于汉藏语系藏缅语族藏语支，没有本民族文字。珞巴族主要分布在西藏东起察隅、西至门隅之间的珞瑜地区，以米林、墨脱、察隅、隆子等地最为集中，2010年第六次全国人口普查，珞巴族人口数3682人。珞巴族有自己的语言，珞巴语属汉藏语系藏缅语族，除住在墨脱县北部的珞巴族使用藏语外，其余通用珞巴语，但各地区间有方言差异。国家对门巴族和珞巴族地区的义务教育实行"三包"（包吃、包住、包学杂费用），所有费用由国家出资，开设汉语文、藏语文、英语等课程，青少年入学率在100%，巩固率为99%。现在，门巴族和珞巴族都已经有了自己的大学生，并且数量不断增加，这为门巴族和珞巴族的经济社会发展和民族文化保护储备了必要的人才。

就两个民族的聚居情况来说,目前,门巴族、珞巴族多与藏族混居一村,门巴族、珞巴族以单一民族形式聚居的极少,混居村寨的门巴族和珞巴族民众都能使用藏语。门巴族和珞巴族居住的地区自然条件较好,像米林县、墨脱县这些地区为亚热带气候区,可以种植水稻、甘蔗、香蕉、橘子、枇杷等作物,熊、豹、野牛、岩羊、野猪等野生动物数量众多,在这样的生态环境中生存的门巴族和珞巴族民众在生计方式上有很大的共同性,比如门巴族和珞巴族都擅长竹编和藤编。当然也有一些差异,比如墨脱县的门巴族擅长制作石锅和乌木筷子;珞巴族则更擅长打猎,在西藏民主改革前是一个狩猎民族。

现在,由于国家实行天然林资源保护工程,门巴族、珞巴族所在地区的生态环境得到很好的保护,国家考虑到这两个民族的生计方式,允许他们定期砍伐一些竹林从事手工编织,赚取生活所需费用。因为拥有海拔低、氧气充足、气候宜人等地理条件的优势,林芝地区的门巴族、珞巴族村寨开发旅游业的时间较早,很多民众吃上了旅游饭,生活水平不断提高。山南地区的门巴族、珞巴族村寨由于地理条件和交通条件的限制,主要在地方政府的帮扶下依靠特色手工业发展经济,近两年才在政府的支持下开始发展旅游业。

二、研究意义和研究方法

(一)研究意义

门巴族、珞巴族居住在中印边境敏感地带,其发展受到一定限制,客观上也使其文化很好地保留了下来。对门巴族、珞巴族的非物质文化遗产进行研究具有很强的政治意义和理论价值,可以为西藏文化多样性提供证明,有力抨击达赖集团"西藏文化灭绝"的谬论,同时,也有助于西藏文化保持多元化发展态势。

客观地说,虽然门巴族和珞巴族在我国属于人口较少民族,但在印控区却生活着数以万计的门巴族和珞巴族民众,学术界并不了解这些民众的生产生活状况和文化传承情况,而印控区门巴族、珞巴族民众越界与国内门巴族和珞巴族民众的经济往来和文化交流却为我们提供了全面研究门巴族和珞巴族非物质文化遗产的条件。

长期的军事管制使门巴族、珞巴族聚居地区一直处于半封闭状态,社会现代化程度较低,很多非物质文化遗产与民众生活密切相关,在人们的生活中占有重要地位,但这些非物质文化遗产很少被外界所知。就客观情况来看,门巴族、珞巴族社会实现快速发展最快捷的途径就是发展旅游业,而非物质文化遗产是备受游客喜爱的文化资源。因此,进行门巴族、珞巴族非物质文化遗产保护和旅游开发研究就显得非常必要,这对于保护西藏文化多样性也具有很强的理论价值,必须处理好门巴族、珞巴族民众实现现代化与对待非物质文化遗产的问题,使门巴族、珞巴族民众在不断增强文化自觉的前提下,传承本民族的非物质文化遗产,发展旅游业,实现社会发展的目的,达到经济和文化的双赢。

因此,本研究具有很强的应用价值,通过对门巴族、珞巴族非物质文化遗产的保护情况进行梳理,概括出这两个人口较少民族非物质文化遗产保护和发展的模式,提出其开发旅游的可行性方案,对可能出现的问题进行预测,提出前瞻性的建议,使门巴族、珞巴族民众通过非物质文化遗产的保护和开发达到发展旅游业,实现社会快速发展的目的。

(二)研究方法

本课题主要采用人类学、民族学田野调查的方法获取第一手资料,在此基础上展开理论分析。从 2012 年至今,课题组成员分别到门巴族、珞巴族聚居的林芝地区墨脱县、米林县,山南地区错那县、隆子县等地进行田野调查,重点对门巴族聚居的墨脱县墨脱村、德兴村、背崩村和错那县勒布沟,珞巴族聚居的米林县南伊村、隆子县斗玉村、墨脱县达木村等村寨开展实地调查,运用文献法、参与观察法、访谈法等调查方法展开全面细致的调查活动,并运用现代机器设备进行相关音频和视频数据资料的搜集。在调研过程中得到了文化部非物质文化遗产司、西藏自治区文化厅、林芝地区文广局、山南地区文广局等单位的大力支持。

三、门巴族、珞巴族研究综述

门巴族和珞巴族分别在 1964 年和 1965 年被认定为单一的少数民族,成为我国 22 个人口较少民族的成员。此后,学术界对门巴族、珞巴族的研究成果也逐渐多了起来,主要集中在门巴族和珞巴族的族源、历史、宗教、民间文化等方面,相对于其他人口较少民族而言,关于这两个民族的研究成果的数量比较惊人。

(一)门巴族、珞巴族概况研究

经过 20 世纪五六十年代的民族识别和社会历史大调查,对门巴族、珞巴族的族源和历史概况基本理清后,到 20 世纪七八十年代,这些调查成果先后出版,填补了我国门巴族、珞巴族研究的空白。

墨脱县和错那县勒布沟是我国门巴族的聚居地之一,我国学者的调查研究最早从这里开始,出版了一系列针对门巴族的调查资料汇编,中国社会科学院民族研究所编写的《西藏墨脱县门巴族社会历史调查报告:门巴族调查材料之一》[①]

[①] 中国社会科学院民族研究所. 西藏墨脱县门巴族社会历史调查报告:门巴族调查材料之一 [R]. 北京:中国社会科学院民族研究所,1978.

(1978)和《西藏错那县勒布区门巴族社会历史调查报告：门巴族调查材料之二》①（1978）集中体现了墨脱县、错那县勒布沟这两个门巴族聚居区的社会历史情况，首次将我国门巴族的社会状况详细地展现出来。《门巴族简史》（1987）是我国国家民族事务委员会民族问题五种丛书之一，对门巴族传说中的远古时代到1962年中国对印自卫反击战之间的历史进行了系统梳理，首次以文字形式展现门巴族的民族史，并对门巴族社会的生产力、生产关系、物质生活和精神文化进行了概括性叙述，这是我国第一本关于门巴族历史的著作，具有非常重要的资料价值。张江华等人的《门巴族封建农奴社会》（1988）对门巴族的封建农奴制社会进行了全方位的叙述，涉及社会经济、生产关系、原始公有制残余、等级制度、政治制度和阶级斗争、婚姻、家庭、宗教、丧葬、民间文学艺术等，堪称展现门巴族封建农奴社会的百科全书。《门巴族社会历史调查》（1988）将墨脱县和错那县调查资料合而为一出版，集中了当时关于门巴族社会历史调查的全部成果。以上著作在门巴族研究中的学术地位非常高，标志着我国门巴族研究的开端。此后，一些学者又在前人基础上不断开展调查研究，致力于呈现门巴族社会在不同历史时期的发展变迁，例如，张江华的《门巴族》（1997）一书，既参考了上述科研成果，又增加了新内容，将门巴族的情况更加完整地展现在世人面前。吕昭义、红梅的《门巴族：西藏错那县贡日乡调查》（2004）是一本以贡日乡门巴族为个案的民族志，对贡日乡的情况进行了全方位的叙述，内容更加具体。②

此外，索文清论述了错那县门巴族的概况③。吴从众对新中国成立前门巴族的封建农奴制度进行了论述④，他还采用编年史的体例，首次对墨脱县门巴族的历史沿革进行了很详细的叙述，将18世纪后期到1968年期间墨脱县门巴族的历史梳理得非常清晰⑤。

在珞巴族研究方面，中国社会科学院民族研究所编的《西藏米林县珞巴族社会历史调查报告：珞巴族调查材料之一》⑥（1978）、《关于西藏珞巴族的几个调

---

① 中国社会科学院民族研究所．西藏错那县勒布区门巴族社会历史调查报告：门巴族调查材料之二[R]．北京：中国社会科学院民族研究所，1978．
② 吕昭义，红梅．门巴族：西藏错那县贡日乡调查[M]．昆明：云南大学出版社，2004．
③ 索文清．西藏错那县门巴族概述[J]．西北民族学院学报，1985（3）．
④ 吴从众．解放前门巴族的封建农奴制度[J]．西藏研究，1986（1）（2）．
⑤ 吴从众．西藏墨脱县门巴族的历史沿革[J]．中央民族学院学报，1987（1）．
⑥ 中国社会科学院民族研究所．西藏米林县珞巴族社会历史调查报告：珞巴族调查材料之一[R]．北京：中国社会科学院民族研究所，1978．

查材料：珞巴族调查材料之二》①（1978）这两本调查报告对珞巴族聚居的米林县南伊沟、隆子县斗玉乡、墨脱县达木乡、西蒙等地的珞巴族社会情况进行了非常详细的叙述，为我国的珞巴族研究提供了宝贵的基本资料。这两本调查资料分别在1987年和1989年以《珞巴族社会历史调查》（一）（二）的名称由西藏人民出版社出版。《珞巴族简史》（1987）除了对珞巴族的族源、历史、奴隶制社会形态和反对外国殖民主义者的斗争等进行叙述外，还对珞巴族的服饰、饮食、住宅、交通、宗教信仰、文学艺术等民族文化进行了概述性的叙述，提供了较为全面的珞巴族民族文化资料。② 在编纂这些大部头调查资料集的基础上，李坚尚等人还开展了一些专题性研究，对珞巴族的博嘎尔、崩如、陵波、巴达姆、阿帕塔尼等部落组织的来源、地理分布进行了梳理，认为珞巴族部落组织出现了早期的阶级和等级，有属于被奴役的家族、氏族和部落，既有部落内婚又有部落外婚，而且部落组织松弛，还处在以父系氏族社会为基础的发展阶段。③ 值得一提的是李坚尚、刘芳贤的《珞巴族的社会和文化》（1992）对珞巴族的氏族、等级、家长奴隶制和宗教等进行了很详细的论述，突破了以往著作以资料见长的局限性，使用文化人类学的理论方法进行了研究，具有较高的学术价值。④ 王玉平的《珞巴族》（1997）比较详细地叙述了珞巴族的神话传说、民间故事、婚姻仪式、生活习俗、宗教信仰、舞蹈等传统民族文化。⑤ 龚锐、晋美的《珞巴族西藏米林县琼林村调查》（2004）是继我国少数民族社会历史大调查之后，民族学界对珞巴族社会进行调查的力作，以民族志的形式系统展现出琼林村这个珞巴族聚居村的生态环境、人口、经济、社会政治、婚姻家庭、法律、文化、民族风俗、教育、科技卫生、宗教等状况。⑥ 这些为后人的研究提供了全新的资料。

此外，也有学者从生态学和经济学的角度出发对门巴族和珞巴族进行研究的著作。张江华等人的《雅鲁藏布江大峡谷生态环境与民族文化考察记》（2007）对墨脱县的生态环境，门巴族和珞巴族开发墨脱的历史、生态环境与刀耕火种农业、医疗、交通、旅游的关系等问题进行了详细的考察和记录，并且提出了富有

---

① 中国社会科学院民族研究所. 关于西藏珞巴族的几个调查材料：珞巴族调查材料之二 [R]. 北京：中国社会科学院民族研究所，1978.
② 《珞巴族简史》编写组. 珞巴族简史 [M]. 拉萨：西藏人民出版社，1987.
③ 李坚尚. 试论珞巴族的部落组织 [J]. 民族研究，1986（4）：33.
④ 李坚尚，刘芳贤. 珞巴族的社会和文化 [M]. 成都：四川民族出版社，1992.
⑤ 王玉平. 珞巴族 [M]. 北京：民族出版社，1997.
⑥ 龚锐，晋美. 珞巴族西藏米林县琼林村调查 [M]. 昆明：云南大学出版社，2004.

建设性的建议，使传统的门巴族、珞巴族研究向生态学方面拓展。① 党秀云、周晓丽主编的《达木村调查·珞巴族》(2012) 首次对达木村的社会经济发展状况进行了全方位的调查，弥补了以往研究不注重珞巴族经济发展的不足。②

长期以来，由于印度的非法占领，我国学术界对印控区珞巴族人的情况并不了解，针对这种情况，一些学者将外文书籍翻译成中文，或者进行资料的梳理，补充了我国学术界对印控区珞巴族人研究的不足。例如，李坚尚、丛晓明翻译的沙钦·罗伊所著《珞巴族阿迪人的文化》(1991) 一书主要对印控区珞巴族的情况进行了详细的叙述。③ 李金轲、马得汶等人结合中、外文资料，介绍了中印领土争议东段地区珞巴族塔金部落的基本状况及其社会变迁情况。④ 李金轲等对20世纪50年代之前珞巴族尼西人的族源和分布，村落治理，经济生活，婚俗、节俗、传统娱乐方式、饮食和装饰等文化习俗，宗教信仰等等情况进行了梳理，将尼西人的传统社会生活的特点概括为：以联合家庭为核心，宗族为外延，村落为主体；村委会"尼里"是尼西村落的公共治理机构，头人是尼西村落的对外代表；"土普尼构"轮耕方式是主要作业模式，狩猎、家禽养殖、采集对传统农业经济起到了很大的补充作用；万物有灵、宰牲祭祀是尼西人古老宗教信仰的核心特征。⑤ 他们的研究弥补了我国学术界对印控区珞巴族人的情况不甚了解的缺憾。当然，因为缺乏实际田野调查，青年学者单纯依赖文献研究珞藏传统贸易的情况后提出的"受边界争议影响，珞藏之间的贸易文化联系也趋于弱化"⑥ 的观点与实际情况有一定出入。

（二）门巴族、珞巴族民间文学研究

学术界对门巴族、珞巴族民间文学的研究起步较早，取得了丰富的研究成果，使其成为门巴族、珞巴族学术研究的重要传统领域。于乃昌是这一领域的先行者，带领西藏民族学院珞巴族门巴族民间文学考察组对门巴族民间文学进行调查、整理和研究工作，迈出了具有开拓性的一步，取得了很大成就，他组织整理和编写的《门巴族民间文学资料》(1979) 主要对门巴族的7个神话、传说、故

---

① 张江华，揣振宇，陈景源. 雅鲁藏布江大峡谷生态环境与民族文化考察记 [M]. 北京：中国藏学出版社，2007.

② 党秀云，周晓丽. 达木村调查·珞巴族 [M]. 北京：中国经济出版社，2012.

③ （印）沙钦·罗伊. 珞巴族阿迪人的文化 [M]. 李坚尚，丛晓明，译. 拉萨：西藏人民出版社，1991.

④ 李金轲，马得汶. 中印领土争议东段地区珞巴族塔金人及其社会变迁 [J]. 中国边疆史地研究，2012（1）：87.

⑤ 李金轲等. 珞巴族尼西人的传统社会生活 [J]. 西藏研究，2013（3）：74.

⑥ 李金轲等. 珞藏传统贸易文化联系探析 [J]. 湖北民族学院学报，2013（4）：53.

事和31首萨玛酒歌进行了详细记录。① 之后,他又以于乐闻的笔名发表了《门巴族民间文学概况》一文,对门巴族神话与传说、萨玛酒歌、古典情歌、叙事诗、戏剧等调查资料进行了初步分析。② 他主编的《西藏民间故事 第五集(珞巴族、门巴族专辑)》(1989)对西藏民族学院珞巴族门巴族民间文学考察组在1979年和1986年间到珞巴族和门巴族聚居地区考查搜集的58个珞巴族民间故事、55个门巴族民间故事进行了系统整理,这是迄今为止最全的一部珞巴族门巴族民间故事集,为后人从事门巴族、珞巴族民间文学研究打下了坚实的资料基础。③ 在门巴族、珞巴族诗歌研究方面,于乃昌对珞巴族古诗歌《斯金金巴巴娜达萌》的内容和反映的社会现实进行研究④,认为珞巴族古史歌产生的时代是珞巴族原始文学的审美意识发展到辉煌的时代,古史歌的审美价值主要表现为真实美、真情美、意象美、结构美、语言美等。⑤ 认为门巴族散体文学普遍具有田园风味和恬淡情致,情是门巴族诗歌美的秘密所在,兴与比,是门巴族诗歌审美意境和审美意象创造的最重要的审美构成形式,创造了出神入化的审美境界和带有明显情感体验的审美意象,收到传神、传情的审美效果。⑥ 此外,琼华的《门巴族民歌选》以藏文的形式对门巴族民歌进行记录,为学术研究提供了素材。⑦

门巴族的口承文学非常丰富,其中又以神话数量最多,最著名的是魔女神话,吕昭义对错那县色目村流传的众多魔女神话进行了叙述,将其分为袒护该村和敌视人类两种,认为其中透露出佛教与门巴族本土宗教的争斗。⑧ 仓央嘉措情歌在青藏高原享有盛誉,表现出诗人仓央嘉措深刻的思想和精湛的艺术表现手法,陈立明对其进行研究后认为仓央嘉措情歌是门巴族与藏族文化交流的结晶,对藏族文学产生了深远的影响,具有很强的人民性,使其经受住了历史的考验,成为千古绝唱。⑨

在珞巴族文学研究领域,于乃昌整理的《珞巴族民间文学资料》(1980)集中了西藏民族学院珞巴族门巴族民间文学考察组1979年6—7月在米林县纳玉公

---

① 西藏民族学院门巴族民间文学调查组搜集,于乃昌整理,西藏民族学院科研处编. 门巴族民间文学资料 [R], 1979.
② 于乐闻. 门巴族民间文学概况 [J]. 西藏民族学院学报, 1980 (1): 63.
③ 于乃昌. 西藏民间故事 第五集(珞巴族、门巴族专辑)[M]. 拉萨: 西藏人民出版社, 1989.
④ 于乃昌. 斯金金巴巴娜达萌论析——珞巴族古史歌研究之一 [J]. 中国藏学, 1992 (2): 152.
⑤ 于乃昌. 珞巴族古史歌的审美价值 [J]. 西藏民族学院学报, 1991 (1): 17.
⑥ 于乃昌. 心灵和自然的契合——论门巴族诗歌艺术 [J]. 西藏艺术研究, 1993 (2): 83.
⑦ 琼华. 门巴族民歌选 [J]. 西藏民族学院学报, 1981 (2): 128.
⑧ 吕昭义. 色目村门巴族魔女神话传说初探 [J]. 民族艺术研究, 2004 (2): 62.
⑨ 陈立明.《仓央嘉措情歌》与门巴族藏族的文学交流 [J]. 民族文学研究, 2003 (1): 54.

社搜集整理的4首民间歌谣、5个传说、16个神话、9个故事和13首谚语,首次以汉文形式将门巴族和珞巴族民间文学呈现出来。在《珞巴族民间文学概况》(1980)中提出传说和史诗是珞巴族民间文学的主要样式,民间传说和神话往往结合在一起,认为珞巴族民间文学是世世代代、口口相传而流传和发展起来的,大部分产生在原始父系氏族社会,既反映了原始父系氏族社会和母系氏族社会的现实图景,也反映出原始的公有制和刚刚萌生的私有制之间的斗争,从神话传说中还能看到珞巴族人原始的天体观念、自然观念和人类起源、原始宗教、原始复仇观念、原始道德观念等。① 他提出,珞巴族的社会神话可以追溯到珞巴族母系氏族社会的早期阶段,是珞巴族各种样式的文学题材的基础,表明处在原始社会阶段的古代珞巴族的想象力是非常丰富的。② 在此基础上,于乃昌提出了珞巴族原始文学的概念,进一步对文艺美学进行研究,撰写了一系列学术论文:认为珞巴族主要通过感性经验对思维对象的外在物象进行表象加工,从而产生新的具象,在直观的现实情境中进行物象类比,具有"神用象通""神与物游"的特征,使文学形象具有象征性、幻想性、变形性等审美特征。③ 将珞巴族民间故事的审美效应类型划分为崇高型、悲剧型、优美型、喜剧型、哲理型等五类,具有虚拟性、象征性、荒诞性、自由性、形式美等审美特征。④ 他对珞巴族神话进行研究后提出,原始神话在蒙昧社会中晚期萌芽到氏族社会形成时得到成熟发展,并贯穿整个原始社会,是原始宗教的有机组成部分,宗教对神话具有规定性。产生神话创造需要并推动先民去进行神话的创造,其原因归根结底是特定历史条件下人与自然的矛盾关系造成的,是原始先民战胜自然的特殊需要的产物,即先民创造的具有实际效能的社会精神价值。⑤ 他所著的《珞巴族文学史》对珞巴族的地域与部落分布、民族历史和社会形态、民族精神文化发展特征等内容进行了非常详细的论述,涉及珞巴族神话、歌谣、古史歌、民间故事和民间文艺家,认为珞巴族文学具有内向统一性和开放吸收的特点。⑥ 这是其多年来从事珞巴族文学研究的学术精粹,在珞巴族文学研究史上具有划时代的意义。

此外,唐晋中也对珞巴族天地、日月星辰、雷电风雨、山川木石及动物的各类起源神话进行了系统归纳和整理。⑦

---

① 于乐闻. 珞巴族民间文学概况 [J]. 西藏民族学院学报, 1980 (2): 61.
② 于乃昌. 珞巴族的社会神话 [J]. 广西民族学院学报, 1987 (2): 60.
③ 于乃昌. 原始思维与珞巴族文学审美特性的生成 [J]. 民族文学研究, 1991 (4): 22.
④ 于乃昌. 珞巴族民间故事的审美效应与审美构成 [J]. 民族文学研究, 1988 (2): 3.
⑤ 于乃昌. 从珞巴族神话谈神话的产生 [J]. 民族文学研究, 1993 (2): 32.
⑥ 于乃昌. 珞巴族文学史 [M]. 南京: 江苏教育出版社, 2001.
⑦ 唐晋中. 珞巴族开辟神话的解读——比较神话学研究 [J]. 西藏艺术研究, 1993 (1): 60.

（三）门巴族、珞巴族民俗文化研究

从 20 世纪七八十年代门巴族、珞巴族学术成果面世开始，门巴族、珞巴族民俗文化方面的研究就占有相当比重，除了上面所述学术著作均或多或少涉及民俗文化外，20 世纪 80 年代出现的一些文章也集中体现了学术界对门巴族、珞巴族民俗文化的持续关注。1981 年同时刊发在《中国民族》杂志上的三篇文章：洛桑《门巴族的衣饰》（1981）、陈景源《门巴族的婚俗》（1981）、索文清《花丛果林中的门巴族》（1981）是国内较早介绍门巴族民俗的文章，虽然浅显，但却具有开拓性意义。最早对珞巴族饮食民俗进行专门研究的是洛思，他对珞巴族的农牧业生产方式、食物的种类和制作方式进行详细叙述后，认为珞巴族饮食反映了共食、均分的特点，强调了珞巴族饮食习俗与自然环境、生产方式、社会习俗、文化观念的密切关系。① 这篇文章资料翔实，论述精辟，语句精炼，学术水平较高，即使在今天，读起来仍然颇有新意，给人启发。

这一时期，对门巴族舞蹈的研究也逐渐展开。除了搜集整理门巴族、珞巴族戏曲文本外，于乃昌还对门巴族的宗教舞蹈"呛木"进行了开创性的研究，认为该舞蹈具有自然崇拜、鬼魂崇拜、巫术活动的象征性意义，是门巴族人体文化的基本形式。② 在后来的研究中，于乃昌又提出门巴戏起源于酬神歌舞"巴呛木"，是门巴族创造的混合型艺术，融世俗、宗教、音乐、舞蹈、美术、工艺于一体，是人把自身的美妙的歌喉和动作奉献给神灵，《阿拉卡教》就集中反映出门巴族戏剧艺术表现出的魔幻性与现实性的统一、时空重叠性和紧缩性、动作性和虚拟性、民主性和自由性等审美特性。③ 李家平也很关注门巴族和珞巴族舞蹈，对门巴戏《阿吉拉姆》，羌舞《颇涨拉堆巴》、《喜歌》等舞蹈的来历和具体动作进行了细致的描写。④ 对"剥格"（刀舞）、"边波仁"（庆丰收）、"索波巴"（过大年）、"扭波仁"（送虎）、"边巴蹲奴"（脚舞）、"波德刚德"（出征舞）、"复仇舞"等珞巴族舞蹈进行了非常详细的描述，他的研究为学术界提供了大量门巴族和珞巴族舞蹈的第一手调查资料。⑤ 林吟则对门巴族的民间舞蹈"呛木"进行了分类，将其分为图腾舞蹈、巫术舞蹈、鬼魂舞蹈等三类，认为"呛木"为人们研究门巴族社会发展及各种意识形态提供了丰富、翔实的材料。⑥ 拉巴卓

---

① 洛思．珞巴族饮食习俗惯制 [J]．西藏民族学院学报，1989（2）：56．
② 于乃昌．神灵感应中的人体文化——论门巴族的宗教舞蹈 [J]．西藏民族学院学报，1989（1）：1．
③ 于乃昌．门巴族民间戏剧的审美启示 [J]．民族艺术，1993（1）：55．
④ 李家平．门巴族的习俗和舞蹈 [J]．西藏艺术研究，1989（2）：35．
⑤ 李家平．珞巴族舞蹈概况 [J]．西藏艺术研究，1988（4）：1．
⑥ 林吟．门巴族民间舞蹈"呛木" [J]．民族艺术，1990（4）：144．

玛也对门巴族①和珞巴族舞蹈②进行了介绍。陈立明首次对门巴戏与藏戏进行对比研究，认为门巴戏深受藏戏影响，在名称称谓、唱腔、演出方式和程式、乐器和剧目等方面与藏戏相同，而门巴戏保留了更为稚拙、朴野的风貌，特色鲜明，取得了一定的突破。③

虽然门巴族和珞巴族都擅长狩猎，但是学术界对其狩猎习俗进行研究的著述并不多，仅有姚兴奇分析了门巴族狩猎文化中禁忌习俗产生的原因、行为禁忌和物禁忌的内容，认为这些禁忌是基于门巴族狩猎社会的需要而产生的一种习俗文化，积淀、投射着门巴人向自身还无法控制和支配的大自然争取自身生存和发展的渴求自由权利的深层文化心理。④ 其研究将门巴族狩猎习俗提升到相当高度。

祭祀屋脊神（房脊神）是门巴族重要的文化习俗，一直沿袭至今，门巴族人在自家屋脊梁木交界处会悬安一个硕大的木雕男性生殖器，防止女鬼进屋侵扰，起到镇邪驱祟的作用。这种习俗较早引起学术界的关注。陈立明较早对其进行研究后认为，门巴族的生殖崇拜比较集中地反映在房脊神传说及请神仪式中，屋脊神的原型是大神旺秋钦布的儿子，反映出门巴族人对男性生殖器的崇敬，甚至衍生出一套安放迎请屋脊神的仪式。⑤ 在此基础上，陈立明又进一步提出门巴族生殖崇拜主要集中表现在神话传说、戏剧"中索羌"、祭地、主巴大法会、生产活动等诸多方面，总结出门巴族的男女性器合体的崇拜蕴含着阴阳合一的原始哲学观念。⑥ 刘志群也对门巴族的屋脊神祭祀习俗和仪式进行了研究。⑦ 姚兴奇也对珞巴族的"卡让辛"与生殖崇拜进行了论述，认为选择木雕生殖崇拜是珞巴族自身的特性和所生活的环境所决定的，以家庭为单位，在盖置新房时表现最为突出。⑧ 该文阐明了相似的生殖崇拜在门巴族和珞巴族中普遍存在的事实。

陈立明在门巴族和珞巴族民俗研究方面贡献良多，内容涉及家庭与婚俗⑨、

---

① 拉巴卓玛. 错那县勒布区门巴族歌舞简介 [J]. 西藏艺术研究, 1995 (3): 22.
② 拉巴卓玛. 米林珞巴族舞蹈概况 [J]. 西藏艺术研究, 1996 (2): 38.
③ 陈立明. 门巴族民间戏剧考察——兼论藏戏与门巴戏的异与同 [J]. 民间文学研究, 2005 (4): 54.
④ 姚兴奇. 门巴族狩猎文化中的禁忌 [J]. 西藏研究, 1992 (1): 110.
⑤ 陈立明. 从"房脊神"看门巴族的生殖崇拜 [J]. 西藏民族学院学报, 1989 (2): 70.
⑥ 陈立明. 门巴族生殖崇拜文化探析 [J]. 民族文学研究, 1998 (3): 16.
⑦ 刘志群. 西藏门巴族生殖崇拜及其祭祀活动 [J]. 民族艺术, 1995 (1): 77.
⑧ 姚兴奇. 珞巴族"卡让辛"与生殖崇拜（上）[J]. 西藏艺术研究, 1992 (1): 71.
⑨ 陈立明. 试论门巴族的家庭与婚姻 [J]. 中国藏学, 1990 (2): 137.

丧葬习俗①、居住习俗②、传统文化与环境保护③等,特别对珞巴族的土葬、石冢葬、崖葬和树葬等丧葬形式的过程及禁忌进行了详细叙述和总结④。张力凤也对珞巴族博嘎尔部落的买卖婚、抢婚、私奔、一夫一妻等婚姻形式,打记号、姑娘宴、等级婚礼等婚姻过程进行了叙述。⑤

　　刘志群在对错那县门巴族的文化艺术进行调查的基础上提出了边境民族习俗森林风景旅游区的开发设想,包括设立旅游景点、建立门巴族文化娱乐中心、加强配套设施建设等内容。⑥ 就今天错那县旅游业的发展情况来看,这些建议很有前瞻性。胡德平、杜耀西对门巴族和珞巴族的主要耕具——木杈、木锹及其使用方法进行了叙述,并认为它们同我国古代历史上的耒耜非常相像。⑦ 杜耀西还在此基础上更进一步,专门对珞巴族的农业生产概况进行了全面论述,涉及粮食作物的种类、蔬菜,特别对珞巴族的火耕工具、破土工具、播种工具、收割工具、脱谷工具进行了分门别类的详细介绍,并对鸡爪谷、水稻和玉米的种植程序进行了描述,认为珞巴族农业基本上处于火耕阶段,耜耕处于次要地位。⑧ 这种对耕具的专门性研究改变了以往单纯对民俗事象进行研究的思路,拓宽了门巴族和珞巴族民俗研究的路径。

　　经过以上学者的不断积累和创新,到 1995 年,门巴族、珞巴族民族民俗文化的研究成果最终汇集成了《中国民族文化大观:藏族、门巴族、珞巴族》一书⑨,囊括门巴族和珞巴族的族源、历史、语言、宗教、社会政治制度、生产生活、交通贸易、风俗习惯、伦理道德、文学艺术、文化交流等方方面面,被称为了解西藏民俗文化的百科全书。

　　此外,林继富另辟蹊径,对珞巴族崇拜的灶神——狗信仰进行了叙述,认为这是珞巴族先祖文化的突出反映,在交感巫术催化下,将狗与人的关系由现实功利上升到模拟、神化的精神颂扬,进而塑造出集保护神、生命神、家神于一身的

---

① 陈立明. 关于门巴族丧葬的考察与思考 [J]. 西藏研究, 1991 (1): 122.
② 陈立明. 珞巴族传统居住习俗及其变化 [J]. 西藏民族学院学报, 2003 (5): 20.
③ 陈立明. 珞巴族的传统文化与环境保护 [J]. 西藏大学学报, 2009 (4): 6.
④ 陈立明. 珞巴族的丧葬与禁忌 [J]. 西藏民族学院学报, 1990 (1): 40.
⑤ 张力凤. 珞巴族博嘎尔部落的婚恋习俗 [J]. 西藏民族学院学报, 2004 (2): 51.
⑥ 刘志群. 错那门巴族:文化艺术的调查及其对外开放和开发的可行性研究 [J]. 西藏艺术研究, 1992 (4): 8.
⑦ 胡德平,杜耀西. 从门巴、珞巴族的耕作方式谈耦耕 [J]. 文物, 1980 (12): 67.
⑧ 杜耀西. 珞巴族农业生产概况 [J]. 农业考古, 1982 (2): 144.
⑨ 关东升. 中国民族文化大观:藏族、门巴族、珞巴族 [M]. 北京:中国大百科全书出版社, 1995.

灶神形象。① 但这一研究并没有引起学术界的关注。

进入 21 世纪以后,现代化对门巴族、珞巴族传统文化的冲击引起了一些学者的重视。陈立明认为,门巴族、珞巴族的社会和文化正处于急剧的变化之中,传统文化的弱化、变异乃至消失对民族文化的多样性和传统文化的保护继承带来了挑战。② 他对门巴族、珞巴族生产生活方式、社会结构、婚姻制度与家庭关系、宗教信仰、思想文化观念等方面的重大变化进行了叙述,提供了一些最新的资料,表达了他的担忧。③ 龚锐、金燕从文化人类学的视角,以琼林村 5 位村民为个案,认为珞巴族的社会文化变迁的突出特点表现为现代文化特质的彰显与传统文化特质的衰微。④ 卓拉、杨坤也以琼林村为例对珞巴族的社会政治变迁进行研究,认为珞巴族村落的习惯法虽然内容多有变迁,但依然发挥着重要的社会控制功能;国家成文法的宣传普及,则增强了村民的法制意识;精神文明建设的蓬勃开展,使珞巴族村落呈现出安定团结、和谐有序的良好氛围。⑤ 蔡光洁在对琼林村进行调查后认为,珞巴族传统文化的显性式样已被高度同化,传统文化的核心价值观改变相对缓慢,珞巴族文化表现出从独特封闭的传统模式走向了多元文化的发展趋势,这些问题在我国少数民族文化的生存和发展中具有典型性。⑥

(四) 民族关系研究

早在 20 世纪 80 年代,关于门巴族、珞巴族和藏族的关系问题就引起了学者们的注意,并开展了持续讨论,张江华的《门藏历史关系刍议》(1984)认为门巴族和藏族在文化上存在差异,而在政治和宗教上存在密切联系,经济和文化上交流广泛。⑦ 陈立明在对门巴族所信仰的苯教与藏族苯教进行比较的基础上提出,在门藏文化交流中,藏族文化处于强势,藏族文化对门巴族文化的影响远远大于门巴族文化对藏族文化的影响,门藏文化交流呈现出不平衡状态。在门藏宗教文化交流中,藏族的苯教和佛教文化先后传入门巴族地区,门巴族在接受苯教

---

① 林继富. 珞巴族灶神论析 [J]. 民间文学论坛, 1996 (2): 58.

② 陈立明. 门巴族珞巴族的传统文化及其在新时期的变化 [J]. 西藏民族学院学报, 2011 (5): 54.

③ 陈立明. 门巴族、珞巴族的历史发展与当代社会变迁 [J]. 中国藏学, 2010 (2): 86.

④ 龚锐,金燕. 当代西藏珞巴族社会文化变迁调查——以米林县南伊珞巴民族乡琼林珞巴村五位村民为个案 [J]. 中南民族大学学报, 2008 (2): 56.

⑤ 卓拉,杨坤. 试论珞巴族的社会政治变迁——以西藏米林县南伊珞巴民族乡琼林村为例 [J]. 西藏大学学报, 2013 (3): 56.

⑥ 蔡光洁. 珞巴族传统文化及其生存现状考察——从西藏米林县琼林村的旅游开发谈起 [J]. 西藏大学学报, 2010 (2): 51.

⑦ 张江华. 门藏历史关系刍议 [J]. 西藏民族学院学报, 1984 (1): 77.

和佛教的过程中，根据自身的信仰需要和现实可能，有选择地吸收"引进"，并加以改造和同化，将苯教神祇和佛祖菩萨按部就班地纳入了自己的膜拜型文化体系，形成了佛苯杂糅和共存、唯宁玛派独尊的信仰格局，非常清晰地呈现出了门巴族和藏族宗教文化交流的历史事实，具有非常重要的学术价值。① 他的《藏门珞民族关系研究》对藏族、门巴族和珞巴族的民族关系进行了全面系统的梳理，堪称这一领域集大成者的重要论著。② 他还从神话传说、考古发现、史籍记载等多个方面对门巴族、珞巴族和藏族的关系进行了讨论，认为门巴族、珞巴族同藏族有着血脉相连的密切关系。③

（五）民族教育、体育研究

一直以来，学术界对门巴族、珞巴族的教育和体育情况不太重视，直到20世纪90年代后才有人开始进行专门研究。陈立明较早对门巴族青少年的教育问题进行了研究，将门巴族传统教育分为社会（家庭）教育和宗教教育两部分，并对西藏民主改革后门巴族地区的教育成就进行了总结。④ 认为公房在珞巴族传统教育中发挥了预备学校的作用，巫师和老人扮演了原始教育家的角色，遵循着言传身教的传统教育方式，并实现了向学校教育的转变。⑤ 朱玉福对门巴族和珞巴族教育现状进行梳理后，指出这两个人口较少民族存在人口整体文化素质较低、基础教育发展薄弱、教育基础设施落后且不健全、职业教育困难重重、高等教育不够发达等问题，并提出了宏观的政策性建议。⑥

陈立明对门巴族的体育竞技和游戏活动进行了逐项介绍，将攀藤索、背人转圈等特色项目完整地展现给世人。⑦ 丁玲辉认为门巴族的拔河、射箭、抱石、投石、摔跤、跳高、跳远、攀藤索、打火枪等传统体育与节庆传承密不可分，展现着门巴族民风、伦理道德观念和酒文化的特色，并与舞蹈糅为一体。⑧ 认为珞巴族传统体育来源于生活，受藏民族的宗教信仰、民俗风情的影响很大，传统节日是珞巴族传统体育的重要载体，最大程度地满足了珞巴人的娱乐与精神需求，也

---

① 陈立明. 略论门巴族藏族宗教文化交流 [J]. 中国藏学, 1994 (3)：116.
② 陈立明. 藏门珞民族关系研究 [D]. 成都：四川大学博士学位论文, 2003.
③ 陈立明. 藏族与门巴族珞巴族历史关系简论 [J]. 西藏民族学院学报, 2009 (6)：30.
④ 陈立明. 门巴族教育刍议 [J]. 中国民族教育, 1994 (3)：53.
⑤ 陈立明. 珞巴族教育浅探 [J]. 西藏民族学院学报, 1994 (3)：62.
⑥ 朱玉福. 门巴、珞巴族教育事业发展探讨 [J]. 民族教育研究, 2008 (1)：5.
⑦ 陈立明. 门巴族的传统体育与游戏 [J]. 体育文史, 1995 (2)：33.
⑧ 丁玲辉. 略谈门巴族传统体育及其对门巴族传统文化的传承 [J]. 西藏大学学报, 2005 (2)：42.

使民族传统体育项目在节庆习俗娱乐中得到了传承。① 王国兴、丁玲辉还对珞巴族的射箭活动、响箭和取得的荣誉进行了叙述。②

（六）宗教研究

在珞巴族宗教研究方面，于乃昌较早对珞巴族的原始宗教信仰、原始祭祀与巫术、原始宗教孕育的珞巴族文学与艺术进行分门别类的论述，提出珞巴族的原始宗教经历了自然崇拜、图腾崇拜和祖先—英雄崇拜的累进过程，在这个过程中，次生的和再生的崇拜对原初的崇拜和即成的崇拜不是替代，而是继承、补充、深化和发展，形成了各种原始崇拜的共生带。③ 刘志群对珞巴族原始宗教祭祀仪式进行了长篇叙述，主要涉及自然崇拜、狩猎、农业、图腾崇拜、祖先崇拜等祭祀仪式的过程，认为珞巴族部落社会的基本组织是氏族，实行氏族外婚制。④ 他重点对卡让辛生殖崇拜活动和婚礼过程进行了叙述。⑤

陈立明对藏传佛教在门隅地区的传播历史进行梳理后提出，达旺寺的扩建使政教合一制度在门隅地区得以确立，对门巴族社会发展和社会制度、门巴族宗教信仰都产生了重大影响，藏传佛教在门隅的传播过程，也是藏传佛教被门巴族地方化和民族化的过程。⑥ 吕昭义、红梅将色目村神话传说中所反映出的魔女形象分为善良与邪恶两类，并从佛教和苯教两个方面对魔女文化进行了分析，认为色目村村民通过对"魔女"文化符号的解释，构建起一个囊括色目村村民的以生态观和价值观为基础的社会准则和文化体系。⑦ 吕昭义还对色目村门巴族所处的生态环境、经济体系、人口规模与生育行为、社会体系及观念意识体系等生态文明系统的现状进行了详细叙述，认为色目村门巴族的宇宙观、人生观和社会理念的核心是人的自我约束。⑧

（七）门巴族、珞巴族历史研究

对族源的研究开启了珞巴族历史研究的先河，有学者对博嘎尔民间传说进行分析后认为，珞巴族自古以来就生息、繁衍在祖国的西南边疆，是珞瑜山区的开

---

① 丁玲辉．珞巴族传统体育文化略论［J］．西南民族大学学报，2011（12）：47.
② 王国兴、丁玲辉．珞巴族de射箭活动［J］．体育文史，1994（1）：35.
③ 于乃昌．痴迷的信仰与痴迷的艺术——珞巴族的原始宗教与文化［J］．中国藏学，1989（2）：145.
④ 刘志群．珞巴族原始文化（上）［J］．民族艺术，1997（1）：44.
⑤ 刘志群．珞巴族原始文化（下）［J］．民族艺术，1997（2）：51.
⑥ 陈立明．藏传佛教在门隅的传播和影响［J］．中国藏学，2006（1）：49.
⑦ 吕昭义，红梅．门巴族色目村"魔女"文化的历史人类学解读［J］．史学理论研究，2007（3）：32.
⑧ 吕昭义．色目村门巴族的生态文明与和谐社区构建［J］．西南边疆民族研究，2007/00：130.

拓者,将珞巴族传说的原始氏族公社时代划分为石金金巴巴那达蒙时期、阿巴达尼时期两个时期,正是铁器的制造、使用,宣告了珞巴族一个新的历史发展阶段——奴隶制时代的开始。① 在门巴族、珞巴族历史发展过程中,反对外国侵略者的斗争历史具有非常重要的研究价值,有学者通过梳理史料,详细回顾了19世纪中叶珞巴族人民长达10多年的反抗英国殖民者"阿波尔征讨"的斗争,认为这构成了珞巴族人民反侵略斗争的光辉篇章,门巴族和珞巴族人民为维护国家主权和领土完整作出了重大贡献。②

(八)门巴族、珞巴族研究的特点

第一,我国的门巴族、珞巴族研究涵盖文学、民族学、民俗学、历史学、宗教学、艺术学、教育学和体育学等众多学科领域,涌现出李坚尚、张江华、于乃昌、陈立明等一批专家学者,出版了数量惊人的学术著作,奠定了门巴族、珞巴族研究在我国学术界的地位。

第二,门巴族、珞巴族研究成果多是以资料汇编的形式出现,体现出这两个民族在不同历史时期的状况,经过几代学者的共同努力,完成了学术研究所需基础资料的积累,形成了传统的研究领域,特别在民间文学、民俗文化方面取得了巨大成就。

第三,形成了重视田野调查的学术传统,实现了学术衣钵的传承。纵观门巴族、珞巴族学术发展脉络,每一个研究者都将田野调查作为自己学术研究的基本功,学术成果的字里行间都透露出作者"眼见为实"的自信,毫不夸张地说,长时间进行田野调查已经成为从事门巴族、珞巴族学术研究的行规,这种研究方法也是门巴族、珞巴族居住较为分散,村寨规模较小的现实决定的。在众多的研究者中,于乃昌及其弟子陈立明、张力凤、赵胜启等人以西藏民族学院为阵地,培育出门巴族、珞巴族民间文学、文艺美学、民俗学等主要研究方向,执国内门巴族、珞巴族研究之牛耳。

(九)门巴族、珞巴族研究存在的问题及反思

虽然门巴族、珞巴族研究取得了很大的成就,在我国民族学界占有一席之地,但是客观地说,还存在一些问题:

第一,门巴族、珞巴族研究存在先天不足,特别是在研究对象上很不完整,学者们基本上没有对在印控区生活的人口众多的门巴族和珞巴族进行研究,这大大降低了现有研究成果的学术价值。

---

① 洛思.从博嘎尔民间传说看珞巴族的起源和社会发展[J].西藏民族学院学报,1980(1):52.
② 陈立明.近代我国门巴族、珞巴族的反侵略斗争[J].西藏研究,2004(4):9.

第二，对现状进行描述的研究方法已经成为门巴族、珞巴族研究的主流，但研究深度相对不足，过于强调第一手资料的重要性，研究方法比较单一，缺乏理论讨论和创新，特别是对门巴族、珞巴族"藏化"，移民和搬迁造成的矛盾，以及现代化进程中的文化调适等现实问题关注不够。

第三，门巴族、珞巴族研究封闭性较强，基本上没有与国外学术界开展学术交流，存在"自说自话"的现象，造成研究者视野狭窄、研究成果重复性较高等后果。

经过50年的发展，我国的门巴族、珞巴族研究已经完成了调查资料的积累、研究队伍的培养和研究方法的统一，过去的研究出现了思维固化、程式老旧的趋势，已经到了必须改变的关键时期。必须转变思路，扩充研究对象，对印控区的门巴族和珞巴族进行研究，积极吸收国外学术界的专题性研究成果，关注门巴族、珞巴族社会发展过程中存在的热点和难点问题，才能使我国的门巴族、珞巴族研究取得更大的发展。

四、西藏民俗文化研究综述

民俗，即民间风俗，指一个国家或民族中广大民众所创造、享用和传承的生活文化。[①] 千百年来，西藏的藏族、门巴族、珞巴族、僜人、夏尔巴人等族群创造出了灿烂的西藏文化，其中就包括丰富多彩的民俗文化，这些纷繁复杂的民俗事象与西藏各族群的生产生活密不可分，组成了自成体系的民俗文化资源宝库，是西藏文化多样性的最好诠释，为西藏旅游业、文化产业的发展提供了基础，具有非常重要的研究价值，是民俗学、人类学、民族学等学科的重要研究对象。经过50年的发展，西藏民俗文化研究已经取得了一大批学术成果，成为西藏研究的重要组成部分。

（一）20世纪七八十年代的开创性研究

我国学术界对西藏民俗文化的研究肇始于20世纪五六十年代的民族识别和社会历史大调查，到20世纪七八十年代出版了一批学术成果，主要有：《西藏墨脱县门巴族社会历史调查报告：门巴族调查材料之一》（1978）、《西藏错那县勒布区门巴族社会历史调查报告：门巴族调查材料之二》（1978）、《西藏米林县珞巴族社会历史调查报告：珞巴族调查材料之一》（1978）、《关于西藏珞巴族的几个调查材料：珞巴族调查材料之二》（1978）、《门巴族简史》（1987）[②]、《珞巴

---

① 钟敬文. 民俗学概论 [M]. 上海：上海文艺出版社，1998：1.
② 《门巴族简史》编写组. 门巴族简史 [M]. 拉萨：西藏人民出版社，1987.

族简史》(1987)、《藏族社会历史调查》(1987)① 等，这些著作对门巴族、珞巴族、藏族的风俗习惯进行了非常详细的记录和梳理，提供了大量第一手的调查资料，成为我国西藏研究的学术根脉，也奠定了西藏民俗文化研究的基本资料基础，为后辈学人的研究提供了重要参考。从民俗学的学科本位而言，我国最早对西藏民俗文化进行全面论述的当属赤列曲扎的《西藏风土志》(1985)②，该书内容涵盖西藏的风土人情、历史文化、神话传说、宗教礼仪、名胜古迹、婚姻家庭等方方面面，堪称西藏民俗学研究的开山之作，显示出西藏作为我国民俗文化资源大区的重要地位，具有重要的学术史意义。

（二）20 世纪 90 年代的拓展性研究

经过 10 多年的积淀，到 20 世纪 90 年代，学术界对西藏民俗文化的关注程度不断提高，研究范围不断拓展，研究成果涵盖西藏的藏族、门巴族、珞巴族、僜人和夏尔巴人等族群，呈现出蓬勃向上的发展势头。刘洪记是学术界最早专门对夏尔巴人的民俗展开研究的学者，从衣食住行、婚丧习俗、节日等方面对夏尔巴人的民俗进行了详细介绍，指出了各居住区夏尔巴人在习俗上的差异，认为这些差异主要是在形式上，其内容和内涵相同，并得出了"夏尔巴人的习俗虽多数在形式上与藏族习俗有着差异，但其基本内涵还是与藏族的习俗相同的。不管夏尔巴人的族属如何，其文化属于藏族文化范畴这一点是无庸置疑的"③ 的观点。林继富是较早对西藏民俗进行研究的学者之一，他很早就开始关注西藏旅游业和民俗文化的关系，其研究极具前瞻性，对服饰民俗、饮食民俗、岁时节日民俗、以《格萨尔王传》为主的民间文艺等西藏民俗进行了梳理，认为西藏民俗旅游能够增加客源、获取信息、在促进民族文化保护和发展等方面具有巨大优势，可以实现民俗旅游业和民俗研究的相互促进。④ 这是当时最早提出发展民俗旅游业的论著。他在《西藏节日文化》(1993) 一书中对西藏的年节、赛马节、迎鸟节、箭节、花节、牧羊节、藏戏节、煨桑节、春播节、望果节等一百多个民俗节日进行了详细介绍⑤，首次从民俗学的角度对西藏民俗节日进行了全方位的呈现，使此书成为当时西藏民俗研究的扛鼎之作。他还注意解析人与动物的关系，通过对羊与藏族关系的论述，认为羊在西藏民俗、宗教祭仪、灵魂观念、葬俗中

---

① 西藏社会历史调查资料丛刊编辑组. 藏族社会历史调查 [M]. 拉萨：西藏人民出版社，1987.
② 赤列曲扎. 西藏风土志 [M]. 拉萨：西藏人民出版社，1985.
③ 刘洪记. 夏尔巴习俗述略 [J]. 中国藏学，1991 (3)：154.
④ 林继富. 西藏旅游事业与民俗文化 [J]. 西藏研究，1992 (4)：24.
⑤ 林继富. 西藏节日文化 [M]. 拉萨：西藏人民出版社，1993.

都发挥着重要作用。① 可以说，林继富关于西藏民俗文化的研究成果奠定了他在民俗学界的地位，为他日后成为著名民俗学者打下了坚实基础。赵代君对西藏民俗文化的地域性、民族性、宗教性、时代性、融合性等特征进行了梳理，认为西藏民俗文化折射出藏民族慈悲为怀、舍己利他、重来世、轻现实、重道德义气、轻钱财权力的心理特质。② 经过民俗学者的不断积累，西藏民俗文化的研究成果最终汇集成了《中国民族文化大观：藏族、门巴族、珞巴族》（1995）③一书，囊括藏族、门巴族、珞巴族的族源、历史、语言、宗教、社会政治制度、生产生活、交通贸易、风俗习惯、伦理道德、文学艺术、文化交流等方面，被称为了解西藏民俗文化的百科全书，使西藏民俗文化研究的资料更加完善，内容更加丰富，完成了资料储备上质的跃升。

此外，一些学者将目光投向了工匠民俗、民间竞技、农业民俗等方面，开辟出西藏民俗文化研究的全新领域。周爱明最早对西藏手工业行会的发展历程进行了梳理，特别是对"吉都"的研究具有一定新意，"所谓吉都是藏族群众自愿结合的一种民间社团，即共同乐苦会，多为民间互助的群众团体。也是藏族生活习俗的表现形式之一"④，提出行会民俗文化具有凝聚团结成员、规范行为的作用。目前，对西藏行会民俗的研究成果仅此一篇，还有很大的研究潜力。丁玲辉首次提出了传统体育是西藏节日民俗的重要内容的观点，并列举了达玛节、望果节、插箭节、萨嘎达瓦节、林卡节、香浪节、沐浴节、雪顿节等祭祀活动的例子，认为从藏族传统体育中反映出的民俗现象既是藏族人民智慧的结晶，又广泛而深刻地表现出藏族文化的内涵与特征；它既源于生产实践，又为劳动生产服务，是人民健康心身，不断发掘和发展自身潜力和智慧的产物。⑤ 这极大地丰富了西藏节日民俗的内涵，也使丁玲辉所从事的西藏体育研究路径更加宽阔，成为西藏传统体育文化研究方面的专家。张晓舒则通过梳理众多的神话故事，论证了西藏农耕节日的历史进程，认为藏族的神话故事真实再现了西藏的农耕民俗，反映了西藏农耕民俗生成与发展的轨迹和宗教性不断削弱、娱乐性不断增强的趋势，具有神话学研究的意味。⑥

这一时期学术界对西藏民俗文化的研究已经从早期的资料汇编上升到专门性

---

① 林继富. 羊与西藏民俗文化［J］. 青海社会科学，1996（5）：95.
② 赵代君. 西藏民俗文化浅说［J］. 西藏艺术研究，1994（1）：57.
③ 关东升. 中国民族文化大观：藏族、门巴族、珞巴族［M］. 北京：中国大百科全书出版社，1995.
④ 周爱明. 西藏行会民俗［J］. 民间文化，1999（4）：32.
⑤ 丁玲辉. 浅谈民俗与西藏民族传统体育［J］. 西藏研究，1998（2）：121.
⑥ 张晓舒. 西藏农耕民俗探微［J］. 西藏艺术研究，1999（1）：57.

研究，出现了一批重要的民俗学著作，学者们的民俗学学科意识不断增强，开始从民俗学的角度，集中对西藏民俗中丰富多彩的民俗事象进行了梳理和归纳，形成了西藏民俗文化研究的主要研究领域，甚至进行了比较研究的尝试，有力地促进了西藏民俗文化研究的发展。

（三）21世纪以来的多元化发展

进入21世纪后，西藏民俗文化的研究队伍发展壮大，研究成果层出不穷，研究领域也不断扩展，西藏民俗文化研究达到了全盛时期。

1. 形成了"西藏民俗文化论"的学术思想

经过多年的发展，这一时期民俗学学科在西藏民俗文化研究中开始占据主导地位，出现了西藏民俗学发展的代表性作品，形成了良好的学术传统。李涛、江红英的《西藏民俗》（2002）以图文并茂的形式对西藏的居住民俗、饮食民俗、服饰民俗、婚姻民俗、节庆民俗、信仰民俗、娱乐民俗、丧葬民俗等进行了全方位的介绍①，该书以多种文字发行，在国内外产生了很大影响。陈立明、曹晓燕的《西藏民俗文化》（2003）对西藏的藏族、门巴族、珞巴族、僜人、夏尔巴人等的饮食文化、服饰文化、居住文化、婚俗文化、生育习俗、丧葬习俗、节日文化、游艺习俗等进行了分门别类的论述②，对各种民俗事象的叙述堪称完美，已经成为西藏民俗研究的重要参考书，堪称我国西藏民俗文化研究的标杆性著作，具有重要的里程碑意义。在此基础上，陈立明提出了"西藏民俗文化论"的重要学术思想，认为西藏民俗文化的主要方面和形式在吐蕃时代就已基本定型，构成民俗生活的基本范式。③作为西藏民俗研究的开拓者之一，赤烈曲扎在这一时期将注意力集中到西藏岁时民俗研究上，对岁时节日的由来、形成与分类进行了详细论述，提出了节日风俗的产生，与人类早期的原始信仰观念直接相关的观点④，这对后辈学人的学术研究产生了很大的影响，带动了一批学者从事这一领域的研究。徐东明、董希媚更加强调宗教对西藏民俗的影响力，认为西藏民俗的绝大部分都起源于西藏的宗教文化，是从西藏宗教祭祀仪轨、宗教观念、宗教信仰、宗教活动中发展演化而来的，是西藏宗教世俗化、普及化和规范化的结果。⑤尹伟认为海螺在西藏民俗文化中发挥了规范仪礼俗制、慰藉精神需求、区别社会角色、愉悦身心等功能，象征着女性生殖崇拜、超自然力、彰显财富、吉

---

① 李涛，江红英. 西藏民俗 [M]. 北京：五洲传播出版社，2002.
② 陈立明，曹晓燕. 西藏民俗文化 [M]. 北京：中国藏学出版社，2003.
③ 陈立明. 西藏民俗文化论 [J]. 西藏民族学院学报，2002（4）：9.
④ 赤烈曲扎. 西藏岁时节日民俗概述 [J]. 西藏大学学报，2007（2）：26.
⑤ 徐东明，董希媚. 试论西藏民俗的社会功能 [J]. 四川民族学院学报，2010（1）：15.

祥寓意等。① 这些研究者从民俗事象的描述性研究转向了理论分析，进一步完善了"西藏民俗文化论"的学术内涵。

2. 民俗学传统研究领域不断扩展

（1）服饰民俗研究。服饰民俗是重要的物质生活民俗，一些学者对西藏服饰民俗进行了系统研究，夏格旺堆、巴桑潘多将西藏传统服饰分为传统常用服饰和节日服饰两大类，并对牧区和农区服饰进行了详细叙述②，提供了比较详细的素材。李欣华等人更进一步，对卫藏服饰的审美特征进行了论述，认为世俗服饰具有物力效用、和谐统一、崇尚自然、朴实无华的审美特征；宗教服饰具有宣扬教义、等级标志的特征；曲艺服饰分为羌姆、藏戏、格萨尔艺人帽饰等，具有深邃的文化内涵和鲜明的审美特征。③ 此外，还出现了对妇女在西藏民俗文化中的作用进行研究的成果，索朗措姆认为山南邦典服饰具有反映社会现象、表现妇女情感和性格、显现藏族妇女身份、表现地域性特征，发挥民族标志与认同的民俗功能④，使西藏服饰民俗的研究呈现出递进式的发展态势。

（2）民间口头文学研究。众所周知，英雄叙事诗是民间口头文学的重要内容，藏族的复合型英雄史诗《格萨尔王传》提供了藏族宝贵的原始社会的形态和丰富的资料，是一部形象化的古代藏族历史，格萨尔研究也已经成为藏学研究的重要组成部分。才让扎西另辟蹊径，对格萨尔史诗中的商业民俗进行了论述，认为格萨尔史诗中存在商品交易、财产分配与管理等内容，体现出商业道德，提供了一定意义上的商业经济发展史⑤，是从民俗学角度对《格萨尔王传》进行研究的大胆尝试。

民俗学特别重视对称谓语的研究，人名称谓是称谓语的重要类别，可以鲜明地反映出社会文化。次仁德吉对拉萨人名表现出的民俗文化进行了论述，揭示出语言与民俗的密切关系⑥，很有新意。

（3）人口较少民族和未识别民族的民俗研究。这一时期，学术界对西藏的珞巴族、夏尔巴人民俗的研究也继续深入，李跃平以翼文正 20 世纪五六十年代在西藏墨脱县拍摄的大量珞巴族老照片为依托，对珞巴族的生产生活、民风民俗

---

① 尹伟．藏族民俗文化中的海螺初探［D］．青岛：中国海洋大学硕士学位论文，2010．
② 夏格旺堆，巴桑潘多．略述西藏传统的服饰习俗文化［J］．西藏大学学报，2007（1）：103．
③ 李欣华等．卫藏服饰的审美特征［J］．西北民族大学学报，2008（1）：87．
④ 索朗措姆．山南邦典民俗文化研究［D］．拉萨：西藏大学硕士学位论文，2010．
⑤ 才让扎西．《格萨尔》中的商业民俗事象探析［D］．兰州：西北民族大学硕士学位论文，2009．
⑥ 次仁德吉．浅谈西藏拉萨的人名与民俗文化［J］．法制与社会，2009（1）：349．

及"万物有灵"的原始宗教祭祀活动进行了非常详细的叙述①,提供了大量第一手的照片,弥补了以往研究只能通过文字进行叙述的不足,具有非常重要的资料价值。面对珞巴族优秀民俗文化逐渐消失的情况,旺宗、卓拉等人提出了发挥学校教育主渠道作用,在学校课程中融入珞巴族文学艺术的内容,不断拓展校园文化,加强教师对珞巴族传统文化的了解等建议②,对实现珞巴族民俗文化的传承有积极意义。贡波扎西对中尼边境夏尔巴人和四川松潘夏尔瓦人的大量民俗事象进行比较后,认为两个族群在宗教信仰、丧葬习俗、饮食习惯、住房格局、婚俗等方面有很多相似之处,说明这两个族群很可能同时来自大约隋唐时期的藏族称作"夏尔巴"的部落和氏族。③虽然研究结果还有值得商榷的地方,但仍不失为一种新的学术探索。

(4)体育民俗研究。这一时期的体育民俗研究重点探讨西藏民俗体育文化的特点,出现了与新闻学相交叉的现象。余静芳认为,西藏民俗体育受藏民族文化的影响有其稳定性和延续性,是集体的参与,具有民族礼俗、农牧区、娱乐性与健身性以及宗教的特点。④范新满、李金梅认为西藏民俗节日中的体育文化具有宗教性、全民性、娱乐性、地域性、祭祀崇拜性的特点,发挥了展现藏族文化的窗口作用,促进了精神文明建设。⑤卞丽敏也在讨论西藏传统体育传播特点的基础上,提出西藏传统体育要得以传承,形成西藏传统体育产业,必须主动融入现代体育传播语境中,在借鉴和创新的基础上,建立相对独立的体育传播体系和体育话语体系,形成自我发展模式的观点。⑥这些研究成果比较彻底地解决了西藏体育民俗的特点这一问题。

此外,人生礼仪这一民俗学传统研究领域也有所涉及,高野忧纪认为藏族民俗中轮回思想最为浓厚的就是丧葬习俗,而"布施"是在广大藏区普遍采用的方式之一。相对而言,诞生习俗中的轮回观念很淡薄。⑦这种客位研究方法对于藏族民俗研究来说是非常必要的。

---

① 李跃平. 20世纪50~60年代西藏墨脱县珞巴族老照片与民风民俗 [J]. 民族学刊, 2012 (2): 48.
② 旺宗,卓拉. 略谈珞巴族民俗文化在教育中的传承——以珞巴族文学艺术为例 [J]. 西藏教育, 2014 (6): 3.
③ 贡波扎西. 中尼边境夏尔巴人和四川松潘夏尔瓦人的民俗学对比研究 [J]. 西藏研究, 2011 (4): 105.
④ 余静芳. 西藏民俗体育的内涵、特点与发展 [J]. 西藏民族学院学报, 2010 (1): 53.
⑤ 范新满,李金梅. 西藏民俗节日中的体育文化 [J]. 体育世界, 2011 (4): 43.
⑥ 卞丽敏. 西藏民族传统体育传播民俗分析 [J]. 新闻爱好者, 2011 (8): 35.
⑦ 高野忧纪. 藏族轮回思想及其民俗研究 [D]. 北京: 中央民族大学硕士学位论文, 2013.

3. 西藏民俗旅游研究独占鳌头

随着西藏旅游业的发展，西藏民俗文化在西藏经济社会发展过程中的重要性进一步显现，学者们针对民俗旅游的研究成果也出现了井喷式增长，成为这一时期民俗研究的重中之重。顾惠雅认为西藏民俗旅游具有群众性、生活性、文化性、参与性等特点，对民俗旅游的开发应真实展现西藏民俗事象的历史和现实特色，全面认知、开发和利用民俗事象中的有形民俗和无形民俗。① 这一成果解决了西藏旅游与民俗文化的关系，突出了民俗学的学科本位。旺宗认为拉萨地区的节日具有宗教文化、农牧文化并存，内容和功能从单一向综合发展等特点，发挥了展现民族文化、凝聚民族认同、宣泄情感的作用，提出了拉萨民俗节日文化是发展民族旅游业的核心之一的观点。②

与早期学者注重民俗学基础研究不同的是，更多的学者将注意力集中在民俗旅游资源开发方面，更加突出应用性研究的功能。张晓雯提出了民俗文化旅游开发的文化保存原则、经济效益原则、保护与开发并重等原则。③ 青藏铁路通车后，西藏迎来了新的发展时期，西藏民俗文化也面临发展机遇与挑战，引起了一些学者的注意，他们将西藏民俗文化的变迁作为其研究重点，取得了一些成果。闭海霞④、兰荣芬⑤、觉安拉姆⑥等人就青藏铁路对西藏民俗文化的积极影响和出现的问题进行了叙述，提出了保持和突出民俗文化的民间特色、发挥民间组织和非政府组织的作用等建议。高恩林、吕琳莉对工布藏族民俗旅游资源进行分析后，提出了开发民俗旅游的原则。⑦ 还有人认为，林芝地区民俗旅游景点的综合开发过程中应注意资源在点、线、面各个方位相互结合，将民俗风情与当地的自然风光、文物古迹紧密结合。⑧ 次旺罗布以曲水县俊巴渔村为例，对该村独特的鱼文化进行了论述，涉及捕鱼、食鱼、禁忌、仪式习俗等方面，重点对"郭孜"（牛皮船舞）舞蹈的起源、发展、表演形式进行了叙述，提出了建设生态农业观

---

① 顾惠雅. 西藏民俗文化与西藏旅游产业可持续发展之管见［J］. 西藏民族学院学报，2004（6）：50.
② 旺宗. 拉萨地区节日的发展演变及民俗文化内涵分析［D］. 拉萨：西藏大学硕士学位论文，2008：37.
③ 张晓雯. 西藏民俗文化旅游资源的开发［J］. 成都大学学报，2007（2）：79.
④ 闭海霞. 青藏铁路运营对西藏民俗文化的影响及其开发对策［J］. 科教文汇，2006（7）：156.
⑤ 兰荣芬等. 青藏铁路对西藏民俗文化的影响［J］. 今日湖北，2007（3）：75.
⑥ 觉安拉姆等. 青藏铁路对西藏民俗文化旅游的影响及对策［J］. 西藏大学学报，2010（1）.
⑦ 高恩林，吕琳莉. 西藏林芝地区工布藏族民俗旅游开发浅析［J］. 中国西部科技，2008（10）：109.
⑧ 曾衍生. 林芝地区民俗旅游开发研究［D］. 咸阳：西北农林科技大学硕士学位论文，2011.

光旅游型新农村的对策。① 有人提出了林卡式、植根博物馆、民俗街、主题公园、节庆活动等西藏民俗文化旅游开发模式②，对桑木村、娘热风情园民俗村旅游资源开发的现状和问题进行了分析，提出了相应的对策。③ 还有人提出将民俗文化资源的静态和动态开发相结合、将物质民俗文化资源和非物质民俗文化资源相结合、将原生自然式开发与主题式开发相结合的发展路子，提升西藏民俗文化旅游水平。④ 此外，林丽华⑤、于全英⑥、罗小青⑦、蔡小叶⑧等人也对西藏民俗文化旅游资源开发进行了论述。这些研究成果将民俗学和旅游学相结合，突出了西藏民俗文化资源的利用价值，呈现出百家争鸣、百花齐放的景象，很有活力。

在西藏民俗旅游开发方面还出现了一些规划类文章，充分显示出西藏民俗文化在西藏旅游业发展中的作用。刘小钊等提出了充分挖掘西藏特色民俗资源、整合开发既具有文化体验和活态展示，又具有生态休闲性质的综合性民俗风情园的建议。⑨ 林芝地区作为西藏旅游业发展较快的地区，此类研究成果最多。赵佩燕、刘智能以察隅县沙琼村为例，对开发僜人民俗村旅游提出了对僜人建筑依然设计成"火车厢"式的外部结构，注重僜人在旅游活动中的主体参与地位的建议。⑩ 李文博等人以林芝"工布映象"民俗文化主题公园为例，认为林芝的民俗文化主题公园最主要的是突出民族特色，体现生态景观设计理念。⑪ 这些研究成果充分说明了西藏民俗文化在发展旅游业中的先天优势，体现出学者们参与西藏经济社会发展的热情。

4. 交叉学科研究有所发展

从新闻学角度研究西藏民俗也取得了一定的成果。刘新利认为西藏节庆民俗

---

① 次旺罗布. 论新农村建设中西藏民俗文化的旅游资源开发——以曲水县俊巴渔村的民俗调查为例 [D]. 拉萨：西藏大学硕士学位论文，2010.

② 程忠红，韩富贵. 西藏民俗文化的旅游表达及旅游开发模式构想 [J]. 西藏大学学报，2010 (1)：156.

③ 程忠红. 拉萨地区民俗村旅游资源开发现状分析及对策研究 [D]. 拉萨：西藏大学硕士学位论文，2010.

④ 张晓莉，钱小荣. 提升西藏民俗文化旅游的对策 [J]. 长春教育学院学报，2014 (24)：69.

⑤ 林丽华等. 关于西藏民俗文化旅游资源开发的思考 [J]. 四川林勘设计，2008 (1)：44.

⑥ 于全英. 民俗旅游资源的开发 [J]. 才智，2009 (6)：30.

⑦ 罗小青. 西藏民俗文化旅游资源保护性开发策略探析 [J]. 城市旅游规划，2013 (8)：90.

⑧ 蔡小叶，唐兵飞. 分析西藏山南地区藏族民俗文化体验式生态旅游 [J]. 城市旅游规划，2014 (9)：109.

⑨ 刘小钊等. 体验藏族民俗 感受雪域风情——西藏民俗风情园规划创作思路与手法探讨 [J]. 江苏城市规划，2010 (4)：24.

⑩ 赵佩燕，刘智能. 西藏林芝僜人民俗村旅游规划研究 [J]. 四川林勘设计，2012 (1)：44.

⑪ 李文博等. 西藏民俗文化主题公园生态景观设计探析 [J]. 北方园艺，2014 (6)：84.

涉及内向传播、人际传播、群体传播和大众传播等所有传播类型,是宗教传播和艺术传播的载体,大众传播媒介使西藏节庆民俗得到空前传播。① 另外,民俗研究与考古学也发生交集,边巴琼达以西藏博物馆民俗厅展品为例,对藏族民俗器物进行了分类和定名,认为展品体现出西藏博物馆民俗器物藏品的数量优势,显现了馆藏品中藏族民俗文物的不足,考古学的定名方法更具有科学性,提出将传统学与考古学相结合,不断挖掘藏族器物文化内涵及其科学规律的看法。② 这些研究成果都体现出民俗学学科的横向发展趋势。

五、西藏民俗文化研究的特点和问题

总的来说,西藏民俗文化研究成果的体量并不大,现有成果体现出民俗学学科研究本位的特点,形成了传统的研究领域,并出现了与体育学、新闻学、旅游学等学科的交叉成果,发展出新的研究方向,实现了从资料积累、特点分析到方法创新的跃升,初步形成了"西藏民俗文化论"的理论体系。在研究方法上,经过学者们的不断摸索,形成了"描述+分类+特点+功能"的研究范式,将西藏民俗文化的内容、特点、功能、意义等内涵剖析得非常透彻,形成了西藏民俗文化的研究特色,使其成为我国民俗学研究的重要组成部分。

研究队伍中的少数民族学者的作用日益显现,涌现出了一批西藏本土化的民俗学学者,充分发挥了他们自我书写的民族和语言优势,弥补了汉族学者缺乏体验式书写的不足,不同民族的学者通力合作,实现了西藏民俗文化研究的自观和他观的有机结合,共同推动了西藏民俗研究的发展,打造出一支西藏民俗文化研究的重要力量,并成功实现了代际传承。

西藏民俗文化研究的历程反映出西藏经济社会的发展轨迹,对民俗事象的单纯描述满足了人们了解西藏民俗文化的要求,之后的分类推进则形成了西藏民俗文化研究的特色,解答了人们对西藏民俗文化功能的疑惑,现在致力于民俗旅游文化方面的大量应用性成果的出现则体现出学者们致力于西藏现实发展的学术追求。

虽然西藏民俗文化研究已经取得了很大的成就,但是也应该看到还存在研究模式固化、比较研究成果不多、理论深度相对不足,解释能力有待提高、没有发挥民俗学在非物质文化遗产研究方面的先天优势等问题。

经过50年的发展,西藏民俗文化研究经历了从无到有、从小到大的发展过

---

① 刘新利. 解析西藏节庆民俗传播 [J]. 西藏民族学院学报,2010 (6):89.
② 边巴琼达. 藏族民俗器物的分类与定名分析——以西藏博物馆民俗厅展品为例 [J]. 西藏大学学报,2012 (1):138.

程，取得了一批重要研究成果，建立了西藏特色的民俗学学科体系，在我国民俗学界占有了一席之地。今后，随着西藏旅游业的发展，西藏民俗文化研究在发展体验式深度旅游、开发参与式旅游形式、进行非物质文化遗产保护、调整文化产业结构、打造世界旅游目的地等诸多方面还有相当大的提升空间。

通过文献综述我们可以看出，学术界对门巴族、珞巴族和西藏民俗文化的研究已经取得了丰硕的成果，但在门巴族、珞巴族非物质文化遗产研究和旅游开发方面成果较少，没有发挥出民俗学在非物质文化遗产研究方面的学科优势。因此，本研究旨在对门巴族、珞巴族非物质文化遗产进行专门研究，探讨对其进行保护和旅游开发的合理方法，促进农牧民增收，实现非物质文化遗产传承的目的。

第一章 西藏非物质文化遗产保护的历程

西藏作为我国不可分割的一部分，在国家战略中占据重要地位。党和国家一贯关心西藏发展，在大力扶持西藏经济社会发展的同时，也不遗余力地保护西藏优秀的民族文化，从政策上、资金上大力扶持西藏，为西藏经济社会和文化创造了良好的外部环境。同时，西藏自治区政府也认真领会中央精神，落实相关政策，使西藏经济社会和文化发展保持了良好发展态势。

第一节 西藏和平解放以来民族文化的保护与发展

千百年来，西藏先民在青藏高原上创造出了灿烂的民族文化，这些具有强烈地域性和民族性的文化被以藏族为主体的西藏各族人民不断传承、享用并发扬光大，给中华文化增添了无限生机。西藏民族文化已经成为中华文化的有机组成部分，是整个中华文化不可缺少的一部分，其影响力越来越大，覆盖面越来越广，被越来越多的中国人所喜爱，不断丰富着中国人的精神生活，并在世界舞台上占有一席之地。而这一切都得益于西藏和平解放60多年来党和国家对西藏民族文化的保护，可以毫不夸张地说，如果没有党和国家的大力支持，西藏民族文化是不可能取得如此辉煌的成就的。

在旧西藏，西藏民族文化把持在少数上层僧侣和贵族手中，生活在水深火热中的广大农奴和奴隶连最基本的生存权这一基本人权都无法得到保障，更不要说享受民族文化了。像格萨尔艺人这样的民间艺人根本没有社会地位可言，他们形同乞丐，是被上层僧侣和奴隶主贵族把玩的玩偶。而藏医药这一民族文化瑰宝更是与"命价等同于草绳"的农奴和奴隶无缘，从制作到使用都把持在上层僧侣和奴隶主贵族手中，身陷病痛之中的农奴和奴隶得不到及时医治，只能通过向神明祈祷、禳治的宗教手段来获得精神上的慰藉，最终丢掉了性命。氆氇、木碗、藏刀等手工艺人都要将最好的工艺品敬献给上层僧侣和贵族，却不能私自出售来改善自己的生活，各种文化上的不平等现象不胜枚举。

1951年5月23日，中央人民政府和西藏地方政府签订了关于和平解放西藏办法的协议，即《十七条协议》，中国人民解放军奉命向西藏进军，进驻国防。经过1959年3月至1962年3月的平叛斗争后，中央人民政府决定在西藏实行民主改革，得到了西藏广大民众的积极响应和支持。1965年9月，西藏第一届人民代表大会在拉萨举行，西藏自治区正式成立。从此，西藏各族人民告别了万恶的旧社会，意气风发地步入了建设社会主义新西藏的新征程，开启了西藏民族文化保护的新纪元。

一、国家采取有效措施，确保西藏民族文化得到妥善保护

西藏和平解放以后，国家开始对西藏民族文化进行初步筛查和重点保护，不失时机地开展了三项重点工作。

（一）对英雄史诗《格萨尔王传》进行抢救性保护

西藏作为《格萨尔王传》主要流传地区之一，对于它的抢救工作，国家和自治区投入了大量的财力和人力。从1959年开始，国家首先对藏族英雄史诗《格萨尔王传》进行了大规模的抢救性保护，让在旧西藏时代居无定所的说唱艺人享受较高的待遇，过上了实实在在的幸福生活，配合专业工作人员进行《格萨尔王传》史诗的搜集和录制工作。从1976年开始，西藏社会科学院和自治区文联等单位，有组织、有计划地记录、整理扎巴老人的说唱本，他的生活和工作得到了很好的照顾和安排。桑珠老人是目前发现的《格萨尔王传》说唱艺人中说唱部数最多、语言表现能力最强、演唱形式最丰富的艺人。1979年，西藏社会科学院将他作为重点抢救对象，在此后20多年的时间里，桑珠共录制完成了50部《格萨尔王传》的分部本，共2500盘磁带，录音的部数居所有艺人之首。对于桑珠对藏族传统民间文化的贡献，党和国家给予了充分的肯定。① 在说唱艺人中并不多见的女说唱艺人玉梅住在拉萨，享受副教授待遇，在拉萨进行《格萨尔王传》录音工作。

1980年，国家设立了西藏有史以来第一个《格萨尔王传》抢救领导小组和抢救办事机构，即西藏自治区《格萨尔王传》抢救办公室；成立了西藏师范学院《格萨尔王传》抢救小组；在那曲、阿里、昌都等史诗流传较广的地区，当地文化局相继设立了《格萨尔王传》抢救点，逐步设立和形成了全区范围的抢

---

① 索朗格来. 西藏对《格萨尔》说唱艺人的发现与保护[J]. 中国西藏，2002（6）：13.

救网点。自治区《格萨尔王传》抢救办公室先后16次派专人到那曲、阿里、昌都等地区，对史诗及说唱艺人进行了全方位的普查，先后寻访到能够说唱10部以上的说唱艺人40名，并对每个艺人最具特色的典型说唱本进行录音1～2部；搜集说唱目录千余条、74部史诗旧本、50多种与史诗有关的民间传说；到目前，录下的艺人说唱本已有122部，共4500盘磁带，其中90部已记录成文；另有识字艺人自写本6部；开篇4部、18大宗和结尾3部等主要部本的艺人说唱本的笔录工作基本完成。正式出版的有45部。① 《格萨尔王传》（桑珠说唱本）更是填补了迄今为止无一套完整的《格萨尔王传》艺人说唱本的空白。

（二）整合资源，加强西藏藏医药的保护和研发

藏医药是我国传统医药的重要组成部分，它是仅次于中医中药而有系统理论的民族医药，几千年来为我国藏区人民的健康和繁衍昌盛作出了重要贡献。

1959年5月，西藏人民政府把原来的药王山医学院和藏医院合并。1964年建立西藏藏药厂。1975年，藏医院研究小组为当时的赤脚医生编写发行了《新编藏医配方》一书。1979年实施改革开放政策以后，藏医事业进入了全新的发展时期。1979年4月，由著名医师土丹次仁、强巴赤列分别担任主编及副主编，开始撰写《中国医学·藏医药分册》。同时组织专门人员抢救和出版珍贵医典，相继出版了《四部医典》及其注释《蓝琉璃》《秘诀补注》等典籍。1980年9月1日，原拉萨藏医院正式更名为西藏藏医院。从此，西藏藏医院成为医疗、教学、科研、制药、历算的中心。藏医学院藏医药科技研究所和中国藏学研究中心从1997年开始承担的西藏重点科研项目"传统藏药治疗疑难疾病秘方、验方收集和整理"通过验收，已经正式成册出版（藏文版），他们针对目前医疗领域中出现的疑难疾病，从老藏医专家那里抢救、收集和整理出秘方、验方近100个。这是藏医藏药界首部较权威、完整、系统的治疗疑难疾病秘方、验方的专著。②

现在，西藏自己培养的大批高素质藏医药人才和对传统秘方、验方的抢救性保护在很大程度上满足了西藏广大人民群众的看病需求，并受到越来越多的国内外人士的青睐。藏医药已经拥有了研发、制造、销售的一整套服务体系，实现了跨越式发展和产业化经营，并逐步走上了国际化发展之路。近年来，考虑到野生藏药材的供不应求，西藏自治区还积极实施拯救濒危藏药材计划，开展"濒危藏药材人工种植技术研究与示范"及濒危藏药材调查、"藏药产业技术创新联盟工程"等项目，在藏药材人工种植、藏药新剂型新工艺开发、藏药材质量标准化、

---

① 次旺俊美.西藏《格萨尔》抢救工作及其研究前瞻概述［J］.西藏研究，2002（4）：2.
② 颜园园.西藏抢救百个藏药秘方［N］.西部时报，2006-08-08（3）.

藏药共性关键技术设备研发、传统藏药秘方的抢救整理等方面取得了新成效，为藏医药更好地为人类健康服务打下了坚实的基础。

（三）大力发展各类藏剧团，积极开展相关研究工作

1960年，西藏集中了一批藏戏艺人，以觉木隆藏戏班为基础，成立了西藏自治区藏戏团，藏戏团成立后，国家为其充实了一批汉族文艺骨干，帮助挖掘整理了传统的《诺桑法王》《朗莎雯波》等八大藏戏。当年，自治区还开始为藏戏团招收学员，所有费用由国家承担。60多年来，在藏戏剧目内容上剔除了宣传封建迷信的糟粕，在艺术形式上由简陋的广场戏发展成为舞台表演艺术，传统的面具也逐渐被化妆艺术和脸部表情所代替，通过取其他剧种之长补己之短，使藏戏艺术得到了全面的发展。截至目前，藏戏团学员班已经举办了6期，培养藏戏人才近两百人。在此期间，戏团还分批将学员送到上海戏剧学院、中央音乐学院等高等学府深造，培养了一大批编剧、导演、舞美、音响、灯光、服装人才，使该团每年下基层演出的场次能够达到50场以上，满足了广大群众的精神需求。近年来，西藏文化部门还投入600余万元重点开展了民间业余藏戏队的扶持工作，使绝大部分民间藏戏队得到了发展，使10余支濒临解散的民间藏戏队得到了恢复和重建。此外，西藏在每年雪顿节期间都组织拉萨周边乡村业余藏戏演出队开展藏戏演出和比赛活动，有力地带动了业余藏戏演出队伍的发展和壮大。政府对藏戏团的大力扶持带动了一大批民间藏戏队的成长，在它们中又以西藏堆龙德庆县的觉木隆藏戏队最为著名。这支最初由堆龙德庆县乃琼镇加热村的琼达、单增卓玛等普通农村妇女自发组织起来的藏戏队，通过不断向村中老艺人请教，接连排练出《卓瓦桑姆》、《白玛翁巴》和《苏吉尼玛》等传统藏戏，随着演出水平的提高，觉木隆藏戏队声名鹊起，市场化的路子也越走越宽。2006年，觉木隆藏戏成功入选首批国家级非物质文化遗产名录。① 近年来，西藏大学艺术学院已经开始招收藏戏班，为藏戏培养更多高素质的本科专门人才。西藏民族艺术研究所的研究人员长期从事藏戏研究，涌现出了像刘志群这样的著名学者，他编撰的《藏戏艺谭》《藏戏与藏俗》《中国藏戏艺术》《中国藏戏史》等一批研究成果给藏戏研究奠定了坚实的学术基础。

在当时特定的历史时期，西藏自治区能够开展这三项重点工作，充分体现了党和国家对西藏民族文化的重视，使西藏民族文化焕发出了勃勃生机，也为今后西藏民族文化的保护积累了大量经验。现在看来，真可以说是一件功在当时、利

---

① 曹红涛. 我的藏戏我的团——西藏藏戏艺术保护与发展扫描 [N]. 西藏日报, 2009 - 04 - 07 (7).

在千秋的大事。

二、大力发展西藏高等教育事业，为西藏民族文化保护提供强大智力支持和人才储备

西藏和平解放之初，各条战线上的干部大多来自内地，西藏本地出身的干部数量较少，特别是少数民族干部和人才的数量远远不能满足西藏建设的现实需要。于是，国家决定在内地筹建西藏公学，为社会主义新西藏的建设培养和储备人才。1958年，西藏公学在陕西省咸阳市成立，国家将数千名翻身农奴的子弟转送到内地，接受现代式教育。1965年，经国务院批准，西藏公学改名为西藏民族学院，这是西藏自治区第一所真正意义上的高等学府。此后，国家又先后建立了西藏大学、西藏藏医学院等高等院校，使西藏完全具备了自己培养高素质人才的条件。截至目前，这三所高等院校共为西藏培养了6万多名毕业生，这些共和国培养出来的各类人才活跃在西藏社会主义现代化建设的各条战线上，极大地推动了包括西藏民族文化在内的各项社会事业的发展。

现在，西藏高校大都设置了西藏艺术、语言、宗教史、哲学、美学、文学等具有西藏特色的民族学科，西藏民族大学设有民族学、专门史、西藏民俗文化、西藏宗教哲学、西藏传统体育、西藏审美文化等专业；西藏大学设有藏语文、藏医药、藏族艺术、藏族历史等专业；西藏藏医学院已发展成为中国最大、最权威的藏医大学，是我国唯一一所拥有藏医药教学、科研、医疗、制药一体化的现代化藏医药学中心。这些高校拥有一批致力于西藏民族文化研究的专家学者，在藏族史、藏传佛教、藏族音乐、审美文化、说唱文学《格萨尔王传》、藏医药、西藏体育、藏族建筑等方面取得辉煌的成就。这些人中有很大一部分是西藏高校自己培养出来的人才，他们积极参与西藏民族文化保护，其研究成果给西藏民族文化保护和发展提供了可供借鉴和参考的宝贵资料。西藏高校招收的以藏族为主的大学生既能学习科学文化知识，又能系统学习西藏民族文化，为西藏民族文化的进一步发展提供了充足的人才储备。

三、持续加大资金投入力度，使西藏民族文化保护成就斐然

西藏和平解放以来，国家在西藏民族文化保护方面不断加大资金投入力度，使西藏民族文化得到全面有效的保护。随着全球化进程的加快，西藏越来越重视开展对外文化交流，仅在"十一五"期间，西藏就派出团（组）200余个，访问了罗马尼亚、匈牙利、奥地利、尼泊尔、泰国、日本等50多个国家和地区，在海外110多个城市进行文化交流演出和展览，累计演出120多场，观众达500多

万人次，有效弘扬了西藏民族优秀文化。①

2009年8月，西藏文物保护史上投资最多、规模最大、科技含量最高、施工工艺最复杂的布达拉宫、罗布林卡、萨迦寺文物保护维修工程全部竣工，在持续7年的三大文物维修保护工程中，国家投入高达3.8亿元。在三大文物维修保护工程结束之际，中央政府决定再投5.7亿元对西藏22处古文物建筑进行维修，其中包括历代班禅母寺扎什伦布寺、藏传佛教圣地大昭寺、藏传佛教格鲁派最大寺庙哲蚌寺等重要古文物建筑。目前，这批工程已全部开工，到位资金3.68亿元，占总投资的近70%。2009年8月，投资1900多万元的布达拉宫珍宝馆正式对外开放，累计接待游客7万余人次。第三次全国文物普查工作从2007年底启动，在这次文物普查中，西藏共调查登记不可移动文物4283处，其中新发现文物点3019处。新公布了112处自治区级文物保护单位，向国家申报了36处全国重点文物保护单位。登录检查验收普查表格8000余份，整理文字资料800万字、照片资料1万余张、图纸资料1万余张。目前，全区有各级文物保护单位329处，其中全国重点文物保护单位35处，自治区级文物保护单位224处，国家历史文化名城3座，馆藏文物100万件，世界文化遗产单位一处三点。②另外，34部古籍文献被列为国家珍贵古籍，"贝叶经"保护研究工作在国内外产生重大影响，藏文成为国家第一个具有信息技术信息交换用文字编码国际标准的少数民族文字。与此同时，西藏各高校和科研院所对西藏非物质文化遗产的研究工作也相继展开。自西藏自治区成立以来，国家共投入6亿多元积极复兴西藏民族文化，2005年至今，投入1.3亿元保护西藏非物质文化遗产项目，使西藏丰富而独具特色的文化遗产得到全面继承和发展。

西藏和平解放，开启了西藏社会主义文化建设的历史新纪元；民主改革，确立了马克思主义在意识形态领域的指导地位；改革开放，开创了西藏社会主义文化建设的新时代。对比和平解放前后的新旧西藏，我们不难看出，西藏和平解放60多年来，民族文化得到了全面保护，这一切都得益于党和国家的大力扶持、各兄弟省市的无私援助和西藏各族人民的艰苦奋斗。60多年来，西藏已经走出了一条具有中国特色、西藏特点的民族文化保护和发展之路。事实胜于雄辩，只有在中国共产党的领导下，只有坚定不移地走社会主义道路，西藏民族文化的发展之路才能越走越宽阔，包括西藏各族人民在内的世界人民才能永享这些文化瑰宝。现在，西藏旅游业已经成为西藏经济的支柱性产业之一，当年国家在第二次

---

① 晓勇．我区对外文化交流迈出新步伐［N］．西藏日报，2011-02-13（1）．
② 晓勇．传统与现代辉映交融［N］．西藏日报，2011-02-12（1）．

西藏工作座谈会上提出的发展西藏旅游业的目标已经成为现实,西藏民族文化正在西藏旅游业发展中扮演着越来越重要的作用,为西藏旅游业的进一步发展提供不竭的动力。这一切都归功于西藏和平解放60多年来国家对西藏民族文化的持续保护。

第二节 中央西藏工作座谈会与西藏非物质文化遗产保护

党中央在1980年由中央书记处召开西藏工作座谈会,商讨西藏发展问题,称为中央第一次西藏工作座谈会。此后,国家又在1984年、1994年、2001年和2010年先后召开西藏工作座谈会,在不同历史时期解决西藏发展中遇到的不同问题,使西藏紧跟全国发展的步伐,实现了快速发展,为西藏的非物质文化遗产保护打下了坚实的基础。

西藏非物质文化遗产是千百年来由西藏各族人民共同创造、享用和传承的民族文化,具有很强的地域性和民族性,是西藏传统民族文化中的精髓,是中华民族文化的有机组成部分,在中央第五次西藏工作座谈会中,党中央将西藏非物质文化遗产保护提到了一个新的高度。虽然西藏非物质文化遗产是2000年以后才开始使用的新词,但是国家对以西藏非物质文化遗产为核心的西藏传统民族文化的保护却早在西藏实行民主改革后就已经展开,正如本章第一节中所说的《格萨尔》史诗、藏医药和藏戏都属于西藏非物质文化遗产的范畴,这些举措开启了西藏非物质文化遗产保护的大门。特别是在中央第一次西藏工作座谈会上强调西藏民族文化保护后,历次西藏工作座谈会都将发展包括西藏非物质文化遗产在内的西藏民族文化作为重要任务来抓,使西藏在实现经济社会发展的同时,民族文化也得到进一步继承和发扬。

一、第一次西藏工作座谈会明确提出要保护和继承藏族民族文化

1980年的《西藏工作座谈会纪要》中明确提出要认真继承和发展民族文化,重视使用藏文藏语,尊重民族的风俗习惯。① 1980年5月29日,胡耀邦同志在"西藏自治区干部大会"上对藏族文化进行高度评价后指出,任何忽视和削弱藏族文化的思想,都是错误的,都是对加强民族团结不利的。② 西藏自治区在学习

---

① 中共西藏自治区委员会政策研究室. 中共中央关于转发《西藏工作座谈会纪要》的通知 [C]. 西藏自治区重要文件选编(上)[C],1983:11.
② 中共西藏自治区委员会政策研究室. 胡耀邦同志在西藏自治区干部大会上的报告(1980.5.29)[C]. 西藏自治区重要文件选编(上),1983:28.

和落实《西藏工作座谈会纪要》精神时，进一步提出对于传统的文化遗产，要加强收集（有些还要抢救）、整理、研究和传授的工作，并在此基础上大力发展社会主义内容的、藏族形式的文化。要很好地保护藏族的文物古迹，并注重藏族文化人才的培养，为了发展文化，要有一支有相当人数的一懂行、二热心的文化工作队伍，还要帮助老艺人带徒弟，培养接班人。① 阴法唐同志也在区党委二届五次全委（扩大）会议上强调要好好继承和发扬西藏文化，不能使其失传。②

在西藏自治区政府部署下，20世纪80年代初，西藏自治区和全区七地（市）相继成立了抢救民族文化遗产领导小组，开始了对西藏民族文化遗产的系统普查和搜集工作，取得了很大的成绩，为后来的非物质文化遗产保护积累了大量宝贵材料和工作经验。

二、第二次西藏工作座谈会提出发展旅游业，总结了藏族文化的特点，并提出了相应的保护方法

在1984年召开的中央第二次西藏工作座谈会上，胡耀邦同志提出，如果不认真保持和发扬西藏固有文化中优良的东西，西藏的文化建设就没有根基，就会丧失自己应有的特色。③ 在座谈会上形成的《第二次西藏工作座谈会纪要》中对藏民族的评价是："藏族有古老的独特的文化传统，文学、艺术遗产丰富多彩，是一个能歌善舞的民族。"在此基础上提出，要十分尊重和科学地继承、发展藏族的文化艺术，保护历史文物古迹。藏汉等各民族间，在文化艺术上要互相交流，互相学习，互相借鉴。但当前最重要的是，要在坚持社会主义方向的前提下，积极继承和发扬藏族文化艺术的优良传统和特色，决不可企图用汉族文化艺术去代替或改造藏族和其他民族的文化。为了活跃和丰富人民的精神生活，"文化大革命"前创作的各种健康的和受群众欢迎的文艺作品，包括歌曲、戏剧、音乐、舞蹈等，都应当继续演出，并且努力创造新的作品，注意在普及中逐步提高……要扶持群众自办音乐、舞蹈、藏戏等业余文艺组织，并给以必要的帮助和

---

① 中共西藏自治区委员会政策研究室. 杨静仁同志在西藏自治区直属机关县以上干部大会上的讲话（1980.7.10）[C]. 西藏自治区重要文件选编（上），1983：44.
② 中共西藏自治区委员会政策研究室. 阴法唐同志在区党委二届五次全体（扩大）会议上的讲话（1980.6.3）[C]. 西藏自治区重要文件选编（上），1983：87.
③ 中共西藏自治区委员会政策研究室. 胡耀邦同志在西藏工作座谈会上的讲话（节录）（1984.2.27—3.6）[C]. 西藏自治区贯彻1984年中共中央书记处召开的西藏工作座谈会精神文件选编（第一集），1984：45.

指导。① 胡启立、田纪云等中央领导同志在西藏调研后提出,要利用西藏在佛教、经典、壁画、雕塑、藏医藏药、天文、历算、歌舞等方面得天独厚的文化遗产,大力发展旅游事业。②

西藏自治区积极学习贯彻《第二次西藏工作座谈会纪要》,时任西藏自治区党委书记的阴法唐同志在中共西藏自治区三届二次全委扩大会议上总结了藏族文化的四个特点:一是历史悠久,藏族有文字记载的历史长达一千几百年,在全国各少数民族中占第一位。二是独特,藏族在长期的历史发展过程中,形成了民族文化的独特发展道路和独特传统。三是丰富多彩,藏族的文化遗产极为丰富。如语言文字、文学艺术、文物古迹、历史文献、宗教典籍、藏医藏药、天文历算、建筑艺术、雕刻美术、民族体育等等,西藏是民族文化的宝库。四是具有广泛的群众基础,藏族是一个能歌善舞的民族,西藏有"歌舞的海洋"之称,藏族的音乐、舞蹈、藏戏等有鲜明的特点和广泛的群众性。③ 在此基础上提出,要充分认识藏族文化的优良传统和特点,发挥长处和优势,认识弱点和短处。从西藏经济发展水平、群众的教育程度和觉悟程度出发,采取符合实际的特殊政策、灵活措施,自觉地朝着建设具有民族特点的社会主义精神文明方向前进,走出一条新路子。④

值得一提的是西藏自治区在领会第二次西藏工作座谈会精神的基础上提出了指导西藏自治区文化工作的极其重要的原则:要在坚持社会主义方向的前提下,积极继承和发扬藏族文化艺术的优良传统和特色,决不可企图用汉族文化艺术去代替或改造藏族和其他民族的文化。要求尊重和科学地继承、发展藏族的文化艺术,认识到西藏的新文化是从古代的旧文化发展而来的,因此,必须尊重历史,决不能割断历史。西藏的新文化必须具有民族特点,决不能轻视或者丢掉民族的优良传统和特色,尊重、继承和发展是互相联系的。

---

① 中共西藏自治区委员会政策研究室. 西藏工作座谈会纪要(1984.3.28)[C]. 西藏自治区贯彻 1984 年中共中央书记处召开的西藏工作座谈会精神文件选编(第一集),1984:15.

② 中共西藏自治区委员会政策研究室. 胡启立、田纪云同志在西藏调查研究、指导工作期间的讲话纪要(1984.8)[C]. 西藏自治区贯彻 1984 年中共中央书记处召开的西藏工作座谈会精神文件选编(第一集),1984:59—60.

③ 中共西藏自治区委员会政策研究室. 阴法唐同志在中共西藏自治区三届二次全委扩大会议上的讲话(1984.4.25)[C]. 西藏自治区贯彻 1984 年中共中央书记处召开的西藏工作座谈会精神文件选编(第一集),1984:86.

④ 中共西藏自治区委员会政策研究室. 阴法唐同志在中共西藏自治区三届二次全委扩大会议上的讲话(1984.4.25)[C]. 西藏自治区贯彻 1984 年中共中央书记处召开的西藏工作座谈会精神文件选编(第一集),1984:87.

西藏自治区在西藏民族文化的保护方法上也提出了三项原则：首先要十分尊重藏族的文化艺术，包括尊重宗教的文化遗产和带有宗教色彩的文化遗产，认为宗教的文化遗产具有保存大量民族的、前人的成果的历史功绩。第二要科学地继承，要以藏族知识分子和文学家、艺术家为主，组织一批文化艺术工作者，抢救、发掘、整理、保护民族文化遗产，然后运用马克思主义的立场、观点、方法进行科学的分析，剔除糟粕，吸收精华。第三是发展，尊重、继承是为了发展，只有尊重、继承才能发展。要积极发扬藏族文化艺术的优良传统和特色，赋予新的内容，反映西藏各族人民为建设团结、富裕、文明的新西藏而奋斗的现实生活。同时对文化艺术工作者提出了新的要求，要努力学习马克思主义文艺理论，坚持深入生活，加强队伍建设，坚持为建设团结、富裕、文明的新西藏服务，为西藏人民特别是广大农牧民服务的方向。精神文明战线的各个部门，特别是教育文化、报纸广播、电影电视、刊物书籍等，都要重视使用藏语文，逐步做到以藏语文为主。①

时任西藏自治区人民政府主席的多杰才旦同志在1984年西藏政府工作报告中，提出要十分尊重和科学地继承、发展藏族的文化艺术，对民族文化遗产抓紧进行发掘、抢救、整理。文化工作的重点要转移到群众文化方面来，指导和扶持群众开展多种形式的文体活动，丰富和活跃群众文化生活。有条件的地区要发展藏剧团，要重视艺术教育，采取多种途径培养本民族的文学艺术家和一专多能的艺术人才。搞好文物普查、重点文物维修，加强文物古迹的保护和管理。发展民族传统体育活动，集中力量抓住几个适合西藏特点的有发展前途的运动项目，努力创造优异成绩。②

通过学习第二次西藏工作座谈会精神，西藏确定了保护西藏民族文化的工作思路，首次将保护民族文化与发展旅游业结合起来，民族文化保护工作很快展开，形成了切实可行的工作方法，实现了从思想向行动的重要转化。

三、第三次西藏工作座谈会明确提出发展西藏社会主义新文化

在1994年召开的第三次西藏工作座谈会上，江泽民同志提出了做好西藏工

---

① 中共西藏自治区委员会政策研究室. 阴法唐同志在中共西藏自治区三届二次全委扩大会议上的讲话（1984.4.25）[C]. 西藏自治区贯彻1984年中共中央书记处召开的西藏工作座谈会精神文件选编（第一集），1984：88—89.

② 中共西藏自治区委员会政策研究室. 多杰才旦. 1984年西藏自治区政府工作报告（1984.7.20）[C]. 西藏自治区贯彻1984年中共中央书记处召开的西藏工作座谈会精神文件选编（第一集），1984：215—216.

作的基本原则：加快西藏经济社会发展，关键是要把中央的大政方针与西藏具体实际结合起来。无论经济社会发展还是改革开放，都要从国家大局和西藏实际出发，实事求是。① 在文化工作中，既要注意弘扬藏族的优秀传统文化，又要注意吸收其他民族的优秀文化，使优秀传统文化与现代文化成果结合起来，以利于在西藏更好地发展社会主义新文化。②

这一时期，党和国家在西藏文物保护方面投入巨资，使西藏物质文化遗产得到很好的保护。从1989年到1994年间，中央拨出5500万元和大量的黄金、白银等珍贵物资用于布达拉宫一期维修工程。2001年开始，国家又拨专款3.3亿元，用于布达拉宫二期维修工程和罗布林卡、萨迦寺两大文物古迹的维修。1994年5月，经联合国教科文组织世界遗产委员会委托的专家对维修竣工的布达拉宫进行了实地考察和鉴定，认为维修的设计和施工都达到了国际先进水平，是"古建筑保护史上的奇迹，对藏文化乃至世界文化保护做出了巨大贡献"。1994年12月，布达拉宫与大昭寺被世界遗产委员会列入《世界遗产名录》。1994年到1997年，中央人民政府投资近1亿元援建了占地面积52479平方米，建筑面积21000平方米的现代化的西藏博物馆。1998年以来，国家和自治区先后投资1亿多元对拉萨市老城区的古建筑、危房及基础设施进行全面的维修改造，以提升城市的整体功能，改善文物古迹的保护环境。③ 国家还加强西藏自治区档案馆建设，目前，西藏自治区档案馆馆藏档案已经达到300多万卷，西藏自治区档案馆编撰出版了《西藏历史档案荟萃》《铁虎清册》等大型图书。西藏各级各部门共收藏纸质、缣帛、木、金属、石、叶等质地的档案400余万卷，除90%多的藏文外，还有汉、满、蒙、印地、梵、尼泊尔、英、俄等10余种文字，档案内容上起元朝，下迄当代，是一个时代体系完整的历史档案宝库。④

以上这些措施的成功实施，使西藏民族文化中的物质文化遗产得到妥善保护，为更好地保护和展示西藏民族文化中的非物质文化遗产打下了坚实的基础。

从2000年开始，随着《格萨尔王传》的收集、整理工作的持续深入进行，出版工作也提上了议事日程，中国社会科学院和西藏社会科学院合作启动整理、

---

① 江泽民．西藏工作要抓好稳定和发展两件大事（1994.7.20）［M］．江泽民文选（第一卷）．北京：人民出版社，2006：391．

② 江泽民．西藏工作要抓好稳定和发展两件大事（1994.7.20）［M］．江泽民文选（第一卷）．北京：人民出版社，2006：392．

③ 孙勇．中国共产党的西藏政策（1989～2005）［M］．北京：社会科学文献出版社，2004：129—130．

④ 孙勇．中国共产党的西藏政策（1989～2005）［M］．北京：社会科学文献出版社，2004：130．

出版艺人说唱史诗，先后发现民间说唱艺人150多人，累计艺人说唱录音超过了5000小时，出版藏文《格萨尔王传》120余部，拉开了新世纪西藏非物质文化遗产保护的序幕。

四、第四次西藏工作座谈会总结和回顾了保护西藏民族文化的成就，强调人才队伍建设

江泽民同志在第四次西藏工作座谈会上总结了西藏民族文化保护的成就：藏族优秀文化得到弘扬，历史文化遗迹受到保护。并就下一阶段西藏民族文化保护工作做了部署：要积极保护和开发各民族的文化资源，继承和发展各民族的优秀传统文化，并促进相互学习和借鉴，吸取新知识、树立新观念，增加各民族间的共同因素和社会主义的一致性，以不断巩固各民族的大团结。朱镕基同志强调，必须高度重视和切实加快发展旅游业，一定要把旅游业作为西藏的支柱产业。认真实施"科教兴藏"战略，大力培养各类人才，大力推动科技进步和创新，努力采用先进适用的技术，使现代科学技术在经济发展中发挥更大的作用。胡锦涛同志在《庆祝西藏和平解放五十周年大会上的讲话》中总结道：西藏优秀传统文化得到保护、继承和弘扬，并被赋予反映人民群众新生活和社会发展新要求的时代内容。①

在当时的条件下，国家投入巨资进行非物质文化遗产保护工作，国家重点支持的藏文《大藏经》（甘珠尔、丹珠尔）校勘项目已经完成，有西藏古代社会"百科全书"之称的苯教《大藏经》得到了系统整理，并全部出版。共收集到口头传承的《格萨尔王传》手抄、木刻本300多部，陆续整理出版藏文本70多部、汉译本20多部，另有若干部已译成英、日、法文出版。搜集、整理了民间流行的歌谣、舞蹈、戏曲、故事等艺术表现形式，为广大民众享用。西藏自治区还将藏历新年、雪顿节等藏民族的传统节日确定为自治区的节假日。据统计，20世纪80年代以来，国家已拨款3亿多元及大量黄金、白银等物资，用于西藏寺庙的维修和保护。其中，对布达拉宫的维修，国家拨款5500多万元，历时5年多，是几百年来耗资最多、规模最大的布达拉宫维修工程。②

通过党和国家的持续大力投资，在西藏各级政府的共同努力下，西藏非物质文化遗产保护在这一时期取得了辉煌的成就，一大批专业人才脱颖而出，使保护

---

① 胡锦涛. 在庆祝西藏和平解放五十周年大会上的讲话（2001.7.19）[C]. 国家民族事务委员会，中共中央文献研究室. 民族工作文献选编（1990—2002）. 北京：中央文献出版社，2003：357.
② 国务院新闻办公室. 西藏的现代化发展（2001.11）[C]. 国家民族事务委员会，中共中央文献研究室. 民族工作文献选编（1990—2002）. 北京：中央文献出版社，2003：463—464.

工作向着更深层次和更广阔的领域发展。

五、第五次西藏工作座谈会开创了西藏非物质文化遗产保护的新局面

在 2010 年 1 月 18 日召开的第五次西藏工作座谈会上，胡锦涛同志在讲话中指出，2001 年召开中央第四次西藏工作座谈会以来，在党中央、国务院正确领导下，在全国各族人民特别是对口援藏省市、中央和国家机关以及有关单位大力支援下，西藏自治区党委和政府团结带领全区各族干部群众顽强奋斗，西藏经济持续快速发展，综合交通和能源体系建设成效明显，文化建设富有成效，社会事业全面进步，生态环境保护加快实施，各族群众生活显著改善，民族团结不断加强，民族区域自治制度得到坚持和完善，反分裂斗争取得重大胜利，经济建设、政治建设、文化建设、社会建设以及生态文明建设和党的建设取得显著成就。要求进一步弘扬社会主义先进文化，推进西藏跨越式发展和长治久安。温家宝同志强调要加快发展社会事业，扶持优秀藏语文图书、音像制品出版，加强西藏物质和非物质文化遗产保护和传承，开启了走有中国特色、西藏特点发展路子的新征程。

自西藏自治区成立以来，国家共投入 6 亿多元积极复兴西藏传统民族文化，使西藏丰富而独具特色的文化遗产得到全面继承和发展。① 目前，西藏非物质文化遗产已经取得了举世瞩目的成就，西藏现已建立起了国家级、省级、地市级、县级等四级非物质文化遗产名录体系，形成了自治区、地（市）、县三级普查工作联动机制和工作网络。藏族唐卡、藏族造纸技艺等 89 个项目被列入国家级非物质文化遗产代表作名录，68 名传承人被认定为国家级非物质文化遗产项目代表性传承人，323 个项目和 350 名传承人入选自治区级名录，格萨尔和藏戏成功入选了联合国教科文卫组织的"人类非物质文化遗产名录"。西藏自治区已经完成了《中国戏曲志·西藏卷》《中国民族民间舞蹈集成·西藏卷》《中国曲艺志·西藏卷》《中国器乐集成·西藏卷》《中国戏曲音乐集成·西藏卷》《中国民歌集成·西藏卷》等"十大集成志"的编撰。② 以"雪域文库"名义，整理、出版了《娘氏家族传》《噶列文法难释》《历代法规选编》《根顿群培全集》《萨迦—贡嘎坚赞文集》《西藏史籍五部》《噶妥司图游记》《西藏简明通史——松石

---

① 孙勇. 中国共产党的西藏政策（1989~2005）[M]. 北京：社会科学文献出版社，2014：127.
② 孙勇. 中国共产党的西藏政策（1989~2005）[M]. 北京：社会科学文献出版社，2014：127.

宝串》《苯教鼻祖敦巴辛饶全传》等藏文典籍。① 西藏现在拥有国家级非遗项目76个，有自治区级非物质文化遗产项目代表作323项、自治区级非遗传承人350名。福建省援建的国内首个反映藏族地区少数民族传统文化的博物馆——尼洋阁藏东南非物质文化遗产博物馆向公众开放。该馆通过雕像、场景复原、多媒体、壁画以及300多件文物，展示了西藏林芝地区工布藏族、门巴族、珞巴族和僜人丰富灿烂的传统民族文化，其中包括濒临失传的木锁、牛皮筏、藤网桥等技艺，创造了文化援藏的成功案例。

在实施非物质文化遗产保护工作的同时，西藏也充分发挥高等学校、科研院所等机构的智力优势，积极开展非物质文化遗产的研究工作，在西藏社会科学院、西藏大学、西藏民族大学、藏医学院等单位设立专门机构，开展研究工作。经过多年的积累，西藏社会科学院在《格萨尔王传》研究方面、西藏大学艺术学院在唐卡传统技法研究方面、藏医学院在藏医药制作方面、西藏民族大学在非物质文化遗产理论研究方面都取得了很大的成绩。

从中央先后召开的五次西藏工作座谈会中，我们可以清晰地看到西藏民族文化保护的发展脉络，充分体现了党和国家对西藏民族文化的重视。纵观西藏民族文化保护历程，保护重点经历了从物质文化遗产向非物质文化遗产的转变，第一、第二、第三次西藏工作座谈会主要解决了西藏物质文化遗产的保护和发展问题，而第四、第五次西藏工作座谈会则将重点放在了保护和发展西藏非物质文化遗产上，物质文化遗产与非物质文化遗产在西藏民族文化中是一体两面的关系，前者更多地表现为基础性的特点，后者则更多地体现出附属性和衍生性的特点。物质文化遗产保护的成果为非物质文化遗产保护奠定了基础，提供了非物质文化遗产可以依附的基点，而非物质文化遗产的继承和发扬又使西藏物质文化遗产显得更加富有生命力。从这个意义上来说，党和国家对西藏民族文化的保护是符合西藏民族文化的基本特点和发展规律的，其科学性和有序性是经受得起历史考验的。

西藏和平解放以来，党和国家对民族文化的保护使西藏优秀传统文化获得了新生，五次西藏工作座谈会则使西藏在特定历史时期完成了向现代社会的蜕变，作为西藏的主要民族，藏族文化被提升到了前所未有的高度，受到充分重视和保护，这与西藏的实际情况相吻合。门巴族和珞巴族分别在1964年和1965年被认定为单一少数民族，作为西藏的人口较少民族，虽然他们的人口不占优势，但是随着西藏经济社会和文化事业的整体发展，这两个人口较少民族的独特文化也受到了保护。

---

① 孙勇. 中国共产党的西藏政策（1989～2005）[M]. 北京：社会科学文献出版社，2014：125.

第三节 门巴族、珞巴族非物质文化遗产保护情况

门巴族、珞巴族作为我国的人口较少民族,与藏族民众一起创造出了灿烂的西藏文明,为西藏文化的多样性作出了贡献,门巴族、珞巴族非物质文化遗产是其传统文化中的精髓,为保留其文化基因发挥着重要的作用。

一、门巴族非物质文化遗产的状况

门巴族的非物质文化遗产非常丰富,按照《保护非物质文化遗产公约》和我国非物质文化遗产的分类标准进行划分,门巴族非物质文化遗产可以分为以下几类。

(一)民间文学类

由于没有文字,门巴族的民间文学都是通过口耳相传的形式流传下来的,因此,其口承文化非常发达。主要的神话传说有《镇压妖女》《吉萨格来战妖魔》《房脊神》,讲述娘江曲、达旺曲和普龙曲的《三兄弟河》《那嘎湖》,讲述空行母却吉桑姆和猎人冬顿的《却吉桑姆和冬顿》,神奇木匠《皮休嘎木》《白马兄弟与色》《色目人镇妖》《遗留下来的号角》《马桑尔辛格烈学僧除妖》,颂扬行善积德、鞭挞贪欲的《汤科嘎布当上吉波(国王)》《她为一袋麝香丧命》等,其中最为著名的还是《猴子变人》的神话。门巴族民间文学中还有大量的动物故事,比较著名的是《聪明的小鸟》《野鸡和乌鸦》《猫喇嘛讲经》《杜鹃、啄木鸟和斑鸠》等。①

门巴族民间叙事诗《太波嘎列》是讲述门巴族牧业始祖太波嘎列的英雄史诗。全诗共分十四章,分别是《召唤歌》《神牛歌》《引牛歌》《牧牛歌》《四美歌》《四饰歌》《搭帐篷歌》《搭灶歌》《拴狗歌》《挤奶歌》《打酥油歌》《迁徙歌》《欢歌》《诵歌》。② 从人们对太波嘎列的祈求开始,接着叙述了神牛的降生、牵牛、牧牛、搭帐篷、修炉灶、拴狗、挤奶、打酥油、迁牧场等,全面而又生动形象地反映了门巴族牧业生产的劳动过程。

(二)民间音乐类

门巴族的民间音乐以抒情民歌著称,歌体主要有萨玛体、卓鲁体、加鲁体和

---

① 西藏民族学院门巴族民间文学调查组搜集,于乃昌整理,西藏民族学院科研处编.门巴族民间文学资料[M],1979:110.

② 关东升.中国民族文化大观:藏族、门巴族、珞巴族[M].北京:中国大百科全书出版社,1995:470.

喜歌体。抒情民歌主要有萨玛酒歌和民间古典情歌两类。萨玛酒歌是用萨玛曲调歌唱的抒情酒歌，萨玛歌体因为最早产生于萨玛地方而得名，多用于节日、酒会、婚礼、远行等喜庆和欢乐的场合，反映的题材广泛，内容丰富，歌词生动有趣，曲调欢快高昂，手法灵活，具有很强的表现力。"分为独段体和多段体两种，以多段体居多。多段体酒歌每一首包括的诗段数目多少不定，通常是三段一首。但在一首诗中，每一段的诗行数目是一致的，比较多的是三行或五行构成一个诗段。每一诗行多由九音节或六音节构成，形成等音节句式。它的节奏主要是通过停顿来体现。"① 萨玛酒歌比较有名的作品有：《白鹤歌》《宝贝》《吉巴村》《聚欢》《家乡》《挽留》《杜鹃花》《达旺酒歌》《三物》《流浪》《长虹山》《悲歌》《逃亡》《阻碍》《建屋歌》《牧人歌》《樵夫歌》《结鲁》《羡慕》《劝酒歌》《祝福歌》《倾慕》《坛歌》《诵》等等。②

门巴族民间古典情歌的曲调是固定的，是填词以歌唱，具有很强的音乐感，每首都是六言三顿，绝大部分作品都是四行一首，极个别的是五行、六行或八行一首。仓央嘉措情歌是门巴族民间古典情歌的代表。现在，情歌仍然是门巴族青年男女抒发感情、互示爱慕之情的主要形式。"东三巴"是墨脱门巴族中流传的一种古老曲调，此种曲调浑厚古朴，具有浓厚的乡土气息和鲜明的民族特点，内容极其广泛，相传为门巴族从竹隅迁往墨脱时带来的。由于藏族歌舞的广泛流传，会唱"东三巴"的曲调的人正在逐渐减少。③

门巴族主要用"里令"（双音笛）、"塔阿让布龙"（横吹五孔笛）、"森萨让布龙"（竖吹五孔笛）、"基斯岗"（竹口琴）、"比永"（牛角琴）等传统乐器和神鼓、铃、钹、长号、海螺号等藏传乐器演奏民间音乐。④

（三）民间舞蹈类

门巴族舞蹈可以分为宗教舞蹈和习俗舞蹈两类。宗教舞蹈门巴语称为"巴羌"，是跳神舞，大多以模拟鸟兽形象为主要内容。主要有"谢羌"（鸟舞）、"角包羌"（牛舞）、"帕羌"（猪舞）、"东金羌"（牛猪舞）、"甲穷羌"（大鹏舞）、"麦荣羌"（犬舞）等。还有集体鬼舞"列恩羌"，巫舞"东德羌""潘羌"

---

① 关东升．中国民族文化大观：藏族、门巴族、珞巴族［M］．北京：中国大百科全书出版社，1995：466．
② 西藏民族学院门巴族民间文学调查组搜集，于乃昌整理，西藏民族学院科研处编．门巴族民间文学资料［M］，1979：55．
③ 西藏民族学院门巴族民间文学调查组搜集，于乃昌整理，西藏民族学院科研处编．门巴族民间文学资料［M］，1979：10．
④ 关东升．中国民族文化大观：藏族、门巴族、珞巴族［M］．北京：中国大百科全书出版社，1995：476—477．

"枕羌""阿羌""喷任羌"等。习俗舞蹈有"颇章拉堆巴"(贺新房)、"旺久钦波"(人种的权威)、"嬉戏舞"、"牦牛舞"等。①

(四) 传统戏剧类

门巴族民间戏剧又称为"门巴阿吉拉姆",俗称门巴戏,有三种表现形式:一是渊源于宗教跳神的门巴傩戏,如演出时间为半天的《中索羌》;二是在神话传说、民间歌舞和宗教跳神基础上产生的戏剧形式,如要连续演出两天的《噶玛如巴斯朗巴多》;三是借鉴、吸收藏戏艺术养料而形成的门巴戏剧,如《诺桑法王》,还有门巴族喇嘛创造的《卓娃桑姆》等。② 门巴族传统戏剧最为著名和古老的是《阿拉卡教父子》,共分为5场:第一场"降魔",第二场"兴旺",第三场"人间",第四场"出猎",第五场"地狱"。演出以歌舞为主,可以说是一部古老的歌舞剧,是门巴族文化形态的综合反映。

(五) 杂技与竞技类

门巴族的传统竞技节目有"米嘎巴"(射箭)、"龙普勒"(抱石)、"德过尔"(投石)、"白达普"(摔跤)、"曾林巴"(跳高)、"林邦"(跳远)、"若安布"(攀藤索)、"棉达加"(打火枪)等。

(六) 传统手工技艺类

门巴族所居住的地方林木茂密,盛产木头和竹子,人们就地取材,制作各种生产生活用品,练就了制作木器、竹器、石器和造纸等绝技。

门巴族制作木器的历史非常悠久,主要产品有木碗、木桶、木盆、木箱、木柜、木床、木桌、马鞍、驮鞍等,其中又以木碗的制作最为有名。木碗用硬木头的树根瘤加工制成,工序非常复杂,要经过选材、制坯、定型、加工四道工序,制作起来难度很大,对制作者的要求很高。木碗按其质量依次分为"杂木雅""果拉""索果尔"三等。门巴族木碗从古到今被西藏各族人民广泛使用,社会需求量很大,涌现出了一批技艺高超的工匠,噶尔拜·白玛老人就是他们中的杰出代表。门巴族的竹器在西藏也非常有名,其中又以"邦穷"最为有名,这是一种用来盛东西的扁圆形的箧盒,制作非常考究。门巴族还擅长藤编,著名的墨脱藤网桥就是他们的代表。造纸是门巴族的传统手工业,门巴族人民利用丰富的造纸资源制作出了质地优良的土纸,非常适于印经文,全部供西藏各大印经院印经文使用。

---

① 关东升. 中国民族文化大观:藏族、门巴族、珞巴族 [M]. 北京:中国大百科全书出版社,1995:478—480.
② 陈立明. 门巴族民间戏剧考察——兼论藏戏与门巴戏的异与同 [J]. 民族文学研究,2005 (4):54—55.

除此之外还有石锅的制作技艺，现在很多门巴族家庭仍然保留着使用石锅做饭的传统。

（七）民俗类

门巴族的节庆活动可以分为宗教节日和民俗节日两类，宗教节日有每年藏历四月十五日的"萨嘎达娃"节，举行祈求丰年的祭祀活动。门巴族的年节活动有两个，一个是"洛萨"，即藏历新年，一个是十二月新年，即"纠尼巴洛萨"。错那门巴族过"洛萨"是从每年藏历的元月初一开始，到元月十五结束，时间与藏区相同，庆祝活动亦相似。墨脱门巴族则要过"洛萨"和"纠尼巴洛萨"两个年节，又以后者最为隆重。

二、珞巴族非物质文化遗产的状况

珞巴族的非物质文化遗产非常丰富，按照《保护非物质文化遗产公约》和我国政府关于保护非物质文化遗产的相关规定，珞巴族非物质文化遗产可以分为以下几类。

（一）民间文学类

珞巴族有着丰富的神话和传说。主要有：反映珞巴族古代农业的古老传说《达蒙达宁》《天和地的传说》《纽布与太阳》《地母子女两姐弟结婚》，寻找伴侣的《阿咩中纳》《妹妹失去一条右臂》《九个太阳》《冬尼海依二子遇难》《宁崩鬼》《阿宾金纳》《阿宾肯日》《普苏达东和罗马达当》《勇士与雕》《放牛娃与鸡姑娘》等。民间故事有：《放牛娃的福气》，藏珞交换的故事《亚崩岗日到藏区》《亚崩岗日与打猎的仪式》《猎手和妻子》《善良的妹妹》等。还有大量的动物故事：《蝙蝠为什么是黑的》《狗的故事》《若列和老虎》《老虎与獐子》《鱼和星星打仗》《老虎和野猫》《猴子的屁股为什么红》《武都鸟》等。①

珞巴族的史诗有三部，《斯金金巴巴娜达萌》主要是歌唱世界的形成、万物的起源、人类的诞生，属于创世史诗；《阿巴达尼》是歌唱祖先诞生、婚配以及种种英雄业绩，属于祖先史诗；《金岗岗日》歌唱狩猎英雄金岗岗日的发明创造和狩猎与祭祀活动，属于英雄史诗。②

（二）民间音乐类

珞巴族的民间音乐有"帝巴儿"和"纽布侬"。"帝巴儿"是祭调音乐的总

---

① 西藏民族学院珞巴族民间文学调查组搜集，于乃昌整理，西藏民族学院科研处编. 珞巴族民间文学资料［M］，1980.

② 关东升. 中国民族文化大观：藏族、门巴族、珞巴族［M］. 北京：中国大百科全书出版社，1995：645-646.

称，主要在祭祀场合演唱。"纽布依"是巫调音乐的总称，是巫师在祭神跳鬼作法祈求时演唱的。两者的曲调极其丰富，各个部落在不同的祭祀场合所演唱的音乐各不相同。

珞巴族还流传着数量很多的曲调，主要有庆典歌、礼俗歌、情歌、嫁礼歌、哭丧歌、劳动歌、战歌等。传统乐器主要有"共冈"（竹口琴）、"达崩"（竹笛）等。"民间广泛流行的曲调按其内容和作用可以分为下列数种：有以叙述民族来源、迁徙为主要内容的《加金》《巴布达诺》《巴怒》《巴力》《阿波多叶》《尼西》等；有在宗教仪式上演唱的《呐怒费》《哈日巴》《纽布衣》《纽衣布得呐》《乌佑宾》《米剂乌佑白》等；有用于哭丧的《嘎拼》等；有婚礼时唱的《多木德》《波勒摆格》《阿加》等；有进行交换、狩猎对唱的《乌格》《阿齐加德》等；有反抗外来侵略、民族压迫及进行械斗的《阿帝卡达帝呷》《饿月》等；有青年人谈情说爱以及控诉虐待、奴役和咒骂负心人的《唉乃哟唉呐》《阿珞姑帝》《巴布墨白》等；此外还有儿歌《怒阿哈》《巴利》和《波力》《阿尼阿》等其他曲调。"① 其中最古老的是《加金》。

珞巴族民间曲调可以即兴填唱新词，歌谣内容极其丰富，《虾依亚里波》是在庆祝丰收节时歌颂远古时妇女发明农业的情况，《达米达》是动员大家起来战斗的歌，《嘎拼》是哭丧歌。

（三）民间舞蹈类

珞巴族舞蹈主要有巫舞、祭祀舞、图腾舞、出征舞、复仇舞、生殖舞、抢婚舞等。珞巴族的舞蹈根植于生活实践，动作多模仿鸟兽活动的情态和人们捕捉动物的情况。如捕捉公牛的《驯牛》舞、在婚礼上表演的双人舞《巴纠》舞。大型集体舞蹈《都怒》一人领唱，众人和，男女边唱边跳。《奔怒》《帕怒怒得嘎》男女排唱，边歌边舞的《阿帝波怒》，男性舞蹈《金敬》《阿路鸭衣》。②

除此之外，还有巫师舞蹈《纽布衣》《哈日巴》，两男两女唱跳的《达英》等。

（四）杂技与竞技类

珞巴族有狩猎的习惯，弓箭是他们的主要狩猎工具，为了适应这种生活，他们练就了高明的箭术，射箭比赛就是他们最喜欢的一种竞技。除此之外，与狩猎习俗相关的竞技还有跳竿、攀高、触高、摔跤、举重石、掷石头、抛石头、断木杆、投扎枪等。

---

① 李坚尚，刘芳贤. 珞巴族的社会和文化［M］. 成都：四川民族出版社，1992：237.
② 李坚尚，刘芳贤. 珞巴族的社会和文化［M］. 成都：四川民族出版社，1992：243.

（五）传统手工技艺类

珞巴族擅长编织，取材于当地丰富的竹木和藤条，最著名的杰作莫过于藤网桥的制作。珞巴族在河流上和雅鲁藏布江大峡谷上都建有这种藤网桥，以德兴藤网桥最为著名，已有300多年的历史。这些凌空飘荡的藤网桥构成了珞瑜地区特有的壮丽人文景观。①

珞巴族的服饰制作技艺非常独特，男子衣服大多用狩猎得来的动物皮毛制成，配有藏式氆氇坎肩。最为著名的是熊皮盔帽，是用熊的皮毛制成的圆形皮头盔，在头盔四周套有带熊毛的熊皮，盔后缀有熊头皮，熊毛伸展开来，格外蓬松，使头部显得非常硕大，英气逼人，有一种雄壮之美。

（六）民俗类

珞巴族节日很多，最大的民族节日是"旭独龙"，年期一般在月圆十二次之后，即旧的一年即将结束，以山桃开花为标志的新的一年来临之前由部落或氏族的纽布卜卦择吉日而定。第二个节日是"洞更谷乳木"，是希蒙珞巴人中最大的一个节日，这个节日在一年生产劳动之后，有庆祝丰收的意思。第三个节日是"卧登杜阿哥"，也叫"学果巴"，意为庆功节。第四个节庆叫"阿兰"，这是一个向家内的精灵"固明梭思"献祭的节日，也是刀耕火种地开荒结束的标志，没有固定的时间。② 珞巴族受藏族习俗的影响，过"纠吉洛萨"（十一月藏历年）、"纠尼洛萨"（十二月藏历年）、"洛萨"（正月藏历年）。除此之外，还有"姆洛科"节、"莫朗"节、"隆洛德"节、"尼乌"节、"尼波布"节、"安地若木"节等。

珞巴族的丧葬形式主要有土葬、石冢葬、崖洞葬和树葬几种。

除此之外，作为珞巴族非物质文化遗产媒介的珞巴族语言也是要保护的对象，珞巴族人口基数太小，使用民族语言的人数有限，珞巴族语言本身就属于濒危语种，应该大力保护。我们提出保护珞巴族非物质文化遗产，一个重要内容就是保护珞巴族语言，因为珞巴族的非物质文化遗产只有用珞巴族语言表达出来才能称得上是真正的珞巴族非物质文化遗产；一旦珞巴族语言消失了，保护珞巴族非物质文化遗产就只是一句空话，将失去其实际意义。

三、门巴族、珞巴族非物质文化遗产保护的成就

西藏和平解放后，在国家的大力扶持下，门巴族的民族文化得到全面保护，

---

① 关东升. 中国民族文化大观：藏族、门巴族、珞巴族 [M]. 北京：中国大百科全书出版社，1995：582.

② 王玉平. 珞巴族 [M]. 北京：民族出版社，1997：80—82.

特别是一些具有民族和地方特色的手工技艺和戏剧得到很大的发展和提升。门巴族非物质文化遗产保护取得了很大的成就，拥有从国家级到县级的各级非物质文化遗产名录：山南门巴戏入选第一批国家级非物质文化遗产名录，门巴族拔羌姆入选第四批国家级非物质文化遗产名录；山南门巴阿吉拉姆、察隅木碗制作技艺、错那勒布门巴族编织技艺、墨脱石锅制作技艺、门巴族萨玛酒歌、门巴族拔羌姆等入选西藏自治区级非物质文化遗产名录；墨脱门巴族服饰、错那门巴族萨玛、米林珞巴加英入选县级非物质文化遗产名录，这对于我国人口较少民族来说是非常难得的。

  国家一直非常关心珞巴族的发展，重视对珞巴族民族文化的抢救和扶持，开展了大量的工作。目前，珞巴族服饰入选第二批国家级非物质文化遗产名录，珞巴族始祖传说入选第三批国家级非物质文化遗产名录；隆子县珞巴族服饰、米林珞巴族服饰、米林珞巴织布制作技艺、米林珞巴竹编制作技艺入选自治区级非物质文化遗产名录；米林珞巴加英、米林珞巴婚俗、隆子珞巴族刀舞等入选县级非物质文化遗产名录。

  根据我们的调查，因为西藏自治区非物质文化遗产数量太多，而保护经费又非常有限，所以西藏自治区尚未专门针对门巴族、珞巴族开展非物质文化遗产专项保护工作，而是将其置于整个西藏非物质文化遗产保护大局中通盘考虑，因此，门巴族、珞巴族非物质文化遗产保护并没有政策优势和经费优势可言。

第二章　西藏各族大学生对非物质文化遗产的认识情况调查

随着我国非物质文化遗产保护工作的逐步深入，学术界对非物质文化遗产的相关研究也取得了很大的成就，达成了一些共识，其中讨论较多的就是非物质文化遗产的传承问题，认为年轻传承人的培养是确保非物质文化遗产不断延续的首要条件。河北、四川、浙江、江西、内蒙古、广东等很多省市也提出了非物质文化遗产进校园的方案并进行了大胆尝试，取得了一定的效果。还有一些高校开设非物质文化遗产专业，开始招生，为非物质文化遗产的学科化积累经验、培养人才。西藏作为藏民族的主要聚居地之一，民族文化特色鲜明，内涵丰富，在国家和地方各级政府部门的不断努力发掘下，西藏非物质文化遗产得到有效保护、传承和发展。与大多数非物质文化遗产一样，传承问题也是西藏非物质文化遗产保护中的主要问题之一。

第一节　西藏大学生对西藏非物质文化遗产的认识情况

西藏大学生作为未来西藏社会的建设者，是西藏非物质文化遗产传承和保护的生力军，理应扮演重要角色。目前学术界就西藏大学生对西藏非物质文化遗产的认识程度方面的调查研究还未进行。鉴于此，我们采用问卷调查法在西藏某高校中就大学生对西藏非物质文化遗产的认识程度进行了调查。

我们采用整群分层抽样的方法从西藏某高校中的 168 个区内班级中选取了 12 个班级进行了问卷调查，共发放问卷 480 份，回收 467 份，其中无效问卷 4 份，有效问卷为 463 份，有效率为 96.5%。参与问卷调查的大学生中男生为 230 人，女生为 233 人。其中汉族 110 人，藏族 347 人，门巴族 1 人，珞巴族

1人，夏尔巴人1人，回族2人，苗族1人。这些学生中，在城市生活的有135人，在县城生活的有114人，在乡镇生活的有34人，在农村生活的有180人。对这些大学生的调查能够反映出西藏大学生的实际情况，确保所得数据真实有效。

一、西藏大学生对西藏非物质文化遗产的认识情况

在被调查的大学生中，有359人知道"非物质文化遗产"这个词汇，占所有调查对象的77.5%，不知道的有104人，占所有调查对象的22.5%，可以看出，绝大多数大学生知道"非物质文化遗产"这个词汇。当问到"有没有人向您询问过非物质文化遗产的问题"时，有104人回答有，主要为同学、朋友、游客、网友、老师和家人等，在回答别人的问询时，他们普遍是以描述非物质文化遗产的具体项目来作答，并不能给出西藏非物质文化遗产的准确定义。我们将西藏入选国家级非物质文化遗产名录的61个项目列出来让西藏大学生选择他最熟悉的项目，得出表2-1。

表2-1　西藏大学生最熟悉的西藏非物质文化遗产项目

"非遗"项目	雪顿节	藏族唐卡	昌都锅庄舞	赛马会	芒康巴塘弦子舞	格萨（斯）尔	藏族天文历算	藏戏	江孜达玛节
人数（单位：人）	300	236	222	172	148	146	120	118	114

从表2-1可以看出，西藏大学生对西藏非物质文化遗产中的民俗类项目最为熟悉，对与其相关的民间舞蹈类项目、民间文学类项目、民间美术类项目、传统戏剧类项目也较为熟悉。因为这些项目与西藏人民的生产生活密切相关，大学生在从小的民俗养成过程中耳濡目染，经历过多次民俗洗礼，自然对这些项目非常熟悉，西藏非物质文化遗产中的绝大多数项目在西藏大学生中得到了很好的传承。

表2-2　西藏大学生了解西藏非物质文化遗产的主要途径

了解"非遗"的途径	看电视	老师讲解	互联网	报纸	同学	家长	广播	参加"非遗"活动	从小接触	看书
人数（单位：人）	293	141	127	107	173	249	59	201	299	137

从表2-2可以看出，西藏大学生获取西藏非物质文化遗产知识的途径日趋多元化。从小接触和参与西藏非物质文化遗产的活动仍然是西藏大学生获取非物质文化遗产知识最传统、最直接的途径；看电视和家长讲解则是大学生间接获取非物质文化遗产知识的主要途径；大学生社会化过程中的学校教育也是大学生获取非物质文化遗产知识的主要途径之一，同学之间的相互交流则是验证、强化相关知识的有效方法。除此之外，读书和上网也是大学生获取非物质文化遗产知识的途径之一。

表2-3 西藏大学生对西藏非物质文化遗产的态度

态 度	非常喜欢	喜欢	不喜欢	排斥	无所谓
人数（单位：人）	141	260	16	3	43
百分比（%）	30	56	3	1	9

从表2-3可以看出，绝大多数大学生是喜欢西藏非物质文化遗产的，在他们看来，熟悉西藏非物质文化遗产是可供炫耀的资本，这一点在藏族大学生中表现得格外明显。藏族大学生普遍认为熟悉西藏非物质文化遗产是藏族青年的义务，要珍惜祖先留下来的精神遗产，随着人们对非物质文化遗产的兴趣不断高涨，他们面对的问询者首先就是朝夕相处的同学，如果对西藏非物质文化遗产不熟悉，一旦被其他民族的同学问起而不能回答那可是丢人的事情。而其他民族的同学则认为在西藏生活和学习，肯定要对西藏非物质文化遗产有所了解，回家以后父母朋友问起西藏和学校的情况时才好回答。由此我们可以看出，一个西藏非物质文化遗产相关知识向外传播的链条已经形成，这既有利于不同民族同学之间的交流，有利于民族团结，更有利于西藏文化的传播，西藏非物质文化遗产已经成为促进西藏大学生相互了解、增强民族团结的媒介。

当问到在居住地有无非物质文化遗产传承时，354名西藏大学生认为在他们居住的地方有非物质文化遗产传承，占总人数的76%；32人回答没有，占总人数的7%；还有77人回答不知道，占总人数的17%。可以看出，西藏大学生对西藏非物质文化遗产的传承比较关注，能够作出较为准确的判断。其中有201人参加过西藏的非物质文化遗产活动，占总人数的43%，参加的项目主要有：雪顿节、藏族服饰展演、锅庄舞、赛马、藏戏、江孜达玛节、唐卡制作、扎什伦布寺羌姆、拉萨风筝制作、邦典制作等。有8%的西藏大学生认识西藏非物质文化遗产传承人，主要是格萨尔说唱、芒康弦子舞、堆谐、唐卡、井盐晒制、藏戏等项目的艺人。

表2-4 西藏大学生对国家在保护西藏非物质文化遗产方面的政策和规定的了解程度

了解程度	非常了解	比较了解	不了解	很不了解
人数（单位：人）	4	170	245	44
百分比（%）	1	37	53	9

表2-4说明西藏大学生对国家保护西藏非物质文化遗产方面的政策和规定还不太了解，我们应该采取多种方式提高西藏大学生对国家相关政策的了解程度，让他们切实感受到国家对包括西藏非物质文化遗产在内的西藏传统文化的关心和扶持力度，免受国外敌对势力的蛊惑。当问到"您知道西藏各级地方政府在保护西藏非物质文化遗产方面的具体措施吗"这一问题时，18%的西藏大学生表示知道这些措施，82%的大学生则回答不知道，大学生所知道的措施主要集中在以下几个方面：①政府广泛征集《格萨尔王传》吟唱艺人的口传材料，加以修订出版；②设立专门的西藏非物质文化遗产研究机构；③鼓励人们维护与继承藏族文化，例如奖励人们学藏戏、设立藏戏团、支持藏香制作等；④加大资金投入力度；⑤大力宣传非物质文化遗产；⑥布达拉宫大规模维修；⑦加快法制建设步伐；等等。客观地说，18%这个比例并不高，尽管政府做了大量的工作，但是绝大多数西藏大学生却对此所知不多，仅有少数学生知道这些措施，我们在今后的西藏非物质文化遗产保护工作中还应该加大对西藏大学生的宣传力度，让他们有充分的知情权，这样才能让他们感受到国家和西藏各级地方政府在保护西藏非物质文化遗产方面付出的努力。

当问到学习西藏非物质文化遗产的知识对个人的学习和生活有无作用时，339人回答有，占总人数的73%；124人认为没有作用，占总人数的27%。其中，认为有用的主要表现在以下方面：12%的西藏大学生认为西藏非物质文化遗产是本民族文化的骄傲，应该担负起传承民族精神的责任；15%的大学生认为学习西藏非物质文化遗产有助于丰富知识结构，丰富课余生活；32%的大学生认为可以促进他们进一步了解西藏传统文化；41%的大学生认为有利于加强民族团结，例如有同学认为："学习西藏非物质文化遗产可以促进我们对西藏的了解，有利于藏汉民族文化的交流，同时，丰富我们的生活。"82%的被调查者认为西藏非物质文化遗产保护对西藏的发展有利，主要表现在可以提高西藏旅游业水平，发展地方经济，弘扬民族文化，加强文化交流，发展与传承文化传统，体现民族特色，增加人民收入，提高人民生活水平，加强民族团结等多个方面。

关于民族传统文化与非物质文化遗产的关系问题，学术界普遍认为民族传统文化包括非物质文化遗产，后者是前者的精华部分，是民族传统文化的精神内核。为了了解西藏大学生对西藏传统文化的认识程度，检验他们对西藏传统文化与西藏非物质文化遗产的区分能力，我们还设计了一系列关于西藏传统文化的问题。被调查者中94%的人表示喜欢西藏传统文化。从"西藏传统文化在您心目中的地位如何"这一问题的回答来看，45%的西藏大学生认为对他们来说，西藏传统文化非常重要，46%的大学生认为比较重要，4%的大学生认为不重要，持无所谓意见的大学生为5%。从"您对西藏传统文化的了解程度如何"这一问题的回答来看，自认为对西藏传统文化非常了解的大学生为5%，认为比较了解的大学生为66%，25%的大学生认为不了解，4%的大学生认为很不了解。这说明绝大多数西藏大学生认为自己对西藏传统文化是比较了解的。当问到这些知识的获取渠道时，大学生们的回答依次为家庭熏陶、参加民俗活动、读书、上网、朋友解说引导和政府宣传。当问到"您身边有熟知西藏传统文化的人吗"这个问题时，19%的大学生认为自己身边有熟知西藏传统文化的人，其中，有64人列举出了具体人名、对方所熟悉的传统文化事项及自己与这些人的关系，16人列举了家人和亲戚，16人列举了朋友，3人列举了同学，1人列举了老师，1人列举了邻居。我们还设计了"您认为西藏传统文化与西藏非物质文化遗产的关系是怎样的"这个较深入的问题，49%的被调查者认为两者一样大，37%的被调查者认为前者大于后者，8%的被调查者认为后者大于前者，5%的被调查者认为两者没有关系，1%的被调查者没有回答这个问题。从中可以看出，尽管高达94%的西藏大学生表示自己喜欢西藏传统文化，绝大多数大学生也认为西藏传统文化很重要，自己也很了解西藏传统文化，但是在问到西藏传统文化与西藏非物质文化遗产孰大孰小时，只有37%的大学生回答正确，这个比例并不高，大学生认为身边有熟知西藏传统文化的人的比例也不高。可以说西藏大学生还不能很好地区分西藏传统文化与西藏非物质文化遗产的关系，存在知识模糊的地方。因此，应该对西藏大学生进行相关知识的教导，让他们对此有一个较为明确的认识，认识到国家保护西藏非物质文化遗产的根本目的在于保护西藏传统文化中的精髓，确保西藏传统文化得到更好的保护和传承。

62%的西藏大学生认为西藏非物质文化遗产保护对西藏传统文化的传承和保护有利，5%的大学生认为没有意义，33%的大学生回答不知道。其中，认为有利的大学生的主要观点是：①西藏非物质文化遗产保护有利于西藏传统文化的传承和保护，对后代发展有益；②能够促进旅游业的发展，带动西藏经济发展；③有利于传统文化的完整性与多样性的统一；④促进民族团结。看来大学生对西藏非物质文化遗产保护有利于西藏传统文化传承和保护这个观点还是持肯定意见的人居多。

表2-5 西藏大学生眼中的西藏非物质文化遗产的传承状态

西藏"非遗"的传承状态	非常好	较好	不好	很坏	不知道
人数（单位：人）	38	280	61	6	78
百分比（%）	8	61	13	1	17

表2-6 西藏大学生眼中的西藏非物质文化遗产传承人的生活状态

西藏"非遗"传承人的生活状态	非常好	较好	不好	很坏	不知道
人数（单位：人）	43	173	86	4	157
百分比（%）	9	37	19	1	34

从表2-5和表2-6的数据可以看出，西藏大学生中认为西藏非物质文化遗产传承得比较好的人居多，对西藏非物质文化遗产传承人的生活状态也多持肯定意见，表现出西藏大学生对西藏非物质文化遗产传承和传承人的关注程度。

在被调查的大学生中，有35%的大学生很想了解西藏非物质文化遗产的知识，54%的大学生想了解，3%的大学生不想了解，8%的大学生持无所谓意见。大学生认为最有利于自己了解西藏非物质文化遗产的途径依次为：实地参与、老师讲解、浏览互联网、看书。可以看出，西藏大学生中多数人抱有了解西藏非物质文化遗产的浓厚兴趣，特别渴望通过实地参与的方式进行了解，这对于大多数青年学生来说具有很强的吸引力。

至于问到在大学中开设非物质文化遗产课程时，36%的西藏大学生表示非常支持，52%的大学生表示支持，2%的大学生不支持，2%的大学生反对，8%的大学生认为无所谓。可以看出，绝大多数西藏大学生支持在大学中开设非物质文化遗产课程，提高自己对西藏非物质文化遗产的认识水平。认为自己在西藏非物质文化遗产保护方面能发挥的作用主要体现在写下自己熟悉的非物质文化遗产项目并采取多种方式进行宣传、促进大家对非物质文化遗产的了解与保护等方面。在被调查的大学生中，有92%的大学生愿意学习西藏非物质文化遗产，藏族同学认为有助于了解本民族文化、继承民族文化遗产、提高个人修养，其他民族的同学认为能够扩大知识面、满足求知欲望，能够加强相互了解、促进民族团结；8%的大学生不愿意学习，认为耽误时间，对自己没有帮助。94%的大学生表示愿意参与到保护西藏非物质文化遗产的行动中去，仅有6%的学生不愿意。最后，学生们普遍认为国家在保护非物质文化遗产方面还应该做以下工作：①继续大力宣传，加大财力的投入力度，提高西藏非物质文化遗产传承人的生活质量与社会地位；②进行政策立法保护，健全相关法律，严厉惩罚破坏行为；③在义务教育、高中和大学等不同教育阶段开设不同层次的非物质文化遗产课程，培养传承人和专业人才，充实研究机构，建立西藏非物质文化遗产博物馆；④多开展相关公益活动，关注民间艺人，在民间技艺的传承方面再加大支持力度，应该重视各民族独特的传统技艺，深入挖掘，以便加强保护，做到全民参与；⑤保护西藏非物质文化遗产的措施应该更加完备，不仅要做到面上的保护，更应该深入到点的保护，加大保护范围。

二、西藏大学生对西藏非物质文化遗产认识情况的特点

（一）总体情况较好，西藏大学生普遍关注西藏非物质文化遗产保护，在认识层次上主要偏重于浅层次的感性认识，缺少理性层面的理解

总的来看，西藏大学生对西藏非物质文化遗产的认识较为全面，知道"非物质文化遗产"这个词汇，对西藏的国家级非物质文化遗产名录中的项目都很熟悉，没有一项是陌生的，获得这些信息的途径是多元化的，既有传统的言传身教，也有新式的网络教育。大学生对西藏非物质文化遗产的态度非常明确，有学习非物质文化遗产的愿望，关注非物质文化遗产传承的情况和传承人的生活状况，认为西藏非物质文化遗产保护有利于西藏的发展和西藏传统文化的发展，愿意参与到保护西藏非物质文化遗产的行动中去。由于西藏大学生知识结构和理论水平的限制，他们对西藏非物质文化遗产的理解还限于较为感性的层面，对较深层次的理论知识把握不够，有待于进一步的提高。

（二）表现出较为明显的民族情结

从大学生对开放型问题的回答来看，藏族学生存在较为明显的民族情结，认为西藏非物质文化遗产是藏族人的骄傲，是祖先留给后代的精神遗产，应该很好珍惜，作为藏族青年，有责任保护西藏非物质文化遗产，希望能够将自己熟悉的非物质文化遗产项目介绍给其他民族的同学，得到他们的赞赏。在这里，我们可以看到藏族大学生身上表现出来的强烈的民族自豪感和凝聚力，这与藏民族赖以生存的地理环境和特殊的社会生产方式密切相关，受这些因素的影响，藏民族的各个成员之间养成了友爱团结的传统习惯，不断发展和壮大自己的民族，他们有着强烈的民族自尊心和自豪感，团结一致。不仅如此，他们自觉地克服狭隘的民族主义倾向，扩大视野，敞开胸怀，积极加强同其他民族的团结。① 正是在这种

---

① 刘俊哲等. 藏族道德 [M]. 北京：民族出版社，2003：352.

意识的作用下，藏族大学生就很自然地将西藏非物质文化遗产置于一个很高的位置，并自觉将这一遗产传播出去。我们认为，这种民族情结非常有利于西藏非物质文化遗产的保护，应该进行合理的引导，让这些年轻人将这种热情运用到西藏非物质文化遗产保护的实际行动中去。

（三）体现出较强的市场经济意识，关注民生，凸显大局意识

西藏大学生的经济意识很强，在回答问题时多次将西藏非物质文化遗产保护与发展地方经济联系在一起，而且表现得很自然。可见，随着西藏经济社会的发展，特别是旅游业的长足发展，社会主义市场经济意识深入人心，彻底改变了藏民族在历史上形成的忍辱无争、安于现状、无心致富的落后意识，这也使西藏大学生的经济意识得到逐步增强。除此之外，西藏大学生还很关注民生，认为西藏非物质文化遗产保护有助于提高人民的生活质量，丰富社会生活，重视西藏非物质文化遗产的实际利用价值。同时，西藏大学生还有很强的大局意识，时刻惦记民族团结，认为西藏非物质文化遗产保护能够加强民族交流，促进民族团结，实现社会进步，这也从一个侧面说明了西藏高校多年以来开设民族理论政策课程，实行民族特色教育等教育形式发挥了很大的作用，收到了良好效果。

三、采取多种形式提高西藏大学生的非物质文化遗产理论知识，实现西藏非物质文化遗产的长远发展

（一）应该发挥西藏大学生在保护西藏非物质文化遗产中的本土优势

西藏非物质文化遗产具有很强的民族性与地域性，是西藏以藏民族为主体的多个民族在历史发展过程中共同创造出来的可供人们享用的精神财富，具有很强的民族特色，西藏人民从生活习惯、生活习俗和道德约束等多个方面传承着自古以来形成的传统文化的精神内核，较为完整地保存着自己独特的文化生态。同时，她诞生在西藏这块土地上，凝聚着西藏各族先民适应大自然的独特智慧，具有很强的地域性，这种处于相对封闭的地理环境中的情况，使西藏非物质文化遗产不容易受到其他文化的冲击，从而保持了传统文化链条的延续性。正是民族性和地域性的双重结合才使西藏非物质文化遗产保留了古老的形式和内容，形成了独特的传承方式和固定的传承主体。这也决定了并不是所有人都能够理解和传承西藏非物质文化遗产的，必须拥有一定的地方性知识才能看得懂西藏非物质文化遗产，才能理解西藏非物质文化遗产的深刻内涵，从而担负起传承的重担。西藏大学生大多数来自西藏，是西藏确确实实的"本地人"，经过了20多年的民俗养成过程，有着在西藏生活的经验，他们从小接触西藏非物质文化遗产，对西藏非物质文化遗产的内容和形式都非常熟悉，身边就有非物质文化遗产传承人存在，西藏非物质文化遗产是西藏大学

生所掌握的地方性知识的有机组成部分。因此,他们拥有非常强势的本土优势,在民族、语言、生活习惯等多个方面与西藏非物质文化遗产保护相契合。现在,他们在大学中经过现代化高等教育的系统训练,成为具备一定科学文化知识的人才,在学习过程中暂时脱离家乡,成为"陌生人"。大学毕业后他们还要回到西藏从事社会主义现代化建设事业,在他们身上既有饱满的民族热情,又有丰富的民俗知识,还接受过现代化的高等教育,具备主位和客位的双重身份,理应在西藏非物质文化遗产保护中扮演重要角色。

(二)应该在西藏高校中开设非物质文化遗产课程,提高西藏大学生的理论水平,为西藏非物质文化遗产保护提供必要的人才支持

目前,随着我国非物质文化遗产保护工作的逐步深入,在进行了非物质文化遗产进校园的有益尝试后,一些高校已经开设了非物质文化遗产课程,设立了非物质文化遗产专业,开始招收本科、硕士和博士等生源。在这个过程中,中山大学、内蒙古大学、重庆文理学院等高校走在了前面,取得了较好的成绩。我们认为,随着西藏非物质文化遗产的进一步发展,西藏面临的困难在一定程度上表现为缺少掌握非物质文化遗产理论知识的专门人才。通过我们的调查可以看出,西藏大学生对西藏非物质文化遗产抱有极大的兴趣和保护热情,西藏高校应该珍惜青年学生的这种热情,积极引进掌握非物质文化遗产理论知识的高级人才,尽快在学校里设立非物质文化遗产课程,给大学生讲授非物质文化遗产的专门知识,让他们掌握一定的理论知识,使他们在大学时代具备非物质文化遗产的知识素养,抢得有利于西藏非物质文化遗产长远保护的先机。我们认为,拥有西藏非物质文化遗产感性知识的西藏大学生一定能很快理解这些理论知识并将之付诸实践,同时还能为老师提供大量的生动个案,促进西藏非物质文化遗产的深入研究,实现教学双赢,从根本上解决智力支持问题,为西藏非物质文化遗产保护提供稳定的专业人才队伍。

(三)应该整合各方面资源,加大对西藏非物质文化遗产的研究力度,总结出符合西藏实际的理论体系

从20世纪70年代以来,西藏自治区及各地市就成立了专门的民族文化遗产抢救、整理和研究机构,对全区民间文化艺术遗产进行全面普查,将流传于民间的戏剧、舞蹈、音乐、曲艺、民歌、谚语、故事等文学艺术资料搜集起来,加以整理、研究,先后采录整理藏汉文资料3000多万字,发表有关藏族传统文化的学术论文1000多篇,出版发行文艺研究专著30多部。编辑出版了中国戏曲志、中国民间歌谣集成、民族民间舞蹈集成、谚语集成、曲艺集成、民族民间歌曲集成、戏曲音乐集成、民间故事集成等十大文艺集成志书西藏卷,结束了西藏文化艺术缺乏文字记载的历史,使大量重要文化遗产得到及时抢救和有效保护。整理出版《格萨尔王传》藏文版 120 部，蒙古文版 25 部，汉译本 20 多部，学术专著 20 部，并有多部被译成英、日、法等文种出版。① 近几年来我们从事西藏非物质文化遗产研究的经验证明，西藏非物质文化遗产的特殊性要求研究者必须要有在藏区生活过的经验，会说藏语，有一定的藏文功底，否则只能触及西藏非物质文化遗产的皮毛而难以深入。西藏在长期的民族文化遗产保护方面积累了大量的经验，培养了很多高级人才，这些经验在西藏非物质文化遗产保护中都是非常有用的，这些高级人才在西藏非物质文化遗产保护中也扮演了重要角色，他们既精通专业理论又有实践经验，能从理论上对非物质文化遗产保护工作进行全面论析，形成一套具有指导性、可操作性的较完整的理论学说，为非物质文化遗产的抢救与保护工作提供理论依据和政策咨询。② 我们认为，应该将这些资源很好地整合起来，做到强强联合，加强对西藏非物质文化遗产的研究力度，整理出具有西藏特色的非物质文化遗产的理论体系。只有将研究机构和高校的优势整合起来，共同为西藏培养具备一定理论知识的青年人才，西藏非物质文化遗产保护才能走上可持续发展的道路，实现长远发展。

四、结语

总的来说，西藏大学生对西藏非物质文化遗产的认识情况较好，对西藏非物质文化遗产的形式和内容都比较熟悉，抱有保护热情，不但没有表现出狭隘的民族主义情绪，而且自觉将非物质文化遗产作为展现民族风采、加强民族团结、促进民族交流的媒介，构筑了藏族学生与其他民族学生共有的精神家园。这说明西藏非物质文化遗产在西藏青年人中得到了很好的传承和保护，也从一个侧面体现了西藏大学生的整体素质，是对西方反华势力动辄以人权问题发难，指责我国民族政策的有力反击。我们相信，在党和国家的正确领导下，在各兄弟省市的大力支援下，在西藏各族大学生的自觉传承和保护中，西藏的非物质文化遗产一定能得到更好的发展和保护。

第二节 门巴族和珞巴族大学生对非物质文化遗产的认知情况

虽然门巴族、珞巴族人口较少，但是按照我国现行民族政策中各民族不论大小一律平等的原则，在国家级非物质文化遗产和西藏自治区级非物质文化遗产名录中均有这两个民族的非物质文化遗产项目入选，能够获得国家和自治区两级政

---

① 中华人民共和国国务院新闻办公室．《西藏文化的保护与发展》白皮书［Z］．2008．
② 王文章．非物质文化遗产概论［M］．北京：文化艺术出版社，2006：374．

府的保护经费资助，使门巴族和珞巴族非物质文化遗产得以继续传承下去，很好地体现了我国民族平等、民族团结、各民族共同繁荣的民族政策。

非物质文化遗产保护的目的在于传承，非物质文化遗产只有实现代际传承才能说真正达到了保护的目的，从这个意义上来说，年轻一代在非物质文化遗产的传承过程中发挥着不可替代的作用，他们决定着非物质文化遗产的未来和发展程度。在党和国家的大力扶持下，现在门巴族、珞巴族已经拥有数量可观的大学生，他们作为新西藏的建设者和接班人，责无旁贷地肩负着本民族非物质文化遗产保护和传承的重任。为了解门巴族、珞巴族大学生对本民族非物质文化遗产的认知情况，我们以西藏某高校为调查点进行了调查，以此为例展开分析。

一、门巴族大学生对非物质文化遗产的认知情况

西藏某高校现有门巴族大学生 24 人，主要来自西藏自治区的墨脱县、错那县、林芝县、米林县等地，其中又以墨脱县为最多，共有 17 人。参加此次调查的门巴族大学生共有 23 人，其中，男生 8 人，女生 15 人，有 19 人会说本民族语言，同时还会说汉语和藏语，剩余 4 人因为在拉萨等城市里长大，只会说汉语和藏语。从他们的回答可以得出，现在纯门巴族居住的村寨只有墨脱县背崩乡地东村，其他村寨分别为：5 个门巴族、珞巴族混居村，3 个门巴族、珞巴族、汉族混居村，9 个门巴族、珞巴族、藏族、汉族混居村，3 个门巴族、藏族、汉族混居村，1 个门巴族、藏族混居村，1 个门巴族、珞巴族和藏族混居村，只是各民族人口数量各不相同。有 14 个村寨的村民平时交流时使用门巴语，其他村寨的民众多用藏语和汉语交流。当问到门巴族传统文化的传承情况时，有 4 个学生回答好，占总数的 17%；16 个学生回答一般，占总数的 70%；认为不好的有 3 个，占总数的 13%。可以看出，门巴族大学生普遍认为门巴族传统文化的传承情况很平常。

表 2-7　门巴族民众对待传统文化的态度

老年人	非常喜欢	很喜欢	一般	不喜欢	讨厌
百分比	70%	30%	—	—	—
中年人	非常喜欢	很喜欢	一般	不喜欢	讨厌
百分比	21%	57%	22%	—	—
年轻人	非常喜欢	很喜欢	一般	不喜欢	讨厌
百分比	17%	22%	52%	9%	—

从表2-7可以看出,当问到不同年龄段的人对待传统文化的态度时,大学生们认为,老年人的热情最高,中年人次之,年轻人的热情最低,甚至有9%的人不喜欢传统文化。

另外,被调查大学生一致表示家庭所在地有掌握民族传统文化的人,并且都认为这些人在当地是德高望重、受人尊敬的。有17人选择有人跟随这些掌握传统文化的人学习民族传统文化,占被调查大学生总数的74%,在学习者中又以中年人居多。当问到当地流传情况最好的民族传统手工艺产品的排序时,被调查者认为,门巴族地区流传情况最好、为大家熟悉的民族传统手工艺依次为邦穷、达拉等藤编的制作,石锅的制作,乌竹筷等竹器的制作,马鞍、木碗、木桶、木箱、木柜等木器的制作,这些民族传统手工艺是男人做的,只要是门巴族男人大都会制作其中的几样,因为制作这些手工艺产品是门巴族家庭的主要副业,门巴族男人如果不会这些技艺甚至讨不到老婆。制作门巴族服饰则是女性的"专利"。

目前开展旅游业的门巴族村寨有15个,6个村寨尚未开展旅游业,游客主要来自国内外,以上海、广东、北京、四川等地的居多,也有少量的国外游客。被调查者一致认为发展旅游对老百姓致富有利,接待游客住宿,出售工艺品,给游客带路、背东西都可以赚钱,能够增加百姓收入,改善生活条件。由此看出,门巴族民众已经接受了旅游业,并热衷从事这一新兴行业。

当问到是否知道非物质文化遗产时,被调查者中有18人回答知道,占总数的78%;3人回答不知道,占总数的13%。其中,13人家庭所在地有非物质文化遗产传承人,7人家庭所在地没有。有4人明确知道国家给非物质文化遗产传承人发放生活费的事实,其他人选择不知道。有18人认为当地官员重视非物质文化遗产的传承,占总人数的78%;2人认为不重视,占总人数的9%。19人认为本地人喜欢本民族非物质文化遗产,占总人数的83%。20人表示愿意学习门巴族非物质文化遗产,占总人数的87%;1人回答不愿意,占总人数的4%。

二、珞巴族大学生对非物质文化遗产的认知情况

该高校共有珞巴族大学生13人,主要来自西藏自治区的米林县、朗县、隆子县和墨脱县等地,其中又以米林县最多,为7人。参加此次调查的珞巴族大学生有12人,其中,男生2人,女生10人。会说珞巴语的有7人,所有人都会说汉语和藏语。从他们的回答可以看出,居住地都是多民族混居村,其中,珞巴族与藏族混居村有3个,珞巴族与门巴族、藏族混居村有2个,珞巴族与门巴族、藏族、汉族混居村有4个,珞巴族与藏族、汉族混居村有3个。村民交流多用珞巴语、藏语和汉语,有7个村寨的民众平常使用珞巴语和藏语交流,2个村寨的

民众只用藏语交流，3个村寨的民众用门巴语、藏语和汉语交流。当问到当地传统文化的保留情况时，有10人回答一般，占总人数的83%；2人回答不好，占总人数的17%。

表2-8 珞巴族民众对待传统文化的态度

老年人	非常喜欢	很喜欢	一般	不喜欢	讨厌
百分比	92%	8%	—	—	—
中年人	非常喜欢	很喜欢	一般	不喜欢	讨厌
百分比	33%	50%	17%	—	—
年轻人	非常喜欢	很喜欢	一般	不喜欢	讨厌
百分比	8%	50%	34%	8%	—

从表2-8可以看出，不同年龄段的人对传统文化的态度存在很大差异，年轻人对传统文化的态度不容乐观。被调查者一致认为家庭所在地有掌握民族传统文化的人，并且都能列举出一些人来，认为这些人是受当地人尊敬的，有10人知道有人在跟随这些掌握民族传统文化的人学习民族传统文化，2人选择没有，学习者又以中年人居多，年轻学习者则以直系孙辈为多。被调查者认为，珞巴族地区流传情况最好、为大家熟悉的民族传统手工艺依次为竹编、制作弓箭、衣服编制。

现在珞巴族地区开展旅游业的村寨有5个，7个还没有开展旅游业，游客主要来自国内，以广东、北京、西藏自治区内的居多。有58%的珞巴族大学生认为发展旅游业对老百姓致富有利，可以增加百姓收入，改善物质生活条件。

当问到是否知道非物质文化遗产时，有7人回答知道，占总数的58%；5人回答不知道，占总人数的42%。3名被调查者的家庭所在地有非物质文化遗产传承人，但地方政府没有给这些人发放过生活费。有6名被调查者认为当地官员重视珞巴族非物质文化遗产传承，6人认为不重视，各占50%。9名被调查者认为本地人喜欢珞巴族非物质文化遗产，占总人数的75%；3人认为不喜欢，占总人数的25%。有10名被调查者表示愿意学习本民族非物质文化遗产，认为作为珞巴族年轻人，应该保护本民族非物质文化遗产，占被调查者总数的83%。大家普遍认为珞巴族人数少，在社会现代化的今天要想保留住本民族的非物质文化遗传是很困难的，所以作为珞巴族人应该主动学习。

三、门巴族、珞巴族大学生对非物质文化遗产的认知特点分析

(一) 对非物质文化遗产的概念了解不够清楚，有待进一步提高其鉴别能力

当我们给这些门巴族、珞巴族大学生发放问卷后，发现他们对本民族的传统文化中哪些属于非物质文化遗产的范畴这一问题并不是非常清楚，经过我们的讲解以后才纷纷表现出恍然大悟的样子，这说明他们对非物质文化遗产的概念还不甚了解，但知晓本民族非物质文化遗产的表现形式，只是尚不能对号入座。另外，他们对我们列出的非物质文化遗产的一些项目内容并不熟悉，例如只有个别门巴族、珞巴族大学生听过门巴族英雄史诗《太波嘎列》、珞巴族祖先史诗《阿巴达尼》，绝大多数大学生则表示闻所未闻，而对与现实生活关系较为密切的非物质文化遗产项目如服饰制作、石锅制作技艺、藤编、婚俗和民族节日则比较熟悉。这说明门巴族、珞巴族大学生对传统文化和非物质文化遗产的关系尚不明确，他们将目光更多地投向现实生活，而较少关注本民族的历史文化，这是他们所处的年龄段和社会发展的潮流导向所决定的。

(二) 对非物质文化遗产的认知程度受居住地影响较大，城乡两极分化严重

我们注意到，这些被调查的门巴族、珞巴族大学生因为成长环境的不同，在对待非物质文化遗产的态度上存在很大差异，在城镇中长大的大学生已经不会说本民族语言了，他们了解本民族非物质文化遗产的渠道很不顺畅，接触更多的是占据主流意识形态的汉藏文化，对本民族非物质文化遗产漠不关心，认为这些都是无用的东西。而在乡村中成长的大学生从小耳濡目染，对本民族包括非物质文化遗产在内的民族文化非常熟悉，也很关心其发展，对保护本民族非物质文化遗产抱有很大的信心，也愿意投身其中。例如，门巴族大学生尼玛元登曾协助高校科研人员进行田野调查，做过向导和翻译，并以此为荣；珞巴族大学生亚依对珞巴族整村搬迁后三三两两分散到其他民族村寨中居住的做法表达了忧虑，认为这样会打断珞巴族民族文化的传承轨迹。

另外，门巴族、珞巴族女大学生普遍比男生更加了解本民族的传统文化，个别女生谙熟本民族非物质文化遗产的传承情况，并有着自己的想法。

案例1　门巴族大学生扎西卓玛：

我家住在墨脱县墨脱镇墨脱村，现在村子里能够用老曲调演唱的老人只剩下白马曲吉、德前旺姆、次久等几个老人，主要有《敬酒歌》《劝酒歌》《聚欢》《家乡》《达旺酒歌》《建屋歌》等，还会跳《旺久欠波》《嬉戏舞》《贺新房舞》《门巴锅庄》等。附近表演戏剧的地方是"仁青崩""那儿

东",主要表演《卓瓦桑姆》《诺桑王子》等。经济来源较少,制作手工艺产品是最主要的现金来源,男人们都会做藤编、竹器、石锅、木碗等,因为交通不便,要翻过多雄拉山到派区镇上出售,一年收入在1000—3000元之间。当地人缺乏科学文化知识,不懂得如何保护,希望国家能派相关人员到村子里帮助他们做一些保护工作。①

案例2 珞巴族大学生宗吉:

我家住在墨脱县达木乡达木村,村子里最普遍的传统手工艺主要是藤编和竹器,能制作各种各样的生活用品,做得最好的是扎西、罗桑、强巴等中年人,这些手工艺都是一代一代传下来的,人们不是专门靠手艺生活,而是农闲时做一些补贴家用,小器具因为制作精致、费工,卖200元左右,大器具卖100元左右,一年下来每个人手工艺收入大概1000—2000元。因为交通不便,种植的大量蔬菜和水果都运不出去,人们思想比较保守,在保护珞巴族民族文化时最怕外地不明来历的人打着保护的旗号前去搞破坏,担心一些外来人为了自己的利益盲目开发,破坏当地的野生动植物资源等。②

出现这种性别差异的原因一方面与大的社会背景有关,在我国各民族的现代化过程中,农村妇女更多地保留了本民族本地区的传统文化,其中又以民族服饰的传承最为突出,妇女已经成为民族文化的最主要负载者和传承者;另一方面与女生恋家的生活特点有关,她们的绝大多数时间是和女性家长一起度过的,和男生相比较少单独外出活动,这使她们有更多时间和机会了解、继承本民族传统文化,使她们成为年青一代中民族传统文化的主要实践者。

(三)对发展旅游业抱有极大热情,认为这是保护本民族非物质文化遗产的最佳渠道

被调查的门巴族、珞巴族大学生对本民族非物质文化遗产的处境有较为清醒的认识,认为人口较少是限制其发展的主要因素,寄希望于民族聚居村寨,认为发展旅游业是当前保护本民族非物质文化遗产最为快捷简便的方法,既能够发展经济,改善民众生活,又能使年轻人看到非物质文化遗产转化为经济效益的可能性,从而积极主动地学习和保护本民族非物质文化遗产。这一方面表达了大学生盼望家乡发展的急切心情,另一方面也表现出他们对自主创业的渴望,希望能够

---

① 根据笔者对扎西卓玛(女,门巴族,22岁,西藏墨脱县墨脱镇墨脱村墨脱乡人)的访谈整理而成。

② 根据笔者对宗吉(女,珞巴族,22岁,西藏墨脱县达木乡达木村人)的访谈整理而成。

利用本民族非物质文化遗产发家致富。

（四）更多关注政府官员的行为，将保护本民族非物质文化遗产的希望寄托于地方政府

长期以来的教育使门巴族、珞巴族大学生已经养成了有困难找政府的行为习惯，他们清醒地认识到仅仅凭借民众的力量是无法保护本民族非物质文化遗产的，只能将希望寄托在地方政府那里。这一判断符合我国非物质文化遗产保护的现实状况，即政府主导下的非物质文化遗产保护模式，也符合西藏社会实际，即政府对地方社会经济发展的强大影响力。这说明门巴族、珞巴族大学生对本民族所处地位有着较为准确的认识，能够自觉将其保护本民族文化的热情放在一个合理位置，从而与政府行为达成一致，这对于民间开展的门巴族、珞巴族非物质文化遗产保护工作而言是非常必要的。

根据以上分析，我们认为，对门巴族、珞巴族青少年开展乡土教育非常必要。门巴族、珞巴族作为我国 22 个人口较少民族之一，且居住相对分散，与占据西藏主体文化位置的藏文化相比，处于弱势地位，不具备对其进行大规模保护的条件，只能以相对聚居的民族村寨为基点开展保护工作。值得注意的是，一些在城镇中成长的门巴族、珞巴族大学生已经不会说本民族语言了，他们了解本民族文化的途径主要是跟随父母回老家走亲戚，他们表示喜欢农村，认为从小到大到农村的机会太少。民族语言的传承是非物质文化遗产传承的根基，对于门巴族、珞巴族这两个只有语言而没有文字的人口较少民族而言，保护其非物质文化遗产应该先从保护其语言开始。在现行的教育体制内，在学校教育中加强门巴族、珞巴族青少年的民族语言教育就显得比较重要，重点要放在对青少年的教育上，可以在类似于米林县南伊珞巴民族乡完全小学这样的学校中开展本民族乡土文化教育试点，使孩子们在学习现代科学文化知识的同时，能够从小了解本民族传统文化。只有使他们首先掌握本民族语言，才能更好地与掌握非物质文化遗产的老年人沟通，传承本民族传统文化。与此同时，社会力量的积极参与同样不可缺少，散居在城镇中的门巴族、珞巴族成年人应该给孩子从小教授本民族语言，利用回老家走亲戚的机会多带孩子们到乡下体验本民族传统文化，这样既能提高孩子们的语言能力，锻炼孩子们的身体，又能陶冶孩子们的情操，真正做到非物质文化遗产保护从娃娃抓起。只有这样，才能使门巴族、珞巴族非物质文化遗产得到更好的保护和传承。

门巴族、珞巴族大学生对本民族非物质文化遗产的客观认识和有效传承关系到这两个民族文化的可持续发展。今后应培养门巴族、珞巴族的高层次人才，使其对本民族非物质文化遗产进行研究，才能使门巴族、珞巴族非物质文化遗产被越来越多的人所知晓。

第三章 文化援藏的典范：尼洋阁藏东南文化遗产博物馆

为加快西藏经济社会发展，进一步缩小与内地省市的差距，1994年中央第三次西藏工作座谈会确定了对口支援西藏政策，决定采取"分片负责、对口支援、定期轮换"的办法，从内地有关省市和中央国家机关选派干部对口支援西藏，从1995年正式开始实施。在对口援藏初期，经济援藏成为主要的援藏形式，无偿援建的各个项目工程为提高西藏各族民众的生活水平发挥了积极作用。随着青藏铁路的建成通车，西藏旅游业步入了发展快车道，成为西藏各族民众快速致富的重要渠道，而林芝地区由于海拔较低、气候温暖湿润更是成为进藏旅游的黄金线路。对口支援西藏林芝地区的福建省援藏工作队正是在这种情况下另辟蹊径，借助外脑的力量，开辟出了一条经济援藏与文化援藏并重的新路子，用博物馆的形式集中展示了林芝地区的非物质文化遗产，增加了林芝旅游中人文特色的分量，取得了巨大成功。

第一节 尼洋阁藏东南文化遗产博物馆概况

一、国外学者关于运用博物馆保护非物质文化遗产的论述

运用博物馆来保护非物质文化遗产的理念在国内外学界都有所论及。国外学者对博物馆在非物质文化遗产保护过程中的作用给予了充分肯定。Makio Matsuzono认为，博物馆不仅可以保护物质遗产，也可以保护非物质文化遗产。通过保护，人们可以互相了解，也可以发现自我，并一起建设未来，可以丰富人类精神

生活。① 理查德·库林（Richard Kurin）在《博物馆与非物质遗产：没有生命和活着的文化》中指出，博物馆在保存和展示静态物品方面拥有优势和话语权，而对嵌入"活态社会实践"的活态"非遗"而言，博物馆并不能把人和生活带入博物馆。对物品和"非遗"而言，前者不会说话，而后者，当它们遭遇歪曲或不恰当的安排时，其传承群体就会发出抱怨或抗议。因此，保护非物质文化遗产对博物馆从业人员是一个挑战，这些从业人员必须从审美趣味和社会等级方面克服文化偏见，学习如何与非物质文化遗产的社区群体建立伙伴型工作关系。博物馆在非物质文化遗产保护方面也可发挥作用，通过展览增进公众对非物质文化遗产价值和美学的认识，推动民俗和传统文化获得社会承认。② 马蒂尔达·伯登（Matilda Burden）在《博物馆和非物质遗产：来自南非语言博物馆的案例》中阐述了在新南非，南非语言博物馆在语言方面的展示以及南非语在新南非国家成立后的发展状况，指出南非语被承认为官方语言的过程及影响。③ 克里斯蒂娜·克雷普斯（Christina Kreps）在《原地保管、博物馆和非物质文化遗产》一书中指出，在非物质文化遗产视野下，博物馆与地方社区的关系是非物质文化遗产保护的关键因素，以人类学观点来看，建在地方、基层、社区的博物馆变成了一个田野点，变成各种观念交汇的地方，反过来渗入非物质文化遗产保护中，影响着地方社会及非物质文化遗产保护。④ 玛丽莱娜·艾力维沙特乌（Marilena Alivizatou）认为，非物质文化遗产为重新思考博物馆的角色提供了一个理念框架，在思考博物馆是否要吸收社区参与博物馆工作的同时，也让人们思考博物馆情境下的文化融合和文化间对话的议题。博物馆正日益迈向动态化管理，在致力于非物质文化遗产社区中的博物馆建设时，博物馆工作已超出了物品的收藏和展示。⑤ 此外，莫伊拉·辛普森（Moira Simpson）、沙斯·巴拉（Shashi Bala）等人把非物质文化遗产保护与文化民主和传统社区的振兴联系起来加以阐述，莫伊拉·辛普森认为，通过保护非物质文化遗产，博物馆扮演了一个新的角色，增加了一个功能，

---

① Makio Matsuzono. Museums, Intangible Cultural Heritage and the Spirit of Humanity. http：//icom. museum/fileadmin/user_upload/pdf/ICOM_News/2004 – 4/ENG/p13_2004 – 4. pdf.

② Richard Kurin. Museums and Intangible Heritage：Culture Dead and Alive. http：//icom. museum/fileadmin/user_upload/pdf/ICOM_News/2004 – 4/ENG/p7_2004 – 4. pdf.

③ Matilda Burden. Museums and the Intangible Heritage：the Case Study of the Afrikanns Languages Museums. *International Journal of Intangible Heritage*, 2007, Vol (02)：82 – 91.

④ Christina Kreps. Indigenous Curation, Museums, and Intangible Cultural Heritage. Laurajane Smith & Natsuko Akagawa (eds.). *Intangible Heritage*. New York and London：Routledge, 2009：193 – 208.

⑤ Marilena Alivizatou. *Intangible Heritage and the Museum：New Perspectives on Cultural Preservation*. Left Coast Press, 2012.

通过文物归还、与土著民众接触，博物馆有助于土著民众更好地融入当代生活，弥补土著与现代生活之间存在的差距。在这个意义上，文物归还确定是文化保存的一种基本方式。① 沙斯巴拉提出展出非物质文化遗产可促使博物馆对参观者有更好的理解，基于非物质文化遗产和物质遗产的共同展出，博物馆还拉近了与那些不来参观博物馆的人们的距离。这是因为，博物馆要确认、记录和呈现收集的物品的非物质的一面，博物馆鼓励社区、群体和个人保存好他们的非物质文化遗产。同时在社区的协助下，博物馆可以安排展览和一系列的教育活动，如艺术走廊、论坛、会议、培训等。社区可将博物馆作为文化平台，与自己的祖辈展开沟通交流。一起弘扬和保护"非遗"对博物馆和社区而言都非常有必要，这能使社区认同更具活力而不仅仅是取悦他者。②

二、国内学者对博物馆保护非物质文化遗产的讨论

我国学者对运用博物馆来保护非物质文化遗产持积极支持的态度，关注点主要集中在以下三个方面。

（一）博物馆与非物质文化遗产的关系问题

陈军科在《博物馆文化形态的新理念——全球化形势下博物馆与非物质文化遗产的哲学思考》一文中提出，现代博物馆日益发展为一种以传播、交往、审美为中心，特别是以陈列展示为中心的现代文化形态。非物质文化遗产问题的提出，更加拓展和强化了这一趋势。③ 尹彤云《博物馆视野中的非物质文化遗产保护》提出，让博物馆更多地参与非物质文化遗产的整理和保护工作，有助于改变在传统博物馆中占据主导地位、注重专业学术论述的一元化叙事模式，使现代社会脉络下的"新博物馆学"思想能够真正贴合当下非物质文化遗产保护的基本原则和终极诉求。④ 赵冬菊认为博物馆的性质、职责中包含有非物质文化遗产的内容，具有人才、科研、保护保存收藏、展示和群众基础等优势，博物馆应该将保护非物质文化遗产纳入自己的工作体系。⑤ 韩洋也提出博物馆可以作为非物质

---

① Moira Simpson. Museums and Restorative Justice: Heritage, Repatriation and Cultural Education. *Interntional Museum*, 2009, vol (61), No. 1 – 2: 121 – 129.

② Shashi Bala. Role of Museums to Promote and Preserve Intangible Cultural Heritage in the Indian Context. http://www.maltwood.uvic.ca/cam/publications/conference_publications/BALA.pdf.

③ 陈军科. 博物馆文化形态的新理念——全球化形势下博物馆与非物质文化遗产的哲学思考 [J]. 中国博物馆，2004 (2): 7.

④ 尹彤云. 博物馆视野中的非物质文化遗产保护 [J]. 民族艺术，2006 (4): 11.

⑤ 赵冬菊. 博物馆与非物质文化遗产的互动 [J]. 广西民族研究，2006 (2): 204.

文化遗产的收藏研究和展示的载体。① 马建军也认为保护非物质文化遗产是博物馆的必然需要。② 杨源认为博物馆保护非物质文化遗产具有区域式、整体式和永久式等特点，非物质文化遗产保护进入博物馆是必然趋势。③ 宋向光指出，传统的博物馆工作观念和工作方式与无形文化遗产保护存在很多不相适应的方面，如藏品与其产生时空的分离、与其原生"语境"的分离、文物的孤立性、线性的展示方式以及博物馆的历史感和消亡感在藏品上的映射。④

（二）博物馆在非物质文化遗产保护中的作用、意义、责任和建设问题

潘年英在《非物质文化遗产保护与本土经验》一书中提出了生态博物馆是非物质文化遗产保护的有效模式，探讨了贵州梭嘎生态博物馆的意义。⑤ 关昕提出，文物征集保存、行为采录、研究三者相互配合，才是博物馆完整记录或者说保护一个非物质文化遗产的系统性行为，而"保存"是博物馆公共性职能在非物质文化遗产面前的基本延伸。⑥ 王莉认为，博物馆在非物质文化遗产启蒙阶段具有倡导地位，应当发挥领头羊、参与者等推动作用。⑦ 刘康也提出应该发挥博物馆的收藏、诠释和展示、宣传教育等功能，引导人们对非物质文化遗产进行保护。⑧ 辛儒认为，博物馆要在原有馆藏基础之上建立有形"物"与无形"物"相结合的双重馆藏体系，打造非物质文化遗产数字博物馆，以非物质文化遗产的固有特性规划博物馆非物质文化遗产馆藏体系结构。⑨ 张秋莲认为，积极参与非物质文化遗产保护工作是实现博物馆文化理念和价值的必然要求，体现了博物馆的社会职能和文化自觉。⑩ 万建中回顾了非物质文化遗产与博物馆的关系得到广泛国际认同的过程，认为北京应该尽快建立非物质文化遗产博物馆。⑪ 刘卫国对民族博物馆参与非物质文化遗产保护进行了讨论，认为保护非物质文化遗产和人类文化多样性，给民族类博物馆的发展带来了机遇和挑战，随着我国民族博物馆体

---

① 韩洋. 非物质文化遗产与博物馆相关问题的探讨 [J]. 博物馆研究, 2006 (3): 71.
② 马建军. 博物馆与非物质文化遗产保护 [J]. 中国文物科学研究, 2007 (1): 14.
③ 杨源. 博物馆与非物质文化遗产保护 [J]. 中国博物馆, 2009 (2): 64.
④ 宋向光. 无形文化遗产对中国博物馆工作的影响 [J]. 中国博物馆, 2002 (4): 47.
⑤ 潘年英. 非物质文化遗产保护与本土经验 [M]. 贵阳: 贵州人民出版社, 2009.
⑥ 关昕. 非物质文化遗产保护与博物馆发展新趋向 [J]. 博物馆研究, 2007 (3): 45.
⑦ 王莉. 非物质文化遗产的保护和博物馆的社会责任 [J]. 博物馆研究, 2007 (2): 88.
⑧ 刘康. 论博物馆在非物质文化遗产保护中的作用 [J]. 中原文物, 2007 (5): 108.
⑨ 辛儒. 博物馆非物质文化遗产馆藏体系的构建——非物质文化遗产保护背景下博物馆建设思考 [J]. 河北大学学报, 2008 (4): 126.
⑩ 张秋莲. 博物馆参与非物质文化遗产保护的重要性与可行性 [J]. 艺海, 2009 (11): 101.
⑪ 万建中. 建立非物质文化遗产博物馆势在必行 [J]. 北京观察, 2009 (3): 57.

系的建立和完善，必将会打开保护非物质文化遗产工作的新局面。① 叶建芳认为，保护民族非物质文化遗产是民族博物馆的主要职责与功能，可以通过各种方式抢救、保护、创新和发展民族非物质文化遗产。②

(三) 用个案的形式讨论博物馆参与非物质文化遗产保护的实证性问题

此类研究文章数量最多，呈现出百花齐放的特点。如，顾克仁《世界非物质文化遗产在博物馆的保护与传承——中国昆曲博物馆的个案分析》以中国昆曲博物馆为例，回顾和总结了在昆曲保护和传承工作中的基本做法和经验。③ 肖坤冰结合参与藏东南非物质文化遗产博物馆建设的经历，探讨了非物质文化遗产博物馆的持续性、与社区文化传承的关系。④ 叶尔米拉讨论了新疆的博物馆如何扮演好非物质文化遗产保护使者的作用。⑤ 此类文章还有刘碧虹的《地方综合性博物馆与非物质文化遗产的保护》，魏爱霖的《民俗类博物馆与非物质文化遗产展示》，田雁的《非物质文化遗产的博物馆化展示——以深圳博物馆〈深圳民俗文化〉展为例》，黄祝英的《论博物馆在非物质文化遗产保护中的作用——以黔东南州民族博物馆为例》，黄志强、于宁宁、张园园《论博物馆在齐齐哈尔非物质文化遗产保护与传承中的作用》，刘琼《博物馆与非物质文化遗产保护——以川江号子为例》，陶学锋等人的《杭州工艺美术博物馆群非物质文化遗产传承研究》，梅华全、林存琪的《博物馆——非物质文化遗产保护的坚实平台——福建博物院关于非物质文化遗产保护工作的实践》等文章。这些文章都认为博物馆是非物质文化遗产保护的重要平台。

综观国内外关于博物馆保护非物质文化遗产的研究成果，学者们逐渐从理论研究向现实操作转化，完成了从理论到实践的蜕变，这些研究成果经过在实践中的检验后回归理论，将会极大地促进我国非物质文化遗产的理论发展。我们也看到，西藏的非物质文化遗产理论研究成果尚未转化为实践，虽然拥有一座非物质文化遗产博物馆，但还没有人进行系统研究，因此，我们将在这方面展开研究，希望弥补西藏非物质文化遗产研究在实践总结方面的不足。

---

① 刘卫国. 非物质文化遗产保护与民族博物馆 [J]. 中国博物馆，2006 (2)：18.

② 叶建芳. 民族博物馆与民族非物质文化遗产保护——以广西民族博物馆为例 [J]. 广西社会主义学院学报，2009 (4)：65.

③ 顾克仁. 世界非物质文化遗产在博物馆的保护与传承——中国昆曲博物馆的个案分析 [J]. 中国博物馆，2006 (3)：37.

④ 肖坤冰. 非物质文化遗产博物馆：从概念到实践——以"藏东南非物质文化遗产博物馆"尼洋阁的项目实施过程为例 [J]. 北方民族大学学报，2009 (6)：96.

⑤ 叶尔米拉. 博物馆在非物质文化遗产保护中所承担的角色——以新疆地区为例 [J]. 文博，2011 (2)：84.

三、尼洋阁藏东南文化遗产博物馆简介

尼洋阁是2004年7月进藏的福建省第四批援藏工作队投入1040万元专项援藏资金援建的重点项目,由福建省建筑设计院设计,2006年9月在林芝县巴吉村娘乳岗建成,融合了藏汉建筑艺术风格,成为林芝地区八一镇的地标性建筑。2007年7月,福建省第五批援藏工作队进藏,按照第四批援藏工作队原定将尼洋阁内部作为西藏民俗博物馆的计划,经过充分调研和多方研讨,工作队决定打造一座藏东南非物质文化遗产博物馆,建设工作从2008年5月开始,到2010年4月建成,交付给林芝地区使用。由于西藏自治区文物局的介入,名字由"非物质文化遗产博物馆"改为"藏东南文化遗产博物馆"(见图3-1)。

图3-1 尼洋阁藏东南文化遗产博物馆

尼洋阁坐落在林芝地区雅鲁藏布江和尼洋河的交汇处,距八一镇1.5公里,该博物馆总高36.9米,共5层,展区2829平方米,共分为14个展厅,馆藏汇集了林芝地区八一镇、米林县、朗县、工布江达县、波密县、察隅县、墨脱县等共七个县的民间器物,分别从民族服饰、农耕文化、狩猎文化、藏医药、生活习俗、民间歌舞、手工技艺、文学艺术、体育竞技、节日节庆、宗教信仰、建筑艺术等十二个方面集中展示了藏东南各族群的传统文化,对濒临失传的工布藏族、门巴族、珞巴族和僜人等少数民族民间传统文化,特别是非物质文化遗产进行抢救性挖掘和保护。用图、文、物、声、光、多媒体等多种形式综合展示了珞巴族的服饰、珞巴族织布技艺、珞巴刀舞、米林珞巴竹编技艺、米林珞巴氏族传说《阿巴达尼》、珞巴族狩猎、制作毒药、祭祀等非物质文化遗产。对门巴族的墨

脱石锅制造技艺、墨脱门巴服饰、门巴族生殖崇拜、祭祀场景、竹编、纺织技艺表演等非物质文化遗产进行了分类展示，还在尼洋阁外兴建了门巴族和珞巴族民居，内部设置珞巴族饮食场景，在空地上建设了一座真正的墨脱藤网桥，非常完整地展示了门巴族、珞巴族非物质文化遗产的精髓。在尼洋阁藏东南文化遗产博物馆的外面，是西藏东南文化发展有限公司打造的外围景观——藏东南文化博览园，共占地120亩。

尼洋阁的建成，是运用博物馆保护非物质文化遗产这种模式在西藏的第一次运用，具有重要的开拓性意义。

第二节 尼洋阁藏东南文化遗产博物馆的运作经验

我国对非物质文化遗产实施了"政府主导、社会参与、明确职责、形成合力"的保护原则，贯彻保护为主、抢救第一、合理利用、传承发展的方针，尼洋阁藏东南文化遗产博物馆的建设过程很好地体现了这些原则。

一、博物馆的建成——合力汇集社会资源，开创文化援藏新途径

从理论上来说，运用博物馆来保护非物质文化遗产的行为应该由既精通博物馆工作，又对非物质文化遗产有所涉猎的专业人员完成，但事实是负责实施博物馆展览工作的福建省第五批援藏工作队队员都是门外汉，他们来自各行各业，既不是博物馆专业出身，也没有专门研究非物质文化遗产的人士，所以严格说来是非专业人士在做这件事，但是他们整合了各方面的社会资源，形成了福建省援藏队＋林芝政府＋事业单位＋高校＋民间人士的联动机制。

在博物馆的前期设计中，福建省第五批援藏工作队对展厅的分类几经周折，最早是按照"历史的林芝、文化的林芝、民族的林芝、宗教的林芝、自然的林芝"这五部分来进行分类的，但是因为无法明确将林芝地区各民族的文化、民族和宗教进行区分而没有实行。在2007年8月的《尼洋阁非物质文化遗产项目展示方案大纲》中按照林芝地区各民族来划分，第一层展示林芝地区的发展历史和工布藏族非物质文化遗产，第二层展示珞巴族非物质文化遗产，第三层展示门巴族非物质文化遗产，第四层展示僜人非物质文化遗产，第五层设置休闲、观景、艺术展览区。但这个分类过于笼统，难以操作，而且不能表现出非物质文化遗产博物馆区别于一般民族博物馆的特征，同样被否定了。最后将方案确定为按照民族服饰、农耕文化、狩猎文化、藏医药、生活习俗、民间歌舞、手工技艺、文学艺术、体育竞技、节日节庆、宗教信仰、建筑艺术等十二个大类进行分类，使方

案更具操作性，体现出非物质文化遗产的特殊性。①

在布展过程中，福建省第五批援藏工作队制订了尼洋阁项目工作实施情况分工表，由援藏队员陈维辉等人负责，他们查阅了国内非物质文化遗产的资料进行学习，内部开会讨论，划分展厅主题，邀请西藏自治区文化厅展览中心的工作人员进行策划设计，处理技术问题。发挥福建省第五批援藏工作队队员担任林芝地区相关部门领导的优势，调动林芝地区文化广电局及各县文广局的力量，征集收购农牧民生活生产用品、整理简介文字并给所收集实物建档。在尼洋阁一层大厅"文成公主藏东南教化图"的设计方面，福建省第五批援藏工作队多次与西藏自治区美术家协会的工作人员沟通协商，并于2009年3月3日书面致函美术家协会主席韩书力和创作人员，反馈壁画图稿的修改意见，最终按期完成了33米的"文成公主藏东南教化图"巨幅壁画（见图3-2）。

图3-2　文成公主藏东南教化图

除了用好西藏的资源之外，福建省第五批援藏工作队还积极寻求福建省高校的智力支持，邀请厦门大学研究人类学和非物质文化遗产的专家彭兆荣教授来到林芝进行现场指导，其弟子肖坤冰博士从2008年2月到林芝，在尼洋阁连续工作了3个月，从非物质文化遗产保护的角度出发，为博物馆的布展工作做了大量的具体工作。

此外，在塑像和微缩景观方面，为准确复原林芝地区各民族民众的生产生活

---

① 肖坤冰.非物质文化遗产博物馆：从概念到实践——以"藏东南非物质文化遗产博物馆"尼洋阁的项目实施过程为例[J].北方民族大学学报，2009（6）：94.

场景，福建省第五批援藏工作队还采访了大量工布藏族、门巴族、珞巴族、僜人等各族群的老人和智者，从中确定了高卫东（门巴族）、扎巴丁增（门巴族）、达瓦（珞巴族）、洛桑（工布藏族）、巴东（僜人）等代表，共同参与布展工作，最终使藏东南非物质文化遗产博物馆获得各方一致认可。可以说，是福建省第五批援藏工作队首次在西藏引入了利用博物馆保护林芝地区非物质文化遗产的理念，用一种他者的眼光来看待西藏非物质文化遗产并进行全新的保护，如果没有援藏队的牵头和组织各方面人士参与，藏东南非物质文化遗产博物馆是不可能建成的。

长期以来，各兄弟省市援助西藏多以经济援藏为主，兴建学校、体育场馆等大型建筑设施，鲜有着眼文化建设、开展文化援藏的举措，福建省第四批、第五批援藏工作队实现了规划的延续性，使文化援藏的思路得以变成现实，体现出外脑的力量。

二、尼洋阁藏东南文化遗产博物馆的运作和日常经营

在尼洋阁的建设和后期运营维护过程中，西藏的本土企业都扮演着非常重要的作用。2004年福建省第四批援藏工作队在林芝寻找合适的援建项目时，发现娘乳岗的地理位置非常好，是尼洋河流域的最佳观景点，站在阁上，既可俯瞰八一镇全貌、尼洋河上最大跨桥和娘乳湿地，又可仰望阿布堆珠、比日、穷布增根、峪莱山、老虎山等众多神山，感受天人合一的奇妙境界，就找到现在尼洋阁藏东南文化遗产博物馆所在地的土地所有者——西藏四方数码科技有限公司，希望能够在该公司的地皮上打造一座地标性建筑，带动林芝旅游业的发展。经过协商，该公司同意援藏工作队在它的地皮上修建尼洋阁，建成之后，西藏四方数码科技有限公司设立西藏东南文化发展有限公司，并以尼洋阁藏东南文化遗产博物馆为核心，建成占地面积120亩的藏东南文化博览园。林芝地区将尼洋阁藏东南文化遗产博物馆设为副县级单位，外围则归西藏东南文化发展有限公司拥有，形成了外企业内事业的互补性格局，政府负责尼洋阁藏东南文化遗产博物馆的维护，而企业依托博物馆对整个藏东南文化博览园进行商业运作。

在福建省第四批援藏队找到西藏四方数码科技有限公司之前，这家公司只是用墙将这块荒地圈了起来，还没有具体的使用规划，而援藏队的提议则使公司负责人李章平确定了发展文化产业的思路，他之所以愿意将闲置的土地拿出来建设博物馆，用意很明显，就是希望依托援藏队建成尼洋阁藏东南文化遗产博物馆，将这块地盘活，用来发展商业。而博物馆本质上是公益性社会机构，它有别于学校、科研单位、娱乐场所，却能发挥教育、科研和文化分享、文化休闲的功能。

因此，公司虽是商业机构，但其做法必须符合博物馆的根本定位，藏东南文化遗产博物馆外围景观的设计在与博物馆的文化格调保持一致的同时，又有别于普通博物馆的布展。公司不想重复西藏旅游业发展的既定老路，而希望依托尼洋阁藏东南文化遗产博物馆打造出别具一格的民族文化产业，以此来吸引游客，因此并没有在博览园里设置出售旅游艺术品的商店，而是重视文化品位的营造，对颇有口碑的林芝文化资源进行了"景观化"的再生产，投入了大量人力、物力和财力进行尼洋阁藏东南文化遗产博物馆的外围景观建设，完成了这些文化资源的商业化转变。

藤网桥是居住在墨脱县的珞巴族民众用白藤编织而成的桥梁，虽然具体历史不可考证，但在珞巴族的传说中，对藤网桥的来历有着详细的叙述：很久以前，江上没有桥，两岸的人民被大江隔开。有一对珞巴族青年男女，男的叫达东，女的叫亚乃，他们隔江相望，发生了爱情，而可恨的江水使他们无法往来。有一天，他们对歌相恋，憧憬着美好的生活。中午时分，亚乃在香蕉树下幸福地睡着了。梦中，一位白发老翁对她说，射鱼可以得到幸福和爱情。醒后她便约达东第二天去射鱼。第二天，达东和亚乃手持长弓，身背二十支箭来到江边。他们每次都射中了跳出水面的大鱼，大鱼都挣脱箭头，向下游游去。他们把带来的箭射完了，又累又饿，什么也没有得到，扫兴而归。晚上，亚乃躺在门前竹棚上乘凉，回想着梦中老人的话，又想到劳累一天一无所获，越想越生气。梦中，那位老人又走了过来，对她说："姑娘，别灰心，一天的劳累算得了什么！想得到爱情，要有爬上南迦巴瓦拉大雪山的毅力才行。你明日再去射鱼，在箭尾拴上一根细藤就行了。"她立刻爬起来，半夜的辛苦，一条长长的细藤削好了。第三天，江两岸站满了看射鱼的人。恰巧这时，江里游来了一条大鱼，二人尽力射去，由于达东的箭尾没有拴细藤，鱼拖着亚乃的细藤向下游游去。亚乃想，如果两人的箭尾都拴上细藤不知会怎样。她一说，大家都表示赞成。在乡亲们的帮助下，很快削成了两根很长很长的细藤。又一条大鱼游过来，二人都射中了目标，红尾巴鱼在水中打起滚来，把两根细藤绞成一个疙瘩。为了博得姑娘的欢心，达东放松了手。随着鱼的游动，奇迹发生了：鱼被亚乃拉过去了，而达东手中的细藤则横贯在江两岸。一阵欢呼喝彩，欣喜若狂的人们把粗大的藤条来回拉了五六根，拴在两岸的树上，一头高一头低，成了溜索桥。达东第一个滑到了对岸，他紧紧抱住亚乃不放，幸福的泪水涌流不止。以后，经过不断改造，便成了奇特的藤网桥。①

---

① 关东升. 中国民族文化大观：藏族、珞巴族、门巴族 [M]. 北京：中国大百科全书出版社，1995：582.

藤网桥是珞巴族人横渡雅鲁藏布江的重要通道，制作工艺精湛，非常适合墨脱的亚热带气候，但是藤条容易断裂，每年都需要维修加固。门巴族民众在藤网桥的位置选择、桥身、造桥的原料和编织技艺等方面积累了丰富的传统知识和经验，显示出其惊人的文化创造力。

西藏东南文化发展有限公司从墨脱请来擅长编织藤网桥的珞巴族艺人，买来藤条，用一个月的时间，在博览园里架起一座50米长的真正的藤网桥供游客参观体验，这也是林芝地区现存的唯一一座藤网桥，人们可以从它身上领略当年雅鲁藏布江上墨脱藤网桥的魅力。该公司还对废弃的娘乳岗古老天葬台进行了保护和修复，让人们可以近距离感受工布藏族的丧葬习俗。

为了印证苯教始祖辛饶米沃且曾在娘乳岗上修行的传说，该公司还请来能工巧匠建成高12米、直径9米的苯教吉祥宝瓶"央崩"，光鎏金装饰就用去了3斤黄金。2012年6月，为营造出浓郁的宗教氛围，吸引更多游客，该公司在尼洋阁旁边搭起一座直径35米、高19米的巨大五彩经幡供游客观赏，这座号称西藏第一大经幡的景观使博览园格外吸引人们的眼球。此外，该公司还在门巴族、珞巴族民居旁边设置非物质文化演绎区，手工艺人现场展示八盖木锁、工布毕秀、珞巴族和门巴族竹编等制作技艺，实现了藏东南文化博览园的运营。

尽管花了这么大的代价，但对市场经济而言，高投入不一定会有高收益，藏东南文化博览园在2010年开放后效益一直不好，前来参观的人以政府部门和年轻学生居多，每年都要亏损120多万元。直到2012年夏天，西藏东南文化发展有限公司与西藏各大旅行社建立联系后，又聘请专业人士进行管理，员工达到40多人，才逐步实现收支平衡，为尼洋阁非物质文化遗产博物馆进入旅游市场奠定了基础。

三、博物馆与藏东南文化博览园文化旅游提供集中展示林芝地区非物质文化遗产的场所，满足了不同层次游客的需求

为了彻底扭转亏损局面，西藏东南文化发展有限公司依靠企业的灵活性优势，将尼洋阁藏东南文化遗产博物馆带入旅游市场进行了试运营，但西藏的各大旅行社给它的时间非常有限，旅行团在藏东南文化博览园中停留的时间被限定为半个小时，游客只能进行走马观花式的参观，仅能满足游客的猎奇需求，而对于想细细品味的游客来言，时间显然不够。即使是这样，尼洋阁藏东南文化遗产博物馆的存在还是为游客提供了能够集中观赏林芝各民族非物质文化遗产的场所，既满足了一般游客在一个地方观看林芝工布藏族、门巴族、珞巴族、僜人等族群特色文化的需求，又为想进行深度旅游的游客提供了指向性服务，确保游客能够

按图索骥，找到自己的旅游目的地。对于背包客和骑行者这些散客来说，尼洋阁藏东南文化遗产博物馆具有很强的吸引力，因为是纯文化体验旅游，环境优雅，远离喧嚣，因此在散客中拥有良好的口碑。这种设计扩大了尼洋阁藏东南文化遗产博物馆的社会影响力。

四、吸纳各族民众参与，促进了非物质文化遗产的传承和保护

非物质文化遗产与它所在的社区有一种先天的密切联系，如果离开产生它的土壤，这些非物质文化遗产将失去原有的生命力。与尼洋阁藏东南文化遗产博物馆相邻的巴吉村有60多户人家，村民们大都参加了博览园的基本设施建设，仅2010年一年，西藏四方数码科技有限公司就给巴吉村村民累计支付200多万元工资，极大地提高了村民的经济收入。博览园建成之初，巴吉村村民还不能接受服务性工作，不愿意到博览园中工作，西藏东南文化发展有限公司只能从其他地方招聘工作人员，到2012年时，巴吉村才有人愿意到博览园中担任保安，而且人数不多。2013年，博览园的工作人员增加到90多人，在巴吉村村民中占有一定比例的年轻村民从中看到了学习非物质文化遗产的效益，开始有目的地学习非物质文化遗产项目的展演技巧，他们大多以讲解员的身份出现，讲解起本民族的非物质文化遗产项目时娓娓道来、得心应手，博得了游客的喝彩。保护非物质文化遗产的目的在于传承，而传承非物质文化遗产的希望在于年轻人，博览园的运营机制促进各民族年轻人对本民族本地区非物质文化遗产的学习，实现了企业和社会的双赢。

第三节 博弈中的尼洋阁维护和旅游

尼洋阁藏东南文化遗产博物馆是在福建省第五批援藏工作队的援助下建成的，取得成功后，这些队员又依靠行政力量将运用博物馆保护非物质文化遗产的行为在林芝地区全面铺开，实现了由点到面的转变。

一、尼洋阁模式的标杆效应

尼洋阁藏东南文化遗产博物馆的成功运营使其成为西藏首个运用博物馆形式保护非物质文化遗产的典范，产生了很强的标杆效应。2009年7月，福建省第五批援藏工作队获得文化部授予的"全国非物质文化遗产保护工作先进集体"称号，这是全国获得这项荣誉的唯一一家非文化单位。从学术的角度去看，不能说因为它受到文化部的表彰就说它是非常成功的，但是我们要肯定它的尝试，因为

它毕竟是在西藏首次将博物馆和非物质文化遗产保护结合起来，这个开创性意义是前无古人的。

在尼洋阁模式的带动下，林芝各地在福建省第五批援藏工作队的带动下掀起了抢救和保护非物质文化遗产的高潮。米林县南伊珞巴民族乡在福建省第五批援藏工作队的援建下在才召村建设了一座生态文化展览室，集中展示了米林珞巴族的生产生活用品、服饰、宗教仪式过程、狩猎仪式，特别是通过大量竹编藤编织品显示了珞巴族完整的编织文化，出版了图文并茂的《大山民族——珞巴族社会文化今昔》一书。在援藏工作队的支持下，林芝地区的珞巴民族服饰和工布民族服饰进入第二批国家级非物质文化遗产名录，出版《工布民歌集》，使没有词曲、口口传唱、濒临失传的工布民歌民谣能以书面形式保存下来，广为传播。墨脱县政府也按照尼洋阁模式将兴建中的莲花阁建成一个展示墨脱门巴族、珞巴族非物质文化遗产的博物馆，并于2014年底投入使用。可以说，由于福建省第五批援藏工作队的整体推进，尼洋阁模式在西藏具有了可复制性和创新性的特点，以四面开花的形式扎根林芝大地，并成为林芝各县展现各自特色民族文化的重要表现形式。

二、政府与企业的红利博弈

在尼洋阁建成后，福建省援藏干部也想过要推进第二期项目。第一期工程是以尼洋阁为载体，采取了博物馆的形式来保护非物质文化遗产，第二期计划把邻近的巴吉村作为民族村寨包括进来，形成实体的非物质文化遗产体验区，构成一个整体。这样一来，核心区既有一个实体的博物馆展示，外围又可以看、可以体验的民俗村寨，形成社区参与式保护的非物质文化遗产游览区。但是这项工作随着援藏工作队的轮换而停止，更重要的是受到了西藏东南文化发展有限公司的抵制，主要原因是尼洋阁的管理和维护问题。现在藏东南文化博览园120亩土地属于西藏东南文化发展有限公司，但是身居博览园中的尼洋阁藏东南文化遗产博物馆却属于国家，还设为副县级单位，成为"国中之国"，平时并没有林芝地区文广局的人员值班，尼洋阁日常的管理、清扫尤其是防鼠工作都由博览园来做，不能纳入博览园的运行计划中，使公司的运营掣肘，造成了很大困扰。如果在二期中将巴吉村纳入进来，西藏东南文化发展有限公司就既要处理与林芝地区文广局的关系，还要处理与巴吉村的关系，即使三方商谈成功，前期投入都要由公司来承担，公司无法管控游客在巴吉村的个体消费，势必造成公司与村民的矛盾，这无疑会使公司的利益受损，因此，该公司在这方面并不积极。这表现出了政府与企业间的红利博弈，按照非物质文化遗产的保护原则，非物质文化遗产坚持保护为主,不能为了开发而保护,更不能以营利为目的。如果福建省援藏队的第二期项目可以完成,还是会交给林芝地区政府管理,很有可能会造成像尼洋阁藏东南文化遗产博物馆一样的问题,而这一点与企业追求商业利益的终极目的相背离,因此,不可能得到企业的认同。

尼洋阁藏东南文化遗产博物馆的建设过程体现了福建省援藏工作队、林芝地区政府和西藏企业三方的话语角力,尼洋阁藏东南文化遗产博物馆作为第一期项目的成功符合福建省援藏工作队和林芝地区政府的意愿,却使西藏四方数码科技有限公司不快,而第二期项目的搁浅是伴随着福建省援藏工作队的轮换而发生的,符合西藏四方数码科技有限公司的意愿,它更愿意单纯地赚取游客的参观费,而不愿意与村民发生联系。这背后所体现出的权力话语的角力是今后西藏引入企业参与非物质文化遗产保护所必须面临的问题。

三、从高雅旅游到大众化的运营转变

西藏东南文化发展有限公司最初对藏东南文化博览园的定位是高雅旅游,展示林芝地区门巴族、珞巴族、工布藏族、僜人的非物质文化遗产,突出其纯文化观赏的特点,为避免庸俗化,并没有打算与旅游公司合作,也不准备在院内摆摊设点出售旅游纪念品。但是2010年开业后,游客数量不多,除了每人20元的门票收入外几乎没有其他进项,一直亏损。无奈之下,这家原本打算以文化产业立足的公司还是走上了大众化旅游的道路,与西藏各大旅行社合作,拉游客来博览园中进行走马观花式的参观,在博览园的门巴族、珞巴族民居中摆摊设点,出售各种旅游纪念品,因为旅行社给游客的时间只有30分钟,所以不可能开发参与式旅游项目,更不可能进行门巴族、珞巴族非物质文化遗产展演活动,使商业旅游代替了非物质文化遗产宣传。

尼洋阁藏东南文化遗产博物馆的建设、后期维护和管理给我们展示出采用博物馆形式保护门巴族、珞巴族非物质文化遗产的全过程,催生了在外力干预下非物质文化遗产保护的良性机制,但后期管理的市场化和商业化道路只能起到维持博物馆运行的作用,尚不能对门巴族、珞巴族非物质文化遗产保护发挥宣传和促进作用。类似这种情况在兄弟省份支援西藏建设的大背景下无法在短期内改变,还将对包括门巴族、珞巴族非物质文化遗产在内的西藏非物质文化遗产保护产生深远影响。

第四章 政府的角色:"勒布沟"模式的实践

十多年以来,我国的非物质文化遗产保护一直是以政府主导、社会参与的方式在进行,形成了"保护为主,抢救第一,合理利用,传承发展"的十六字方针。但是在具体实施时,一些原本活跃在民间的非物质文化遗产项目却在"抢救性保护"的行动中消失,引起社会各界关注。地方政府重申报、轻保护的行为引发学者们对非物质文化遗产保护过程中政府责任的讨论,结论则陷入了加大资金投入和人力、扩大社会宣传、加强管理等固定模式中,而一些基层政府部门作为非物质文化遗产保护的执行者却被污名化。最终,政府、学者和民众都将希望寄托在立法保护上,顺应这一发展趋势,2011 年 6 月 1 日,我国开始实施《中华人民共和国非物质文化遗产法》,其成效尚在检验之中。

纵观我国学术界对非物质文化遗产的研究过程,经历了叙述性研究—对策性研究—理论性研究的演变。从 2005 年开始,早期的著述主要是对非物质文化遗产现状进行介绍,对国外非物质文化遗产保护进行引介,对非物质文化遗产保护原则、模式、方法进行探讨。之后非物质文化遗产研究开始泛化,呈现出多学科交叉研究的态势,主要涉及民俗学、文学、民族学、体育学、管理学、医学、美学、博物馆学等诸多学科。随后又转向了应用性对策研究,学者们积极为保护非物质文化遗产出谋划策,对策主要体现在加强宣传、加大经费投入、关注传承人、加强科学研究等方面。最近几年,研究开始回归理性,注重非物质文化遗产的理论研究和经验总结。一方面,政府在保护非物质文化遗产的过程中需要学者的参与,需要借助学者的智慧使非物质文化遗产得到更好的保护;另一方面,学者的研究成果也需要通过政府部门的采纳和实施来进行验证。双方通过非物质文化遗产这个主体进行着碰撞和对接,又往往以现代与传统、发展与坚守的不同姿态出现,并逐渐固化。其实,一些边疆地区政府部门所采取的有益的做法和经验或许值得我们学习和思考。西藏自治区错那县政府、娘江曲、麻玛门巴民族乡政府在保护门巴族非物质文化遗产过程中的做法很好地履行了地方政府在保护非物质文化遗产过程中的责任,其成功经验值得我们借鉴。

第一节 勒布沟概况及旅游资源

一、勒布沟概况

门隅是门巴族人的故乡,根据地理环境特征分为北南二部。门隅北部为错那县娘江曲与尚在印度实际控制下的达旺地区,门隅南部为印度实际控制下的申隔宗、德让宗和打陇宗。勒布沟位于西藏山南错那县的康格尔多山南侧,藏语意为"好的地方",距离山南地委、行署驻地泽当约280公里,距离拉萨410余公里。这里平均海拔仅2400米,西临不丹,南与印度接壤,距离印控区13公里。错那县政府在勒布沟设有派出机构娘江曲,1984年11月1日分别成立了错那县基巴门巴民族乡、贡日门巴民族乡、麻玛门巴民族乡和勒布区勒门巴民族乡。当地气候湿润,林木茂密,盛产竹子和各种树木,民众以农业、牧业为主,但山大沟深,平地少,人均耕地0.73亩,人均草场4.6亩,人均山场587亩。

基巴门巴民族乡平均海拔3500米,下辖吉巴村、让村2个行政村,有人口85户、211人,辖区面积201平方公里,有耕地250.95亩,草场209715.41亩,林地91604.5亩,牲畜767头。① 贡日门巴民族乡下辖斯木村和贡日村2个行政村,人口有72户、173人,其中,门巴族158人,占91%,全乡总面积为111平方公里,有耕地158亩,草场97200亩,林地62500亩,全乡经济总收入285.71万元,年人均收入达9413.57元(见图4-1)②。基巴乡和贡日乡民众种植荞麦、青稞、豌豆和元根等,放牧牦牛、犏牛、黄牛、马等。麻玛门巴民族乡人口有63户、156人,农业人口占总人口的92%,有门巴族102人、藏族54人,全乡总面积82.7平方公里,耕地68亩,草场61176亩,林地54990亩,可以种植大棚蔬菜,人均收入10016元,全乡有牲畜215头,全乡农村经济总收入296.13万元(见图4-2)③。勒门巴民族乡下辖勒村和贤村2个行政村,人口有54户、133人,其中门巴族92人、藏族41人,辖区面积363平方公里,民众主要以农牧业为生,有一个茶场,全乡经济总收入234.55万元,农牧民年人均纯收入

---

① 材料由基巴门巴民族乡乡政府提供。
② 材料由贡日门巴民族乡乡政府提供。
③ 材料由麻玛门巴民族乡乡政府提供。

10053元（见图4-3）①。勒布沟的门巴族传统民居都是依山势而建，不规则的石头插砌到屋顶，底墙宽厚，向上渐收，石头间只用泥浆填缝，墙面内外不做任何处理。室内无柱，各楼层的楼板都是将木板、木枋插入墙体，增加了房屋的整体抗震能力，百余年无损，可见门巴族原始而高超的砌筑技术。

图4-1　贡日门巴民族乡局部

图4-2　麻玛门巴民族乡

---

① 材料由勒门巴民族乡乡政府提供。

图 4-3　勒门巴民族乡勒村

二、勒布沟的旅游资源

　　勒布沟有大量独特的自然景观，娘江曲河谷是印度洋暖湿气流北上的通道，而海拔 4500 米的波拉山口则为阻隔北上气流的屏障。雨季，印度洋上空形成的暖湿气团逆峡谷北上，至波拉山口，为高山屏障阻隔而在南侧滞留循环，释放出大量雨水，使山南山北形成完全不同的自然气候环境。山口以北干旱寒冷，植被稀疏，仅在高山之间的洼地点缀着高原草地。山口一带，阴冷潮湿，山岩嶙峋裸露，自山口南下，气候和生态环境呈现出明显的垂直分布特征。山口以下 300～400 米以上为高山草甸，溪流蜿蜒，沼泽密布，再以下约 500 米为亚高山灌丛草原，绿草如茵，百花斗艳。再往下 300 米，群山被翠，树木繁茂，生长着冷杉、落叶松、柏树、青冈树，树干爬满了暗绿色的苔藓，树下长着各种奇花异草，偶尔在林间闪出一块草地。再以下则为落叶常绿阔叶混交林带，顺着娘江曲南下，进入尚在印度实际控制下的邦金，气候越来越热，年降雨量也渐次增加。① 勒布沟气候宜人，娘江曲两岸高山上瀑布很多（见图 4-4），有对印自卫反击战时张国华将军的指挥部、古老的碉房，还有一处据说是唐僧的岩画，适合发展旅游业。从 2003 年开始，自驾游客和探险家逐渐增多，有娘江曲的招待所、安徽省援建的民族宾馆、民众的家庭旅馆可供住宿，有一家四川人开的饭馆，基本可以满足吃住需求。

---

①　吕昭义，红梅．门巴族——西藏错那县贡日乡调查［M］．昆明：云南大学出版社，2004：2．

图4-4 勒村附近的高山瀑布

第二节 门巴族非物质文化遗产的传承

一、勒布沟门巴族非物质文化遗产的传承历史

历史上,门巴族人利用勒布沟丰富的木、竹资源,练就了制作木器、竹器的手工技艺。这在1976年就引起了中国社会科学院民族研究所"三巴"考察队的注意,"门巴族大多数男子都会做木匠。木匠工具有锯、刨、凿等,是从藏族地区购置来的。他们制造的木器品种有:木箱、桶、各种类型的酥油桶、木碗、木盒、桌、柜、床、平滑木板、马鞍。大部分男子会编织竹器,有竹筐、竹盒、竹篓、竹席、竹筛、粪箕、竹箱。木竹器产品,大部分用于交换粮食、衣服、农具和现金。"[①] 门巴族的竹编技艺和木碗制作技艺一直传承至今,分别入选西藏自治区级非物质文化遗产名录和错那县县级非物质文化遗产,在这两项非物质文化遗产项目的传承过程中,20世纪70年代错那县政府为解决贫困家庭孩子的生活问题而设立的竹器厂发挥了重要作用。

1971年,错那县成立了竹器厂,属于县里的集体企业。当时社会上的流浪儿童很多,为解决这些小孩的生存问题,错那县将这些流浪儿童招入竹器厂,又从各个乡里招来贫困家庭的孩子,年龄限制在18岁以内,让他们到竹器厂来学

---

① 西藏社会历史调查资料丛刊编辑组.门巴族社会历史调查(一)[M].北京:民族出版社,2009:86.

习编筐和制作木碗。前后招收了4批，第一批是在1971年，招的全部都是门巴族小孩，共8人；第二批是1972年，招了9个人；第三批是1978年，招了5个人；第四批是1984年，招了13个人。除第一批外，其余招收的都是藏族。竹器厂给学徒们管吃管住，教他们技术，从砍树砍竹子的粗活开始干起，学习制篾、上圈、编织、凿洞、染色等技术，制成的产品由竹器厂统收统卖，学徒们出师以后，竹器厂就只管住不管吃，产品自产自销，交换粮食和生活必需品。1999年，竹器厂统一将工人的户口迁到麻玛乡，因长期居住在这里，也就在这边落户。2005年，国家规定不能随意砍伐树木，只有在一年当中特定的时间才能上山砍竹子，原料不够，竹器厂就解散了。2008年，两个村子合并为麻玛乡。一村人是麻玛当地人，有土地可以耕种；二村人由竹器厂工人组成，因为没有土地，所有经济来源都依靠竹编和制作木碗。现在，麻玛乡修建了占地面积近200平方米的公房，再次成立了竹器社，现有人员30多人。

勒布沟门巴族非物质文化遗产的传承与当地政府关系密切，错那县政府设立竹器厂的目的是以人为本，要解决流浪儿童的生计问题，提高贫困家庭的经济收入，却"无心插柳柳成荫"，培养出了一批技艺精湛的艺人。为了生存，这些没有土地的艺人只能依靠制作木碗和竹编来维持生活，练就了一身绝活，为非物质文化遗产的传承提供了人力和技术条件，而整体搬迁到竹木资源丰富的麻玛乡则为非物质文化遗产的传承提供了得天独厚的原材料基地，这是门巴族非物质文化遗产得以延续的基础。

（一）西藏自治区级非物质文化遗产名录——门巴族编织技艺

勒布沟的门巴族民众心灵手巧，善于竹编，能编织出种类繁多的竹篾制品，除了供自己使用外，历史上一直是与其他民族交换的重要产品之一，形成了出售竹编产品的传统（见图4-5）。门巴族编织的竹筐、竹席、竹篓、竹筛、竹盒、竹碗、竹瓢、竹勺等竹编产品受到西藏各族民众的普遍喜爱，因此门巴族的竹编技艺发展得较好。虽然在历史上，竹编一直是男人们的拿手好戏，但现在却成为妇女们的看家本领。门巴族传统的竹编规矩是用新竹子编大筐，用老竹子编精细的小筐，其中又以小竹器最多，最小的可以用来装瓜子，大点的装食物，西藏民众一般喜欢用带盖子的竹筐，用来放饼子等食品，在逛林卡游玩时随身携带。近些年来，年轻艺人们又创造出了样式新颖独特的水果盘，全身镂空，用竹竿做成盘子的支腿，很受人们欢迎。由于优质原材料获取不易，艺人们在编织时会相互借用，遇到竹篾不足的情况，有存货的艺人就回家去取来供大家使用。随着旅游业的发展，勒布沟的竹编制品销路很好，一个直径20厘米的瓜子盘的售价为50元，带盖的方形竹盒售价为100元，竹筐的售价为200元，圆形带盖竹篮的售价

图 4-5 门巴族妇女在编织竹器

为 300 元（见图 4-6）。除了自用和卖给游客外，还销往错那县、山南地区，是妇女们现金收入最主要的来源。但是因为竹子十多年会开一次花，然后死亡，所以会给艺人们的竹编制作造成一定困扰。

图 4-6 门巴族竹编产品

（二）错那县县级非物质文化遗产——门巴族木碗制作技艺

门巴族制作木器的历史悠久，主要产品有木碗、木桶、木盆、木箱、木柜、木床、木桌、马鞍、驮鞍等，其中又以木碗的制作最为著名（见图 4-7）。"门巴木碗，久负盛名，是深受西藏各族人民喜爱的手工业品，过去在藏区，无论是

图 4-7 艺人在制作木碗

外出朝圣的香客、商人、从事劳作的农牧民,还是寺院的喇嘛活佛、达官贵人,都喜用门巴木碗,人人都以有一个门巴木碗为荣。"① 错那县县级非物质文化遗产门巴族木碗制作技艺主要在错那县勒布沟麻玛乡流传,木碗制作是麻玛乡男人们的"专利",与颇具传奇色彩的木碗艺人噶尔拜·白玛有非常密切的关系,"噶尔拜·白玛出自达旺桑吉林的木碗世家,他的祖父、父亲、哥哥都擅长制作木碗,噶尔拜·白玛制作的木碗在门隅和藏区都非常有名,但因为属于'堆穷',而饱受旧西藏反动统治阶级的奴役,被迫跑到不丹和达旺下面的努金、错那的吸乌、朗县等地谋生,最后在错那勒布麻玛村安定下来,获得新生,民主改革后,他的精湛技术受到人民政府的重视,支持他家发展木碗生产,鼓励他对青年传授技艺,他在竹木合作社中教授徒弟,将这门民族手工艺传承了下来。"② 在西藏,人们以使用他亲手制作的木碗为荣。现在麻玛乡手艺最好的藏族人珠杰、达嘎,门巴族人格桑都是他的弟子,这些 50 多岁的艺人在麻玛乡政府修建的公房内教授年轻人制作木碗,使门巴族制作木碗的绝技很好地流传了下来。现在,这门手艺已经成为当地男性现金收入的主要来源。

木碗用原生岩柏、柏青、青冈、杜鹃树、米柳和桦树树根或树瘤加工制成,其中尤以木质细密、花纹别致的岩柏、青冈、桦树为最佳,木碗制作工序非常复

---

① 关东升. 中国民族文化大观:藏族、门巴族、珞巴族 [M]. 北京:中国大百科全书出版社,1995:410.

② 西藏社会历史调查资料丛刊编辑组. 门巴族社会历史调查(一) [M]. 北京:民族出版社,2009:96.

杂,要经过选材、制坯、定型、加工等四道工序,制作起来难度很大,对制作者手艺的要求很高。选材一般要在晚上去,最好的材料在黑夜里会发出荧光,用这种材料制成的木碗能解百毒,一只能卖到一万多元人民币。取回树瘤后先用刀斧砍平整,削出碗的大致形状,制成毛坯子,然后放在锅里煮,起到定型的作用,晾干后使用脚踏板转动木钻杆,挖切内腔木屑,刨光碗的外壁,制成碗的成品。接着给木碗上红色染料,然后在阳光下晾晒。最后一道工序是上油,将植物原料"普吉"草籽在石窝中砸碎,加水搅拌,反复捣搋,最后成为一团黑褐色的油团,用油团反复擦拭木碗内外,然后曝晒,一个木碗就算做好了。做好的木碗呈现出圆曲线组合结构,以橘红色为主调,明亮、华丽、造型丰富。大型木碗呈罐形,有盖,底座厚约1.5厘米,直径约15厘米,罐腹圆凸,口径有圆槽,口沿外卷,体积大但很轻巧,售价为800~1000元;中型木碗碗底圆平,碗壁外展,口径约10~12厘米,是常用的一种,售价500~700元;小型木碗底座收分,口沿外卷,口径约5~6厘米,小巧玲珑,售价300~500元(见图4-8)。门巴族木碗质地结实,不易破裂,具有光滑、细致、美观、适用、不烫嘴、不变味、不变形、不皲裂、不褪色、经久耐用、便于携带等优点。用它盛放的食物有一种特殊的香味,特别是喝酥油茶时味道格外香甜。门巴族木碗被西藏各族人民广泛使用,社会需求量很大。

图4-8 门巴族木碗

二、基层政府在门巴族非物质文化遗产保护中发挥扶持性作用

我国的非物质文化遗产保护一直是以政府为主导来推进的,这是我国"大政府、小社会"的特点所决定的。地处边境地带的娘江曲政府无所不管,在维护边境稳定、促进当地经济社会发展等方面发挥着重要作用。勒布沟地处亚热带气候

区，非常湿润，为提高民众的生活水平，政府给每家补贴3万元用于修建安居房，用彩钢板屋顶代替了以往的草屋顶，免去了民众修葺屋顶的困扰，安徽省还在这里援建了别墅和宾馆，用于发展旅游。在门巴族非物质文化遗产保护方面，麻玛乡政府采取多种方式挖掘木碗制作和竹编技艺潜力，整合社会资源，积累了丰富的保护经验。

（一）投入大量经费开设培训班，吸引年轻人学习手工技艺

因为有制作木碗的传统，为促进非物质文化遗产的生产性保护，2009年，麻玛乡政府组织力量向错那县申报门巴族木碗加工培训班获得批准，村民自愿报名参加培训，培训期为3个月，噶尔拜·白玛的弟子珠杰、达嘎、格桑等人都以师父的身份教授技艺。当时全村共有9个年轻人报名参加，麻玛乡政府按照徒弟的人数，每人每天给师父支付180元培训费，给前来学习的学徒每人每天支付10元误工费，徒弟学成之后，可以带上机器回家自己单独制作。现在麻玛乡约15个人在制作木碗，其中11个人是经过专业训练的，又以门巴族人居多。师父带徒弟在麻玛乡政府建的公房里制作木碗时，机器设备和电费等费用全部由政府负担，艺人们免费使用，年轻人的学习热情很高。现在，制作木碗已经成为麻玛乡民众的主要收入来源，门巴族木碗培训班取得了很好的效果，临近各乡来麻玛乡学习木碗制作技艺的人很多。

除了建立木碗培训班以外，娘江曲还大力扶持竹编制作技艺，鼓励妇女们在村中空地上和政府修建的公房中集中编织，便于相互学习和交流（见图4-9）。麻玛乡编织技艺最好的艺人是达嘎，年轻人们都乐于向她学习，在她的带领下，仓决、白玛卓玛、卓玛、次旺曲吉、德吉、德庆措姆等人也成为竹编好手。

图4-9 在公房中编织竹器的妇女

（二）从外省聘请竹编高手前来授艺，提高工艺品质量

历史上，麻玛乡人的竹编技艺比较粗放，编织出来的竹器比较粗糙，虽然实用，但是观赏价值不高。随着人们生活水平的提高，这些竹编产品已经不能适应当地旅游业的发展需要了。2002年，为了改进编织技艺，提高竹编产品的市场竞争力，麻玛乡政府专门派人从四川省请来2个师傅教村里10多个人编竹器，经过两个月手把手的教导，不但使麻玛乡现有竹编艺人的编织技艺有所提高，还吸引了一些中青年妇女参与。因为成效显著，2008年6月，麻玛乡政府举办了竹编生产培训班，又从四川省绵阳市请来2名师傅，与本乡编织能手一起给学徒们教授基本的竹编技艺，主要是改良传统编织技法，教麻玛乡竹编艺人各种新式编法，特别是编织大型竹编器具的技巧，有14人开始学竹器编织。洛扎、隆子两县政府组织竹子资源较为丰富的边境乡镇农牧民也来到麻玛乡竹编培训点学习新的竹编技能，共有30多名民众参加了培训，学员中不但有家庭妇女，还有一些公职人员在管理学员的过程中也学会了这门技艺。经过为期三个月的培训后，学员已掌握了竹子的辟、破、剔、刮、划等工艺手法，能独立编织竹篮，在竹编产品开发、款式、工艺、效率等方面都有所收获。现在麻玛乡大约有30多人在编织竹编器具，藏族和门巴族都有，但绝大多数是二村的女性。这些从事手工编织的妇女人均年收入在6000元左右。

（三）协调与邻村的关系，互通有无、资源共享

因为麻玛乡民众制作木碗的历史悠久，经过长期的挖掘，树瘤这种特殊的原材料逐渐枯竭，人们不得不去邻近村寨寻找原料，距离麻玛乡10公里的勒乡就成为麻玛乡民众的首选之地。勒乡山大沟深，植被茂密，人口稀少，具有很强的原料优势，但勒乡民众保护环境的意识很强，不允许麻玛乡民众过去挖树瘤。经过麻玛乡政府和勒乡政府的协商，勒乡民众同意麻玛乡民众前来挖树瘤，而且不收取任何费用，但是不能随便乱挖，麻玛乡民众来挖木料时必须得到勒乡民众的同意，在规定好的时间内采挖。作为回报，麻玛乡民众欢迎勒乡民众到麻玛乡学习木碗制作技艺，也不收取任何费用。经过学习，勒乡的门巴族人次仁索拉、藏族人扎西巴珠已经学会了制作木碗并赚了钱，勒乡还准备再派一些年轻人前往麻玛乡学习，扩大民众的受益面。

（四）帮助艺人推销产品，增加民众的现金收入

麻玛乡出产的木碗和竹编供不应求，其销路主要是政府采购和商人采购两种，娘江曲作为错那县人民政府驻勒布沟的副县级派出机构，定期收购制作精致的木碗和竹编，作为西藏自治区、山南地区和错那县各级政府馈赠援藏单位和友人的重要礼品。除此之外，及时给艺人们通知山南地区和错那县的各种物资交流

会的信息，让艺人们结队前往，批量出售。此外，一些外来的商人也会上门收购木碗和竹编。因为需求量太大，在政府的支持下，这些年木碗制作艺人在制作木碗时已经使用了刨床，工作效率大幅提高，比以往的木钻杆要好用得多，在降低木碗制作艺人劳动强度的同时，也使木碗在光滑度和平整度上有所提高，卖相更好，价格更高。

第三节 勒布沟非物质文化遗产保护的经验

勒布沟门巴族的木碗制作和竹编制作技艺等非物质文化遗产能够得到很好的保护和传承，自始至终离不开地方政府的大力支撑，这既与西藏特殊的区情相适应，同时也是边境发展的内源性诉求所决定的。

一、从生存技能到非物质文化遗产项目转变过程中的政府角色

西藏自治区级非物质文化遗产——错那县勒布门巴族编织技艺、错那县县级非物质文化遗产——门巴族木碗制作技艺的传承得益于错那县地方政府长期以来的支持，特别是基层政府的大力扶持。现在看来，错那县在1971年设立竹器厂，教授流浪儿童和贫困儿童木碗制作和竹编编织技艺的举措具有重大意义，既解决了当时流浪儿童和贫困儿童的生活问题，又使门巴族的木碗和竹编这两种传统技艺得以流传下来。麻玛乡有"边境第一乡"之称，既驻扎有边防军，又设有错那县政府的派出机构娘江曲，外地人进入这里都需要办理边防证，政府的力量在这里发挥着绝对性的主导作用。麻玛乡共有草场60178亩，草场可用面积为59980亩，森林59041亩，村民可以享受政府发给的草场补贴、森林补贴、边境补贴等各种经济补贴，人均年收入达到5500元。长期以来，村民养成了依靠政府的思维和行为习惯，而政府也积极为当地民众服务。为使门巴族木碗更好地传承下去，也使竹编产品更有竞争力，麻玛乡政府大胆创新，由政府出资设立门巴族木碗培训班，兴建公房，购买机器设备，聘请内地师傅传授技艺，真正实现了非物质文化遗产的生产性保护。这些有益经验值得我们学习，当然，西藏自治区、山南地区、错那县三级政府将门巴族木碗和竹编产品定为政府部门对外的馈赠礼品也在很大程度上发挥了推波助澜的作用。

在竹编和木碗这两项非物质文化遗产传承过程中，地方政府的连续性支持功不可没。错那县政府当初考虑的并不是传统技艺的传承，而是当地流浪儿和穷苦人家孩子的生存问题。20世纪60—70年代，面对缺少土地等必要生产资料的民众，如何让他们生活下去就成了最大的问题，而从地方传统文化中去寻找生存技

能无疑是最方便快捷的途径。"授人以鱼，不如授人以渔"，依托于传统技艺，不依赖土地等生产资料，让这些孩子用自己的手艺和劳动力创造产品，换取必需的生产资料就成为当时的最佳选择，错那县竹器厂就这样应运而生。更难能可贵的是地方政府五年一换届，人员不断变换，但是政府对木碗和竹编这两个手工技艺项目的扶持政策却一直没有改变，呈现出连贯性的特点。进入 21 世纪，在国家实施非物质文化遗产保护政策后，基层政府更是发挥了扶持者的角色，因为有大自然提供的原材料，有竹器厂培养出来的老艺人，有社会需求量很大的市场，为这两个项目成为非物质文化遗产奠定了基础。基层政府不求回报，免费提供了公房、刨床、电能，还给老艺人和学徒发放务工补贴，使他们安心扮演好各自的角色。因为麻玛乡交通不便，通往错那县的道路泥泞不堪，村民缺少与外界沟通的有效途径，也没有主动与外界联系的意识。在这种情况下，政府又适时扮演了中介人的角色，搭建了一个信息平台，这些条件汇聚到一起，最终促成了非物质文化遗产项目的传承，也激发了传承人的积极性。

我们调查后发现，在娘江曲所在地麻玛乡，除了安徽省援建的宾馆和一个川菜馆的工作人员是汉族外，当地民众和娘江曲的工作人员全部是门巴族和藏族，他们对本民族文化保有热情和很强的认同感，也有把这种民族手工技艺传承下去的强烈愿望，这种个人意愿又与国家保护非物质文化遗产的政策相契合，于是就自然而然地收到了很好的保护效果。

二、树立西藏非物质文化遗产生产性保护的典范

"非物质文化遗产生产性保护是指在具有生产性质的实践过程中，以保持非物质文化遗产的真实性、整体性和传承性为核心，以有效传承非物质文化遗产技艺为前提，借助生产、流通、销售等手段，将非物质文化遗产及其资源转化为文化产品的保护方式。"① 勒布沟的木碗制作和竹编制作技艺都属于传统技艺类非物质文化遗产项目，具有实施非物质文化遗产生产性保护的先天优势。因为木碗价格远高于竹编产品，麻玛乡政府也曾经想扩充木碗制作和竹编制作艺人的数量，特别是想让女性学做木碗以增加农牧民收入，但是由于男女性别的差异，效果并不理想。

案例 1　木碗制作艺人达嘎讲述：

男人做木碗、女人做竹编，这是我们的前辈流传下来的规矩。开木碗培

---

① 文化部关于加强非物质文化遗产生产性保护的指导意见［EB/OL］. 中华人民共和国文化部网站 http://www.mcprc.gov.cn/sjzz/fwzwhycs_sjzz/fwzwhycs_flfg/201202/t20120214_356522.htm, 2012 - 02 - 14.

训班让我教徒弟时，乡里也让女娃来跟我学，但是她们手上没有力量，在刨床上制作坯子时，机器一开动，她们的手根本拿不住凿子，不但把坯子弄坏了，还会发生危险，试验了好几次，最终还是学不了，就还是让女娃们改学竹编了。

政府想通过改变非物质文化遗产传承人的性别比例，来增加农牧民收入，但是这与非物质文化遗产的传承规律不符，最终以失败告终，于是放弃了原有的方案，仍然按照当地人祖辈流传下来的男人做木碗、女人做竹编的传统分类培训青年男女艺人，使男女青年艺人有针对性地学习各自适合的手工技艺。因为竹编产品的价格远远低于木碗价格，所以政府工作人员鼓励竹编艺人在产品样式上进行创新，编织出一批与城市人审美标准一致的小巧玲珑的新产品，卖出了高价钱。"手工艺品的生产是表达文化的重要形式之一，且日益成为世界上相当多地区收入和就业的重要来源。"[①] 现在，勒布沟男艺人制作出的木碗一个能卖到280元以上，带盖子的糌粑桶一个能卖到800元，贩卖到外地，价格可以翻上数倍。女艺人编织的最简易的水果篮售价20元，传统水果筐售价50元，镂空水果筐售价60元，单面圆筐售价25元，洗菜筐售价35元，带盖子的方框售价200元。随着现金收入的不断提高，编织艺人也出现了分化，麻玛乡的一些妇女甚至不再下地劳作，专门在家编织竹编产品，成为职业手工艺人。木碗艺人则夫妻搭配，专门制作木碗，并且不断抬高价格，以此来增加收入。现金收入的倍增在很大程度上增强了艺人们的生产积极性，带动了一批年轻人前来学习。

三、木碗与竹编技艺的传承体现了非物质文化遗产的美学价值和适应性

人类学、民俗学视角下强调非物质文化遗产保护的整体性原则，通过非物质文化遗产保护，不可能还原促成非物质文化遗产某一时期的社会生态，更不能如同保护自然生态一样，把文化生态及生活在其中的人相对隔离。[②] 勒布沟模式是民众面对今天的现实，对人之主观能动性下的观念意识、社会体制等因素的调整和改变的结果。"我们要避免从种族中心主义的视角来理解创造力，创造力广泛

---

① UNESCO World Report. Investing in Cultural Diversity and Intercultural Dialogue [R]. United Nations Educational, Scientific and Cultural Organization, 2009：167.
② 钱永平. UNESCO《保护非物质文化遗产公约》述论 [M]. 广州：中山大学出版社，2013：254.

包含了各种物质产品，人类通过这些产品赋予自身存在以意义。"① 从这个意义上来说，木碗和竹编是西藏民众的生活必需品，具有很强的实用性，这与西藏民众的生活息息相关，哪怕在远离原产地的那曲牧区，用竹筐装干肉、用木碗喝酥油茶的行为也已经融入西藏民众的生活中，以独具美学特点的习惯形式传承下来。为适应游牧生活，西藏牧民的先民们创造出了制作风干肉的肉食贮存方式，风干肉除了供自己食用外，也作为礼物馈赠亲朋，竹筐就成为装纳风干肉必不可少的外包装，牧民们用动物皮毛对购买到的竹筐外表进行必要的装饰，给其赋予特定的宗教意义，然后将其赠给客人，这使竹编产品具有很大的消费市场。Kurin 认为文化是变化和演进（evolves）的，过去的文化实践对社区而言，没有了实用或象征功能就会被遗弃（discarded）。② 长期以来，西藏牧区民众一直沿用着使用自己的木碗喝茶的习惯，即使在家人之间也不能混用，拥有一只合适的木碗就成为每个牧民的理想，在有的地方，木碗甚至成为身份的象征，无怪乎虽然好的木碗能卖到一只一万多元的高价，仍然供不应求。即使现在瓷碗、不锈钢碗、塑料碗等各种形态各异的碗遍布西藏，但是木碗在西藏民众心中仍然具有不可替代的价值。我们对比民众收藏的噶尔拜木碗和现在其弟子制作的木碗后发现两者在样式上有很大区别，噶尔拜木碗外形更像一个钵，底部无托，广口阔肚、形状低矮、古朴无华（见图4-10），而现代木碗的形状则更像家中常用的瓷碗，底部有凸出碗托、窄口小肚、形状高大、更易拿放。这种变化既体现了非物质文化遗产的传承性，又体现了非物质文化遗产传承者的文化创造力。噶尔拜木碗世代相传，为当地民众提供了很强的认同感和持续感，这种认同感和持续感随着人员和物资的流动，被不断扩大，形成了一种品牌效应。这种品牌效应又以口碑的形式呈现出来，最后达到了西藏民众以拥有一只噶尔拜木碗为荣的程度，甚至通过黄金镶嵌的形式来弥补木碗的缺口和缝隙，其象征意义更大于实际使用价值。而其弟子们对木碗形制的改进使之更易于使用，这是非物质文化遗产被不断再创造的表现，可以说这两个非物质文化遗产项目很好地适应了现代社会。

---

① UNESCO World Report. Investing in Cultural Diversity and Intercultural Dialogue ［R］. United Nations Educational, Scientific and Cultural Organization, 2009: 163.

② Richard Kurin. Safeguarding Intangible Cultral Heritage: Key Factors in Implementing the 2003 Convention ［R］. *International Journal of Intangible Heritage*, 2007, (2): 10-20.

图4-10 传说由噶尔拜亲手制作的古老木碗

（四）塑造了全新的非物质文化遗产文化空间

文化空间是非物质文化遗产的一个基本类别，是定期举行传统文化活动或集中展现传统文化表现形式的场所，兼具空间性和时间性。在公房建成之前，勒布沟民众是分散在各家各户用传统方式进行竹编和木碗制作的，自从公房建成后，民众从事木碗和竹编技艺的生产活动就在各种优惠措施的吸引下，由分散转为集中，以公房为中心构成了一个新的文化空间。

案例2：

> 麻玛乡政府投资的公房建成以后，给木碗制作艺人提供了5间房子，老艺人三人一间固定在一起制作木碗，工作间里常年有人，学徒则四人一间灵活组合在一起，一有空闲就会来学，有问题随时可以找老艺人请教。竹编艺人因为工作时对空间的要求较大，办事处提供了一间130平方米的空旷大厅供艺人使用。因为公房外的空地上有很多体育设施，孩子们在玩耍时会跑到公房里观看木碗和竹编制作，大人们进山干活时也会把孩子们打发到公房里来打发时间，十来岁的女孩们会学着做一些小竹编产品，这已经成为一种习惯。

政府提供了一个非物质文化遗产可以传承的场所，被非物质文化遗产传承人所认可，在公房里交流学习，共享制作经验，这为木碗和竹编这两项非物质文化遗产的传承提供了必备条件，而孩子们在成长过程中耳濡目染地学习，也使非物质文化遗产技艺得到传承，这也正是传统手工技艺的优势所在。勒布沟民众没有现代意义上的知识产权概念，更没有保留核心技艺的意识，只要有人愿意学，艺人们就会教，他们在公房中相互学习、观摩、教授、共同创新，推动着非物质文化遗产项目的延续，形成了一个全新的文化空间，这远远超出了麻玛乡政府兴建公房的初衷，成为非物质文化遗产保护和传承的典范。从这个意义上来说，传统手工艺不只是代代传习的非物质文化遗产，投射着古老文化的智慧之光，也不只是新的经济形势下增收致富、惠益民生的经济项目，而是一个关联着文化、经济与乡土社会发展的重要的着力点，使传统手艺及其所蕴含的文化精神真正植根生产生活，作为生态的、和谐的、幸福的发展范式，实现传统文化和农村社会的新生与重构。①

"勒布沟"模式提供了一种从非物质文化遗产所在地的基本实情出发，审视包括政府在内的各种非物质文化遗产保护力量的影响和作用的视角，证明了保护非物质文化遗产的关键不在于政府主导与否，更大程度上取决于政府应该建立起哪些机制，来有效调动非物质文化遗产传承群体的积极性，制定哪些相应的激励措施和限制措施。当身处繁华之中的人们在思考非物质文化遗产何去何从时，地处祖国边陲的勒布沟却给我们提供了绝佳的答案。没有专家学者的献言献策，基层政府的工作人员早在20世纪70年代就践行着人本主义精神，并延续至今，既为内地基层政府提供了榜样，又为学者提供了完整的研究个案，展现出一条完美的非物质文化遗产传承之路，这或许可以为基层政府在非物质文化遗产保护中的污名化正名。

---

① 潘鲁生. 非物质文化遗产资源转化的亚洲经验与范式建构 [J]. 民俗研究, 2014 (2): 59.

第五章 传统的延续:"斗玉—准巴"模式的文化效应

物物交换这种古老的经济交往方式一直被人类学家所关注,马凌诺夫斯基对特罗布里恩德岛人项圈和肩镯的研究、莫斯对人类礼物交换的研究奠定了物物交换在人类学研究中的地位。后来的学者们通过对物物交换的形式和内容进行分析,在物品的流动中揭示出人与人之间的关系,实现人与物的融合。

珞巴族的物物交换很早就引起了我国学者的注意,早在1978—1980年,中国社会科学院民族研究所组织的"三巴"考查队在对米林县珞巴族进行调查时,就对马尼岗珞巴族的物物交换进行了调查,指出:"马尼岗地区没有专业商人,也没有形成市场。手工业尚未与农业完全脱离,兼做石锅、陶罐、木桶和铁制工具等手工业产品的手工业者,每年除加工外,也制作少量产品交换粮食或畜产品。人们为了满足自己对牲畜、家禽、畜产品和手工业品等方面的需求,通常是进行以物易物的交换……与邻近地区进行交换,在本区经济中占有相当重要的地位,这种交换可分为两类,一类是与达东以下的邦波人和宁波人即称为民鸟的珞巴族交换……再一类是与藏族的交换。每年4月至10月东拉山口开山期间,博嘎尔人成群结队背着土特产品到纳玉沟一带进行交换。带来的主要是辣椒、染料草及与民鸟人换来的大米,有的还有熊胆、麝香等。"[①] 1976年8月10~22日,中国社会科学院民族研究所"三巴"考察队对达木地区珞巴族进行调查时也对物物交换进行了叙述:"交换分远地区的季节性交换和近地区的常年性交换两种,远地区的季节性交换时到波密地区的随赛、随隅、米林地区的派村等。由于受大

---

① 西藏社会历史调查资料丛刊编辑部,《中国少数民族社会历史调查资料丛刊》修订编辑委员会. 珞巴族社会历史调查(一)[M]. 北京:民族出版社,2009:55—56.

雪封山的限制,到这些地区交换,每年只能在7~9月进行……近地区的交换时在藏族聚居的格当、兴凯,门巴族聚居的荷扎、背崩、地东、墨脱,这些地方一年四季都可以进行交换。背着染草、兽骨、兽皮、竹筒等与格当藏族兑换氆氇衣服、羊皮袄、帽、鞋、土毛袜、装饰品等。珞巴族以兽皮、兽骨、兽油、肉、鱼等,换取墨脱县内门巴族的盐、砍刀、弯刀、小刀、棉古休、棉裙子、袜子、土布、装饰品等……帮辛、旁古、更丁、多橙等村的门巴族常带着各种石锅赴珞巴族村寨交换染草等。"① 但是当时的调查材料只是说:"到藏区交换,是珞巴族过去对外经济交往的唯一渠道。每年六七月份,交换的人背着货物,到隆子县的准巴、共荣等地的一个朋友家里,同其交换。"② 并没有论及斗玉珞巴族的物物交换情况,这使我们的调查研究具有填补空白的意义。

第一节 印控区珞巴人的社会情况

一、印控区珞巴人的社会制度

就我们调查所掌握的情况来看,印控区珞巴人的社会制度仍然沿用松散的奴隶制,分为世袭主仆关系和经济依附关系两种,把部落划分为"崩来""崩里""效隆"三类,其中,"崩来"和"崩里"是上下的意思,属于同一个阶层,而"效隆"是"崩来""崩里"的奴隶,社会地位低下,"崩来"和"崩里"间可以通婚,两者都严禁与"效隆"通婚。作为世袭主仆关系,主人家要负责仆人家的吃穿用度,开销极大,除了极少数富人外,一般人负担不起,所以现在世袭主仆关系越来越少,而经济依附关系上升为主要地位,以发放佣金的形式保持着雇佣期内的主仆关系,时间可长可短,可以根据情况解除主仆关系。在我们看来,这种关系应该表述为雇佣关系,但印控区珞巴人却坚持将自己区分为主人和奴隶两个阶层。

社会管理上,印度政府在印控区珞巴人中实行村长管理制度,村民推举3个村长,由印度政府发放工资,每个村长一个月能够获得800卢比。印控区珞巴人仍然沿用习惯法,无论偷窃、抢夺还是通奸、杀人,都采取斩首形式进行惩处。③

---

① 西藏社会历史调查资料丛刊编辑部,《中国少数民族社会历史调查资料丛刊》修订编辑委员会. 珞巴族社会历史调查(一)[M]. 北京:民族出版社,2009:129.
② 西藏社会历史调查资料丛刊编辑部,《中国少数民族社会历史调查资料丛刊》修订编辑委员会. 珞巴族社会历史调查(二)[M]. 北京:民族出版社,2009:223.
③ 根据笔者对麦立达给(男,45岁,印控区珞巴人)的访谈整理而成。

二、印控区珞巴人的经济状况

印控区珞巴人的经济状况极差，所在区域气候炎热，森林资源非常丰富，人们主要以采集、狩猎为生，少数人能种植芭蕉、鸡爪谷等作物。在手工业方面，特别擅长竹编、打造珞巴钢刀、编织珞巴传统黑白两色方格布匹，而不会打造饰品。其现金收入的来源严重依赖采集、狩猎和手工业，一支猎枪的售价为12万卢比（约11700元人民币），现在印度政府禁止印控区珞巴人打猎，他们只能使用传统的刀箭狩猎，伤亡概率大大增加。印控区珞巴人的村寨分布凌乱，没有规划，房屋多为低矮的茅草屋，雨天漏雨非常严重，只有1/10是彩钢板屋顶，其余全部是茅草屋顶，因为当地雨水太多，一年要整修两次才能住人。值得一提的是，印控区珞巴人所用彩钢板都是通过物物交换从我国斗玉珞巴民族乡和准巴乡获得的。可以说，在生活必需品的供给方面，印控区珞巴人主要依赖我国，衣服、鞋子、食物、建材都通过到我方进行物物交换后获得。印控区珞巴人所在地区的经济发展状况差异性很大，妇女社会地位极低，与我国珞巴族实行民主改革前一致，以刀娶妻，辅以牛。现在，印控区珞巴人结婚一般需要12头牛，大约花费50000卢比。

三、印控区珞巴人的教育

印控区珞巴人的算数能力很差，早在1976年底1977年初中国社会科学院民族学研究所的"三巴"调查队在斗玉地区调查时对此就有过叙述："珞巴族的数字观念薄弱，一般只能由1数到20，常常用10个手指数完，再用10个脚趾助数。手指脚趾数完的数，就抓头发，表示'数'像头发一样多，无法数清。有些比较有阅历的人，则以20为一组，可以数到20个20的数。5个20是一百，但不会说一千，只会说1个一百，20个一百。"① 现在这种情况仍然存在，印控区珞巴人形容所在地的人口时，就用抓头发的方式来表示，意思是人多得数不清，和头发一样多。

印度政府也在印控区开设学校，珞巴人子女可以入学，主要用英语授课，教育学制是12年，4年一个阶段，在这三个阶段，学生要到3个不同的地方上学，采取寄宿式教育，不收学费，除了生活费和住宿费以外，其他费用都由政府来承担。如果学生的生活费用完了，就会被老师赶出学校，等家长筹够足够的钱后才能再次入校学习，因此印控区珞巴人学龄儿童的辍学率很高。就印控区40岁以

---

① 西藏社会历史调查资料丛刊编辑部，《中国少数民族社会历史调查资料丛刊》修订编辑委员会. 珞巴族社会历史调查（一）[M]. 北京：民族出版社，2009：161.

上的珞巴人书写的文字来分析,所写不是英文,也不是藏文和梵文,他们也不能给出准确的答案。

第二节　斗玉珞巴民族乡和准巴乡概况

一、斗玉珞巴民族乡概况

斗玉珞巴民族乡位于隆子县东南部,距离县城129公里,全乡面积333平方公里,是隆子县6个边境乡之一,也是山南地区唯一的珞巴族民众聚居地,与印控区塔克新、俯里、沙里地区相邻,边境线总长度为29公里。"斗玉"在藏语中是"山口之下"的意思,所以风季长,冬春时节风力尤为强劲。斗玉珞巴民族乡下辖3个行政村,分别是斗玉一村、斗玉二村和斗玉三村,包括9个自然村,188户,603人,其中珞巴族50户、203人,占总人口的34%。当地民众的生计方式以农牧业为主,全乡农作物播种总面积为579.5亩,其中春播面积311亩,种植油菜和蔬菜等经济作物的面积为120亩,冬播播种面积为173.5亩(见图5-1)。粮食总产量为160吨,油菜产量达到9.13吨。斗玉珞巴民族乡有放牧点21个,全乡牲畜总头数为2331头,其中大牲畜1997头,奶类产量为91.13吨,肉类产量为46.4吨。年经济总收入为548.2万元,农村人均收入为6363.50元,其中现金收入为5090.80元。①

图5-1　斗玉二村的房屋与农田

---

① 材料由斗玉珞巴民族乡乡政府提供。

二、准巴乡概况

准巴乡位于隆子县境东部，距县城72公里，面积990平方公里，南与印控区毗邻，下辖知能村、哲村、达嘎村、吉巴村等4个村委会，包括12个自然村。有人口142户、499人。以农牧业为主，农作物一年两熟。准巴乡属高山峡谷地带，沿着雄曲河的流向呈条状分布，平均海拔在3100米以上。全乡有耕地面积645.3亩，草地5.45万亩，林地1.08万亩（天然林）。生产马铃薯、白菜、萝卜、辣椒、葱、莴笋、菠菜、菜瓜等蔬菜，还有大蒜、姜等经济作物的栽培。牧养黄牛、绵羊、山羊，种植小麦、青稞、油菜、玉米、荞麦等农作物。年粮食产量32.34万斤，油料产量1.6万斤。放牧点2处，有牲畜1266头（只）。农村年经济总收入252万元，人均收入3588元，其中现金收入占总收入的75%。有棕熊、鹿、獐、岩羊、狐狸、野牛、雀鹰、雪鸡、藏马鸡、鹧鸪等野生动物。出产虫草、贝母、三颗针、知母、大黄、胡黄连、灵芝、仙鹤草等药材，可出产草果、核桃、桃、葡萄等果品。① 珞巴族民众主要聚居在斗玉乡和准巴乡的达嘎村（见图5-2）。

图5-2 准巴乡达嘎村远眺

---

① 材料由准巴乡边防派出所提供。

三、中印双方控制区门巴族、珞巴族民众的越界往来

门巴族和珞巴族是我国的人口较少民族,但在印控区居住的人数却数以万计,而且我国门巴族和珞巴族民众都与印控区的民众有着亲戚关系,在一些区域保持往来。因为中印两国的边境线尚未完全勘定,所以双方民众经常会发生越界,印控区的门巴族经常会越界到达林芝地区的墨脱县等地,我国的边防战士经过检查后会让他们原路返回,我国的珞巴族猎人也会越界到印控区打猎,常常遇到印度特种兵的拦截和盘问,经过一番交流后,特种兵也会督促猎人尽快返回,当地民众都已经习以为常。在背崩乡的山上,还可以看到印度修建的白色的战备公路沿着山谷蜿蜒而上。在山南地区,我国的公路一直修建到错那县勒布沟中,但中印双方的门巴族民众鲜有来往,而在隆子县的斗玉乡和准巴乡,中印双方的珞巴族民众则保持着非常亲密的联系,印度方面限制珞巴族民众来我方,而我国则欢迎印控区的珞巴族民众到我方一侧活动,边防战士还要为他们提供安全保障。①

第三节 珞巴族民众与印控区珞巴人的物物交换

一、珞巴族物物交换的历史

在历史上,珞巴族与藏族民众间一直有物物交换的传统,用染草、辣椒、大米、名贵动物皮、麝香、熊胆等特产交换藏族的食盐、羊毛、铁器、铜锅、牲畜等。在珞巴族各个部落间也存在一定规模的物物交换。米谷巴、巴达木部落间个人交换行为很普遍,格刀、徐木来的珞巴族换取米谷巴部落从康巴人那里换来的食盐、氆氇、项链、长刀等。② 斗玉珞巴民族乡、准巴乡珞巴族民众与印控区珞巴人进行物物交换的历史可以追溯到西藏民主改革前后,因为双方珞巴族民众存在较为广泛的亲戚关系,主要是印控区珞巴人到斗玉珞巴民族乡、准巴乡走亲访友,伴随一定的物物交换。20世纪70年代,一部分印控区珞巴人从印控区迁徙过来,在斗玉珞巴民族乡繁衍生息,这部分人绝大多数是女性,现在健在的人年龄在60～75岁之间(见图5-3)。近几年还有一些印控区的珞巴族民众偷跑到斗玉乡来生活,这些人都是男性,但人数不多。

---

① 根据笔者2012—2014年在林芝地区墨脱县、米林县,山南地区错那县、隆子县等地对当地民众的访谈整理而成。

② 李尚坚,刘芳贤. 珞巴族的社会和文化[M]. 成都:四川民族出版社,1992:58.

图5-3 早年从印控区迁徙过来的珞巴族女性（中间站立者为调查队员）

虽然印度边防部队不允许控制区内的珞巴族民众与我国珞巴族民众来往，但是因为居住在我国的珞巴族民众的生活水平明显高于印方一侧，所以印控区的珞巴族民众出于生计和婚姻所需，每年都会成群结队地悄悄来到斗玉珞巴民族乡和准巴乡，投亲靠友，从事物物交换，一般逗留3～5天，完成交易后就返回印控区。为相互区分，西藏民众习惯于将印控区的珞巴族民众称为"印度珞巴"。

二、印控区珞巴人的往来路线

据我们调查，印控区珞巴人一般会从塔克星、木比丁、珞登、久门、麦格纳等五个山口跨越边界来到斗玉珞巴民族乡和准巴乡①，路程远近不一，塔克星和木比丁方向的珞巴族民众到斗玉珞巴民族乡需要走3～4天，有两个传统的丛林通道，不容易被巡逻的印度军人发现。珞登方向的珞巴族民众到斗玉珞巴民族乡需要走4～5天，久门方向过来的珞巴族民众要走6～7天，从麦格纳方向过来的珞巴族民众则需要走8天才能到达斗玉珞巴民族乡。印控区珞巴人与斗玉珞巴民族乡、准巴乡的民众语言不通，但斗玉珞巴民族乡和准巴乡有大约100多人会说印控区珞巴人的语言，交流时可以充当翻译，这些人几乎全是男性，年龄在35～60岁之间，年轻人中愿意学印控区珞巴人语言的人较少，边学边忘者居多。一般来说，距离斗玉珞巴民族乡越近的印控区珞巴人开化程度越高，与斗玉珞巴

---

① 根据笔者对索朗杰布（男，52岁，珞巴族，隆子县准巴乡达嘎村村民）的访谈整理而成。

民族乡的珞巴族民众交流起来更加顺畅，距离斗玉珞巴民族乡越远的印控区珞巴人开化程度越低，交流起来非常困难。印控区珞巴人所居住的地区气候炎热，衣着特别单薄，上身一般都穿着半袖衬衫和外套，下身穿20世纪80年代我国流行的外侧裤缝处有三道竖线的尼龙线裤，有的人和印度人一样披一块红布，脚上穿着胶鞋（见图5-4）。

图5-4 印控区珞巴人

如上所述，印控区珞巴人分为作为主人的"崩来""崩里"与作为奴隶的"效隆"两个阶层。随着时代的发展，现在主人与奴隶间并没有牢固的人身依附关系，而是一种较为松散的经济上的雇佣关系，每次主人来斗玉珞巴民族乡和准巴乡进行物物交易时都会雇佣一些临时性的奴隶，用来背运货物，当回到印控区的居所后，这种关系就会解除。也有合作比较好而长期保持这种固定雇佣关系的情况。

三、物物交换的种类和形式

印控区珞巴人一般在藏历5～7月成群结队地从印控区来到斗玉珞巴民族乡和准巴乡的达嘎村，规模最大的队伍有40多人，最小的也有3～5人，年龄在15～60岁之间，男女都有（见图5-5）。印控区珞巴人首选在斗玉珞巴民族乡居住，如果斗玉珞巴民族乡住不下了，就会到准巴乡的达嘎村珞巴族民众家居住。斗玉珞巴民族乡和准巴乡边防派出所的战士会给印控区珞巴人和他们带来的物品照相、登记，然后安排他们住在各自相熟的亲戚家里，在接纳印控区珞巴人时，当地的联防队员负责他们的安全，防止他们前往县城和山南地区方向活动。当印控区珞巴人人数太多，亲戚家住不下时，这些联防队员便会接纳印控区珞巴人住宿，同时也享有物物交易时的优先权。

图 5-5　背运货物的印控区珞巴人

因为沿途要躲避巡逻的印度边防军，加上道路崎岖，印控区珞巴人从印控区带来的物品都是自己用背篓背过来的，一次能带来的物品并不多，主要有熊胆、熊掌（见图 5-6）、珞巴刀、麝香、水獭皮、豹子皮、特制的竹绳（见图 5-7）、印度银质饰品和食品等。在与斗玉珞巴民族乡和准巴乡的珞巴族民众进行交换时，都会根据自己最急迫的实际需要挑选物品，以衣物、彩钢板、牲畜和日用品为主，因为印控区珞巴人经常在山间行走、狩猎，所以军用胶鞋是最受他们欢迎的物品。

在印控区珞巴人中，能同时持有人民币和印度卢比这两种货币的人极少，我们调查的 30 多名印控区珞巴人中，仅有 1 人同时持有这两种货币。扮演主人角色的印控区珞巴人绝大多数只持有印度卢比，而一般的奴隶则什么都没有，只能用从印控区带来的货物交换斗玉珞巴民族乡和准巴乡民众的物品，即使给他们人民币，他们也会全部拿到商店里买成食品、鞋子等物品。拉萨啤酒是最受印控区珞巴人欢迎的，看电视也是印控区珞巴人最喜欢的活动，他们虽然听不懂汉语普通话和藏语，只能看画面，但是仍然乐此不疲。我们在访谈时，很多印控区珞巴

图5-6 印控区珞巴人用于交换的熊掌　　图5-7 印控区珞巴人背运来的竹绳

人坐在沙发和凳子上一边看电视,一边喝啤酒,直到一头栽倒在地上才罢休。

除了交换日常生活用品外,西藏古老的藏刀是印控区珞巴人的最爱(见图5-8),这与珞巴族的人生礼仪关系密切,无论是印控区珞巴人还是西藏珞巴族民众都非常喜欢刀,崇拜刀神,民间还流传着古老的刀舞。珞巴族成年男子都要佩戴一把珞巴长刀,刀鞘用狐狸皮、兔皮等动物皮毛包裹装饰,刀把子用藤条细细缠绕,珞巴长刀重实用,样子并不精美,甚至略显粗糙。在西藏珞巴族民众中,珞巴长刀的装饰效果远远大于其实用效果。而在印控区珞巴人社会中,长刀除了在丛林中开辟道路、狩猎、防身外,还扮演着非常重要的社会角色,是青年男子订婚时必需的聘礼。现在,印控区珞巴人社会仍然存在非常严重的男尊女卑现象,女性不能自由选择对象,婚姻之事全由父亲做主。男青年在家长的带领下,第一次到女方家上门提亲时,就要向女孩的父亲说明即将献上的聘礼的价值,一般是牛、羊等牲畜的数量,特别是要向女孩的父亲说明准备献上一把什么样的长刀作为定亲信物。得到女孩父亲的首肯后,男方就开始四处寻找长刀,年代越久远越好,等找到合适的长刀后献给女孩的父亲,如果女孩的父亲对长刀满意,收下长刀,这门亲事就算定下来了。到了良辰吉日,男方家赶着当初说定的一定数量的牛羊来迎娶女孩时,女孩就直接跟随男方离开娘家,女方家并不举行任何仪式。①

随着社会的发展,年代久远的长刀越来越难找,印控区珞巴人社会逐渐形成了到西藏来寻找古老藏刀的传统。一般男性青年到了结婚年龄,就会由自己的长

---

① 根据笔者对萨贝迦旧[男,25岁,印控区"窘莫拉纳"(音译)人]的访谈整理而成。

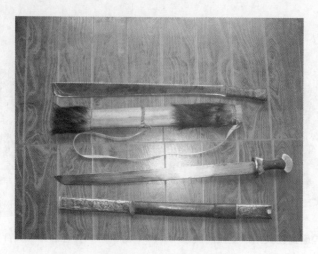

图 5-8 珞巴刀（上）、古老的藏刀（下）

辈带领，背着熊掌、熊胆、熊皮、豹皮（见图 5-9）、麝香、水獭皮等名贵特产来西藏交换古老藏刀。这渐渐成为一种刚性需求，在斗玉珞巴民族乡和准巴乡的珞巴族民众中催生出专门从事藏刀贩卖的职业商人，这些人将来自印控区珞巴人的名贵特产贩卖到拉萨、山南泽当镇等地出售后，在拉萨八廓街等地购买古老的藏刀，然后与印控区珞巴人交换。一般来说，一把古老的藏刀售价在 10 万元左右，可以从印控区珞巴人手中换取 6～10 只熊胆或 8～10 只熊掌，或 6～8 块麝香。如果折算成人民币，商人大约能获利 2～3 万元左右。

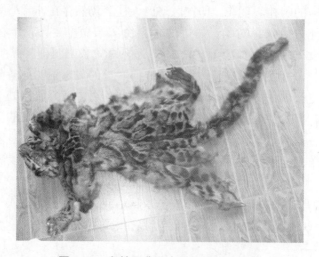

图 5-9 印控区珞巴人用于交换的豹皮

历史上，珞巴族人在与藏族民众进行交换时，往往是用酥油来充当等价货币，为了交换一只中等大小的犏奶牛，珞巴族人要支付给藏族人60克（约420斤，"克"是旧西藏时的计量单位）酥油。① 现在，充当等价货币的酥油已经完全退出了历史舞台，交易双方采用以物易物、即时交换的形式进行，从不赊欠。近几年来，物物交换的物品种类也发生了一些变化，除了古老的藏刀以外，年代久远的铃铛、降魔杵、钹等物品也备受印控区珞巴人喜爱，被斗玉珞巴民族乡和准巴乡的珞巴族民众列入物物交换的名单中，纷纷外出购买。而印控区珞巴人背来用于交换的物品也日益丰富，除了以往特有的名贵特产外，还会从印控区的"皂绕"和"果拉任"等市场上购买一些小饰品，比如银戒子的价格为1700卢比（169元人民币），银耳环为400卢比（39元人民币），非银质的饰品价格都在100卢比（9元人民币）以下。

四、印控区珞巴人跨界贸易的特点

（一）印控区珞巴人与斗玉珞巴民族乡、准巴乡珞巴族民众共同组成跨越边界的熟人社会，并以传帮带的形式延续

印控区珞巴人与斗玉珞巴民族乡、准巴乡珞巴族民众的物物交换由来已久，珞巴族人口虽然因为中印边界争端而分属两地，但双方广泛存在血缘和亲戚关系的事实是无法抹去的。印控区珞巴人女性嫁给我方珞巴族男性，共同组建家庭，成为印控区珞巴人来斗玉珞巴民族乡和准巴乡进行物物交换的主要落脚点，又通过男方家的亲戚关系，将这种往来形式不断固化和扩大，主客双方对对方的情况都非常熟悉，组成了一个跨越边界的熟人社会，并且通过以老带少进行跨界贸易的形式实现了熟人社会的代际传承，强化了作为同一个民族的认同感。

（二）斗玉珞巴民族乡、准巴乡珞巴族民众享有物物交换的优先权，形成了封闭性很强的贸易圈，联防队员依靠政策性权力改造了贸易圈

印控区珞巴人和斗玉珞巴民族乡、准巴乡珞巴族民众普遍存在亲戚关系，印控区珞巴人来到我方时，会首先选择在亲戚家居住，因为血缘关系的作用，斗玉珞巴民族乡、准巴乡珞巴族民众在物物交换时享有绝对的优先权，形成了一个以珞巴族人为核心的封闭性贸易圈，将其他民族的人排除在外。近些年来，因为印控区珞巴人来斗玉珞巴民族乡、准巴乡进行跨界贸易的人数不断增加，仅靠投亲靠友这种居住形式已经不能满足印控区珞巴人的需要，于是，当地政府就将没有住处的印控区珞巴人安置在联防队员家中，这些联防队员主要由珞巴族和藏族民众组成，他们依

---

① 李尚坚，刘芳贤. 珞巴族的社会和文化［M］. 成都：四川民族出版社，1992：58.

靠边防派出所的支持，利用手中的政策权力打破了原有的珞巴人以血缘关系为纽带的封闭性贸易圈，使地缘性优势逐步取代了血源性纽带（见图5-10）。

图5-10　印控区珞巴人在准巴乡的临时居留点

（三）进行跨界贸易的印控区珞巴人头领往往固定，表现出以老带新的特点，分为职业商贩和个人贩卖两种

职业商贩会雇人充当背夫，而个人贩卖则多出于刚性需求，以叔侄联袂的形式偶尔进行跨界贸易。总的来说，印控区珞巴人与我国珞巴族民众的跨界贸易以印控区珞巴人的单边行为为主，其目的是为了改善自身生活条件，表现出自发性、周期性、小规模、刚性需求、以物物交换为主、种类单一的特点，我国珞巴族民众则经历了从被动接受到主动出击，逐步走上以经营获利为目的专门贸易之路。

第四节　珞巴族非物质文化遗产的跨界传承

虽然印控区珞巴人的社会经济发展水平较低，物质条件远远不如斗玉珞巴民族乡和准巴乡的珞巴族民众丰富，但却完整地保留了珞巴族的传统文化，很多属于非物质文化遗产的范畴。历史上，斗玉珞巴民族乡并不是所有珞巴族人都会编织藤竹物品，只有"少数男人会编织藤帽子和各种竹藤筐、篓等"[1]。斗玉珞巴

---

[1] 西藏社会历史调查资料丛刊编辑部，《中国少数民族社会历史调查资料丛刊》修订编辑委员会．珞巴族社会历史调查（一）[M]．北京：民族出版社，2009：147．

民族乡和准巴乡珞巴族民众在与印控区珞巴人进行物物交换的过程中，也学会了很多已经濒临消失的手工技艺类非物质文化遗产，弥补了我国珞巴族传统文化中的缺失部分。

一、印控区珞巴人在珞巴族服饰编织技艺复兴过程中发挥巨大作用

珞巴族有自己的传统服饰，珞巴语称为"波木"，藏语称"嘎"，由一种叫作"达努"的瑞香树皮等植物纤维纺织而成的土布为原料缝制而成，呈长条状，多为黑色、白色相间。男子穿着时，将长条横斜披于背，衣上的边角搭置左肩，然后经左至右臂内绕身一圈半到右胸前与搭肩边角相接而成，袒露肩臂，将衣的下长翻折至膝盖，以竹针代替扣子，紧束腰带。没有领、袖、衣带等设置，此衣是男女唯一的上衣，老少终年在身，夜晚做被盖，印控区珞巴人将男性的衣服称为"珑背"。女子上身衣服亦呈长条毯状，其穿着时袒露左肩臂，由于珞巴族长期生活在野外，没有固定的住所，因此女子的衣服也可用来装食物、物品等；在外出时还可将孩子放在衣服内，衣的下长不往上披，其长至小腿，以竹针代扣，腰带束紧，夜当被盖，印控区珞巴人将女性的衣服称作"尬珞"。男女下身都不穿裤或裙，男女腰部衣服上缀有十二个海贝串成的圆球。妇女终年赤足，部分男子穿麻或毛为原料的长筒靴。男女都在耳垂上穿孔戴大耳环。妇女戴一至八串五颜六色珠串的长短项链，女子在出嫁时，父母都要为其准备陪嫁首饰，称为"辛爹"，有的男子也喜欢戴珠串的长短项链。男女都喜欢戴铜或铁手镯（见图5-11）。

图5-11 斗玉珞巴族服饰（山南地区文化局提供）

随着西藏社会经济的发展，西藏各族民众的服饰发生了很大变化，人们可选择的空间不断扩大，斗玉珞巴民族乡和准巴乡的珞巴族民众的穿衣习惯也发生改变，男人们平时的穿着已与内地无异，只有年龄比较大的老年妇女穿着本民族服饰的人较多，绝大多数人仅在节日和重大活动时才会穿上民族服饰。由于社会需求量的减少，到20世纪90年代末，纺织布料的技艺已经在斗玉珞巴民族乡和准巴乡的珞巴族民众中失传，而在印控区的珞巴人却仍然流行自己纺织布料，于是斗玉珞巴民族乡和准巴乡的珞巴族民众只能依赖印控区珞巴人提供制作民族服饰的布料。到2002年时，布料在斗玉珞巴民族乡和准巴乡珞巴族民众与印控区珞巴人物物交换中的比重已经占到约40%，迫使当地珞巴族妇女开始学习织布和服饰编织技艺。

二、印控区珞巴人在珞巴长刀装饰技艺传承中发挥了传帮带作用

在历史上，珞巴族以善于狩猎闻名，捕杀黑熊等大型猛兽是每一个珞巴族男子的成年礼。"奥热古"这种刀头圆宽、刀尾狭窄的珞巴长刀是成年珞巴族男子必备的随身物品，随着生活方式的多元化，加之国家对黑熊等珞巴族传统猎物的保护，狩猎的人越来越少，"奥热古"更多是以装饰品的形式出现的。20世纪90年代以后，这种长刀的锻造技艺也在斗玉珞巴民族乡和准巴乡失传，现在准巴乡的藏族工匠只能锻造银勺、瓢等银质器具①，这里的珞巴族民众随身携带的长刀则都是印控区珞巴人从印控区背运过来，经过物物交换得到的。对外售价为250—400元不等。

珞巴长刀的刀柄装饰非常独特（见图5-12），将刀把子镶嵌在木头中，再用产自印控区的特有竹藤编织而成，刚砍下来的竹藤要经过剖开、阴干、烟熏等工序处理，去除竹藤中多余的水分，保留其韧性，然后将其盘成一圈进行保存，这种处理后的竹藤具有结实耐用、便于编织的优点，编织时用小刀剖成2毫米粗细的竹绳，再像织布一样进行编织。斗玉珞巴民族乡和准巴乡的珞巴族民众已经不会这种编织技艺了，只有印控区珞巴人才会，每当印控区珞巴人来到斗玉珞巴民族乡和准巴乡时，男人们就会聚集在他们下榻处，跟印控区珞巴人学习珞巴长刀刀把的装饰和编织技巧。印控区珞巴人的编织手法非常娴熟，3个小时就能完成一把长刀刀柄的装饰，他们也非常乐意手把手给斗玉珞巴民族乡和准巴乡的珞巴族民众教编织技艺，在印控区珞巴人的教导下，近几年来一些珞巴族民众已经可以编织一些简单的花型，但与印控区珞巴人相比还有相当差距。

---

① 根据笔者对嘎玛（男，64岁，藏族，隆子县准巴乡织布村银器工匠）的访谈整理而成。

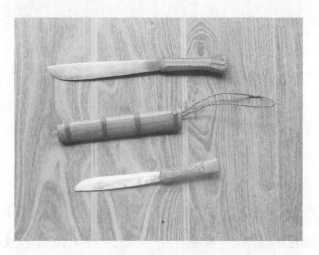

图 5-12　用竹绳编织的珞巴长刀刀柄

三、印控区珞巴人在珞巴族帽子编织技艺传承过程中扮演着师父的角色

珞巴族男子的帽子是用藤竹条编织而成的藤帽,分为三种,圆帽叫"博巴",板瓦形的叫"嘎嘎",状似礼帽的叫"横巴"(见图5-13)。印控区珞巴人所戴帽子是圆帽,珞巴语称为"豹霸"(见图5-14),帽子呈圆形,由帽体、野鸡翎、木制鸡冠三部分组成,圆形帽体的正前方和正后方均有突出,前方突出部分像鸡嘴,呈尖状,后方突出部分像鸭嘴,呈扁平状,整个帽体都是用产自印控区的竹藤编织而成的,非常细密;在帽体前方突出部分缠有不同颜色的毛线,呈球状作为装饰,并横穿30厘米和15厘米的一长一短两根钢针。在帽体中部镶嵌着一根牛角状的木头制品,角尖向后;在帽体顶部插有一根野鸡翎,翎毛向后,与牛角木制品方向一致;在帽体的后方突出部分缀有毛发作为装饰。从印控区过来的珞巴人中充当主人角色的人大都戴着这样的帽子,而一般充当奴隶的人则不戴。斗玉珞巴民族乡和准巴乡珞巴族民众所戴竹编帽子样式相对简单,是状似礼帽的"横巴",与印控区珞巴人的帽子的不同之处在于帽子呈椭圆形,四周都有边,帽体比较浅,而且没有任何装饰。这些帽子都是用印控区珞巴人背来的竹绳编织而成的,印控区珞巴人也会直接把编织好的帽子背来与斗玉珞巴民族乡和准巴乡珞巴族民众交换。

图5-13 珞巴族人的竹帽"横巴"(左)、"博巴"(右)(山南地区文化局提供)

图5-14 印控区珞巴人所戴的竹帽"豹霸"

四、"斗玉—准巴"非物质文化遗产保护模式的启示

在珞巴族非物质文化遗产保护过程中,"斗玉—准巴"模式带有很强的独特性和不可复制性,是在借助外力和民众文化自觉性的相互作用下实现的。

(一)印控区珞巴人扮演了非物质文化遗产授业者的角色

虽然印控区珞巴人来到斗玉珞巴民族乡和准巴乡的最初目的并不是要给当地珞巴族民众传授非物质文化遗产技艺,但是他们所掌握的非物质文化遗产技艺却使自己在无意间扮演了授业者的角色。由于非物质文化遗产活态性的特

点，藤竹编织技艺是与印控区珞巴人合二为一的，印控区珞巴人来到斗玉珞巴民族乡和准巴乡以后，在临时居所中与当地人进行物物交换，随时随地做一点手工来打发时间，在有意无意间会展示出自身所掌握的非物质文化遗产技艺（见图5-15），这使感兴趣的当地珞巴族民众能够有机会接触到本地已经失传的手工技艺，并进行有选择性的学习和交流，最终使非物质文化遗产的跨界传承成为可能。

图5-15 印控区珞巴人在编织长刀刀柄

（二）珞巴族民间能人的带动作用

珞巴族服饰能够入选国家级非物质文化遗产，斗玉珞巴民族乡二村的珞巴族妇女小加油发挥了重要作用。她是党的十六大、十七大代表，担任过隆子县斗玉珞巴民族乡斗玉村党支部书记，自从1973年来到斗玉珞巴民族乡以后，她通过自己的努力赢得了斗玉村民众的信任，在当地有很高的威望。珞巴族服饰制作技艺在斗玉珞巴民族乡失传以后，小加油非常着急，因为她年轻时曾经织过布，就打算自己摸索着织布，把这门失传的技艺找回来。2003年，48岁的小加油（见图5-16）利用与印控区珞巴人进行物物交换的机会向印控区珞巴妇女学习纺织布料的技艺，经过一年的练习。终于织出制作珞巴族民族服装的布料，但与印控区珞巴人所织的布料相比还显得粗糙，线头比较多，颜色不够鲜艳。在她的带动下，一些同龄的珞巴族妇女也开始学习织布技艺，大家在一起琢磨、反复练习，经过大家的共同努力下，到2005年，小加油织出的布料已经比较平整，可以用来制作民族服饰了，这在一定程度上降低了珞巴族民众对印控区珞巴人布料的依赖程度。2008年，由于珞巴族服饰制作技艺"死而复生"的独特性，珞巴族服饰入选国家级非物质文化遗产名录。

图5-16　小加油（中）和身着珞巴族服饰的青年（两侧）

（三）珞巴族民众的文化自觉催生出一批非物质文化遗产的隐形传承人

虽然斗玉珞巴民族乡和准巴乡珞巴族民众的生产生活水平要明显高于印控区珞巴人，但是在本民族文化传承方面却无法与印控区珞巴人相比。印控区珞巴人能够生产出在珞巴族传统文化中具有民族象征意义的生活用品，并用其从斗玉珞巴民族乡和准巴乡珞巴族民众处换回急需的生产生活用品。这些具有民族特色的生活用品得到了斗玉珞巴民族乡和准巴乡珞巴族民众的认同和追捧。即使是熊胆、熊掌、麝香、水獭皮这样的名贵特产也带给人们无限想象的空间，由于印控区珞巴人没有枪支，所有这些名贵特产的获取都依赖于他们所掌握的古老狩猎技能，这是斗玉珞巴民族乡和准巴乡珞巴族民众无法体验的一种生活方式。可以说每一只熊掌、每一块麝香上面都有很多故事。这使斗玉珞巴民族乡和准巴乡的珞巴族民众产生了"谁是真正的珞巴族"的疑问。每当印控区珞巴人过来时，这两个平静的乡村就会变得沸腾起来。人们在与印控区珞巴人进行物物交换的同时，又开始了新一轮的非物质文化遗产学习，因为条件的限制，人们不可能向印控区珞巴人学习如何捕猎熊，只能学习一些实用的手工编织技艺、织布技艺等非物质文化遗产。通过这样的学习，斗玉珞巴民族乡和准巴乡的珞巴族民众掌握了更多的本民族文化，使自己更像一个"真正的珞巴族"（见图5-17）。在西藏非物质文化遗产保护的典型经验中，"斗玉—准巴"

模式是最为特殊的,值得我们深入思考。

图 5-17　访谈印控区珞巴人(戴帽坐者)

第六章 传统与现代的遭遇：南伊沟旅游开发中的非物质文化遗产

非物质文化遗产与旅游开发的关系问题一直备受学术界关注，由此形成了两种截然相反的观点，一种观点认为非物质文化遗产与旅游开发水火不容，对非物质文化遗产只能进行保护，如果通过旅游进行开发则会改变其自身特性，使非物质文化遗产变味。另一种观点认为非物质文化遗产可以通过与旅游业的结合实现共赢，既可以通过旅游开发解决非物质文化遗产传承人的生存问题，还可以吸引年轻人来主动学习，实现代际传承。我们认为，门巴族、珞巴族由于人口较少，而且地处敏感地带，在西藏的非物质文化遗产保护方面和旅游开发方面都不占优势，但是还是可以在国家政策允许的范围内进行限制性开发。

第一节 米林县南伊沟概况

米林，藏语意为"药洲"，地处西藏自治区东南部，林芝地区西南部，雅鲁藏布江中下游，念青唐古拉山脉与喜马拉雅山脉之间，东南部与墨脱县相连，西部与朗县相接，北部与林芝县、西北部与工布江达县毗邻，南部与印控区接壤。区域总面积9471.11平方千米，总人口18089人。米林全县辖5乡3镇，66个村民委员会，1个居民委员会。2012年全县总人口2.3万人，其中农牧民人口1.69万人，有藏、汉、珞巴、门巴、侗、回、彝、土家、羌等9个民族。

一、南伊沟简介

南伊沟位于西藏米林县南部的南伊乡境内，距县城5公里。有"藏地药王谷"之称，沟内生态保护完好，气候湿润，动植物资源十分丰富，平均海拔2500米，森林总面积达820公顷，气候条件良好，年平均气温8.2℃，沟里分布着南伊村和琼林村两个村寨,与印控区马尼岗相邻,地处南伊河中游的河谷地带,形成区域小气候,具有良好的旅游开发潜力。

二、南伊珞巴民族乡简介

米林县是珞巴族的主要聚居地,而南伊珞巴民族乡又是米林县珞巴族最集中的地区。1984年12月从南伊公社改为南伊珞巴民族乡,属藏东南温带气候区,行政区域国土面积648.4平方公里,下辖南伊、琼林、才召3个行政村,共有103户、503人,其中珞巴族85户、378人,占全乡人口的75%,门巴族1户、14人,藏族17户、109人,汉族2人。[①] 南伊乡的珞巴族,据传是1940—1962年间,陆续从喜马拉雅山南麓的玛尼岗、梅楚卡等地迁徙过来的。现在,村民主要收入来源为农牧业、运输业、旅游业、林下资源采集业、劳务输出和政策性补贴收入等。农牧民人均纯收入为7421元,其中现金收入为5533元。2008年初,米林县整理、挖掘、保护珞巴文化工作全面启动,安排援藏资金45万元用于保护珞巴族文化,帮助修建了公共广场和民俗博物馆,并成功地将珞巴族传统民族服饰申报为国家级非物质文化遗产。2008年7月,南伊沟风景区正式对外开放;2009年,西藏旅游部门向游客重点推介了南伊珞巴民族乡旅游区。2009年米林县首次以市场化的方式举办了珞巴民俗文化节,吸引游客上万人,珞巴族服饰、生产生活用具、体育活动等民俗资源得以开发利用。

南伊村位于南伊乡政府以南3公里处,是一个由珞巴族、藏族等民族组成的自然村,全村28户150人,耕地面积421亩,经济收入以农牧业、旅游业、运输业、特色养殖、林下资源采集业为主,人均纯收入达6720元,现金收入4815元。才召村(见图6-1)是珞巴族集中聚集的村庄,距离县城2.5公里,全村36户168人,其中珞巴族35户153人,占全村总人数的91%,有耕地面积723亩,经济收入以农牧业、运输业、林下资源采集、旅游业、劳务输出为主,人均纯收入6686元,现金收入为4652元。才召村是1985年从南伊乡拉嘎沟搬迁到现在位置的,住房由国家拨款统一修建,2006年国家又投入622.2万元资金按照社会主义新农村建设标准进行了整村规划和重建。2007年为解决该村耕地不足的问题,采取有偿转让的方式,将米林农场308亩耕地转让给才召村,使群众的生产生活条件得到改善和提高。琼林村距离米林县城10公里,全村39户185人,其中,珞巴族38户166人,占全村人数的89.7%。主要经济收入为农牧业、旅游业、运输业、林下资源采集业、劳务输出及相关政策性补贴,人均总收入为

---

① 材料由南伊珞巴民族乡乡政府提供。

8657元,现金收入为6914元。村民一共开办了6家农家乐(见图6-2)。

图6-1 才召村民居

图6-2 琼林村珞巴族民居

以上3个村寨中,才召村的珞巴族民族特色不太明显,南伊村和琼林村的民族传统文化保留得较为完整。截至目前,南伊珞巴民族乡共有113户、519人,其中珞巴族94户、385人,占全乡人口77%。

第二节 米林县珞巴族非物质文化遗产

珞巴族非物质文化遗产可以分为生存技能型和生活娱乐型两类,生存技能型非物质文化遗产反映出珞巴族民众长期在山林中进行采集狩猎生活的历史记忆,负载着这个狩猎民族的民族精神。而生活娱乐型非物质文化遗产则是珞巴族民众在生活中用于凝聚人心、打发时光、娱乐身心的非物质文化遗产,具有满足精神需求的特点。目前,米林县共有县级以上非物质文化遗产保护项目 16 个,其中与珞巴族相关的国家级非物质文化遗产保护项目是米林珞巴族服饰、米林珞巴始祖传说;自治区非物质文化遗产保护项目是米林珞巴织布制作技艺、米林博嘎舞(珞巴刀舞)、米林珞巴竹编技艺;县级非物质文化遗产保护项目是米林珞巴婚俗、米林珞巴"加英"。其中,属于生存技能型非物质文化遗产的是珞巴族服饰、织布制作技艺、竹编技艺、婚俗,而始祖传说、珞巴刀舞、"加英"则属于生活娱乐型非物质文化遗产。这些非物质文化遗产项目全部为南伊珞巴民族乡民众所享用和传承,可以说非物质文化遗产高度集中,堪称珞巴族非物质文化遗产的宝库。

一、米林珞巴族服装

珞巴族服饰的材料来源于大自然,多用兽皮和谷草加工编制而成。珞巴族女装由上衣、筒裙、脚套等三部分组成,主色调为黑、红、白、黄,上衣称为"奥马给冬",用野麻织成的土布料缝制而成,主要以黑色和红色为主色调。"觉崩"是长过膝盖的裙子,用绵羊毛染色织成。"乐苏"是用于包裹小腿的脚套,用绷带捆绑,防止蚊虫叮咬,也是用绵羊毛编织而成的。衣服样式无领、短袖、对襟,用竹针缝制而成。此外,珞巴族妇女还特别喜欢在颈项、腰间、手腕处佩戴各种海贝、兽骨、兽牙、玉石、珊瑚、松石等搭配制成的装饰物,项饰的数量从三五串到三四十串不等。手镯分为"罗根"和"第路"两种,前者为铜制品,雕刻有几何图案;后者是在动物皮革上穿眼后将海贝镶入的腕饰(见图 6-3)。

染色工艺在珞巴族服饰制作中扮演着重要角色,由妇女承担,她们在长期的实践过程中掌握了提取、应用植物、矿物对纱线进行染色的技术。染料绝大多数取自植物,只有一种叫作"令共"的矿物染料。将"色鲁芒"果子或根部与纱线一起放入水中煮一个小时后取出晒干,纱线就呈现出浅黄色。用"当工密西"果子和纱线一起放入水中煮一个小时后取出晒干,纱线呈现藏青色。将"孙根"树叶和"令共"一起放入水中煮两个小时,然后放入纱线,可以染成草黄色。

图 6-3　身着珞巴族服饰的夫妇

还可以利用施染时间的长短来达到理想的深浅色泽。用"孙根"和"令共"与纱线一起煮半小时，纱线呈米黄色；煮一个小时，则呈黄色；将其拧干后，再与"达命"一起煮一两小时，纱线呈深红色。用"当工密西"果子和纱线一起放入水中煮半小时，纱线呈天蓝色，煮一两个小时则呈藏青色。对羊毛的染色则用"阿鄂"草进行。[①] 用"药查""多度怒家"树叶，砸碎煮烂后，与纱线一起煮一个半小时左右，纱线即呈浅绿色，将纱线取出拧干，再与"古非"一起煮两三个小时，取出晒干，纱线就成了黑色。[②] 现在，珞巴族人中能够使用这种染色工艺的妇女已经不多了。

　　珞巴族男子服装堪称武士所佩戴的盔甲（见图 6-4），所戴帽子"冬巴达贡"内里用藤竹编织而成，帽檐周围镶嵌有一圈熊毛皮，类似有沿的钢盔，帽子后面则镶嵌一张黑熊的整脸，大小与人的背部等宽，长及腰部，黑熊的耳朵和眼窝清晰可见。这种熊皮盔帽坚硬无比，戴上即可在狩猎和械斗时防身，防止猛兽从身后攻击。上身披着一件被称为"索东"的牛皮披篷，外面再套上一件用山羊毛织成的没有衣领，前襟、后幅不缝合的套装"纳木"，用缀满海贝的兽皮腰

---

①　西藏社会历史调查资料丛刊编辑部，《中国少数民族社会历史调查资料丛刊》修订编辑委员会. 珞巴族社会历史调查（二）[M]. 北京：民族出版社，2009：111.

②　西藏社会历史调查资料丛刊编辑部，《中国少数民族社会历史调查资料丛刊》修订编辑委员会. 珞巴族社会历史调查（二）[M]. 北京：民族出版社，2009：313.

饰"达因杰热"束腰,腰间斜跨"要霞"(长刀),挂"窝腰"(短刀)、"约计"(小刀)、"意给布"(弓箭和箭筒)等,脖颈上戴着三至五圈用海贝、兽骨、兽牙等磨制而成的珠状饰品"博杰",以蓝色、白色为主,走起路来威风凛凛,显得彪悍英武。

图6-4 全副武装的珞巴族勇士

珞巴族人制作男装的方法简单,首先加工皮革,将剥下的兽皮铺平,用竹棍支撑晒干,然后用石头、木铲或刀子把皮削薄、去油脂,也有以两人拉着皮子在四方木头上来回拉磨,以此磨薄和去油脂,然后在皮上洒水或涂以酒糟,将皮张折叠好加压石头数小时,再用脚来回搓揉,涂上狗熊油将皮张拉直风干。然后用刀裁剪皮张,取一年竹龄的竹子,削成火柴杆粗细,长约2尺(0.67米),以火烤软,一头削尖,一头削成丝绒状,将竹绒分成两股与线撮合,就可以缝制衣服,缝纫皮革时使用一种叫"乌格"的藤皮,缝制土布时用麻线或叫"郎蒂"的纤维制成的线。① 现在的珞巴族男装多是先辈流传给后人的。

二、米林珞巴始祖传说

阿巴达尼是珞巴族传说中的始祖,"阿巴"意为父亲、祖先,"达尼"为名。

---

① 西藏社会历史调查资料丛刊编辑部,《中国少数民族社会历史调查资料丛刊》修订编辑委员会. 珞巴族社会历史调查(二)[M]. 北京:民族出版社,2009:106.

传说天父（麦冬冬德）与地母（色京京德）结合后，生子金东，金东又生子东日，东日生两子日尼、日洛，即阿巴达尼和阿巴达洛，阿巴达尼即为珞巴族祖先，阿巴达洛为藏族祖先。阿巴达尼共有三个儿子，成家后分别向外迁移，形成不同的部落。长子当邦携子邦蒙和邦姆向西南方迁移，到达今天的德根地区，后裔为德根部落人；次子当坚携子坚洛、坚博沿着雅鲁藏布江往东，到达墨脱等地，其子孙为巴达姆、民容等部落人；第三子当日率子日古、日杨居住在纳玉山沟，传至当波和嘎尔波时，南迁至玛尼岗及其以南地方，其后裔即今博嘎尔、凌波和邦波等部落人。

图6-5 讲述《阿巴达尼》的珞巴族老人

珞巴族的民间故事大多围绕阿巴达尼展开，塑造出了阿巴达尼机智、勇敢的形象，也反映出珞巴族与藏族等民族的族群关系以及珞巴族的鬼神观念。阿巴达尼的传说是珞巴族民众口头创作、口头流传，集体创作、集体传播的，是珞巴族社会发展和民俗生活的反映（见图6-5）。

三、米林珞巴织布制作技艺

珞巴族的祖先在长期的采集活动中总结出从野生植物中提取纤维的方法，把珞瑜地区生产的"达诺""郎蒂"等野生植物的表皮剥下来，晒干后舂成丝状，掺入炉灰煮若干小时除去胶质，晒干，搓成线后上色。上色时使用的染料也非常特别，用矿泥和核桃皮混合后染成黑色，用咖喱根的汁液染成黄色，然后再用这些线织土布，缝制衣服。

四、米林博嘎舞（珞巴刀舞）

米林博嘎舞是珞巴族以往捕猎生活的精神记忆，每当珞巴族男子在狩猎前和捕获猎物归来后，都要举行被称为"边步仁"的祭祀仪式，表演者均为男性，既可单独一人表演，也可以多人集体表演。表演时要全副武装，身穿出征和打猎时的装束：头戴用藤竹编织、熊皮毛压制的"冬巴达贡"帽，身穿"纳木"——一种用羊毛织成的、长及腹部的黑色坎肩，斜挎着狩猎时用的弓和箭筒，腰间插着一长一短两把珞巴长刀，右手握着长刀（见图6-6）。祭祀仪式开始时，舞者手举长刀，来回跳跃，不断变换位置，做出刺杀动作，口中呼喊着"卡曲玛露—卡曲玛露—玛日—玛日"的唱词，显示自己的勇敢，向对手挑战。整个舞蹈没有统一的节奏和韵律，类似于实战，尤以群舞时最有气势，带有原始、古朴、奔放、豪迈的特点，表现出珞巴族猎手的勇猛和阳刚之气。

图6-6　米林博嘎舞（林芝地区文化局提供）

五、米林珞巴竹编技艺

因为米林珞巴族先民所居住的地区气候宜人，植被茂密，人们在长期的采集、狩猎生产活动中懂得了利用天然资源制作生产、生活用品，形成了制作竹编的传统技艺。南伊沟中年龄较长的珞巴族男性都会制作竹器，用小刀将砍伐来的竹子劈成篾条，刮去篾条上的木质层，就可以编织竹器了，如果长时间不用，则将竹篾浸泡在水中几天（见图6-7），确保柔软后再使用。珞巴族民众可以用竹子制成各式各样的竹碗、竹筒、竹筷、竹席、竹包、乐器、鸡笼、簸箕甚至天花板等。随着竹编手艺的发展和成熟，其应用也越来越广泛，基本涵盖了珞巴族生产生活中所用到的一切用品。

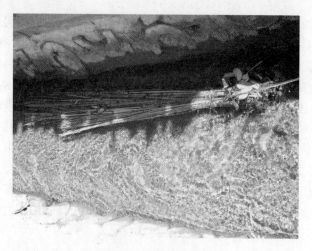

图6-7 浸泡的竹篾

六、米林珞巴"加英"

"加英"是珞巴族最古老的民歌曲调，由珞巴族民众一代一代口耳相传，在珞巴族各个部落中广为流传。关于"加英"曲调还有一个传说："远古时，博嘎尔人中有两个出类拔萃的大能人，一个名叫夏白，一个名叫夏麦，他俩是兄弟。兄弟俩都是天不怕地不怕的人。这俩人力大无比，竟然用木勾锄开了一道深沟，把达如登丝息邓湖水放了出去。从此，达如登丝息邓湖不见了，变成了陆地。他们还用木质铲，将姑如登雀山铲平，使大山变成了平川。夏白、夏麦两兄弟还经常到其他珞巴人居住的地方。每到一处，他俩都对人说祖和无阿布达尼的业绩，鼓励人们团结奋进。苏龙人、崩尼人、崩如人、纳人唱的加英调子，就是从夏白、夏麦两兄弟那里传下来的。"[①] 最初只是由巫师演唱，演唱《创世纪》史诗，后来在劳动、远行、休息、酒会、婚宴、丧葬、祭祀、祈祷时，都会触景生情、感事而发，随时随地演唱。格律相对固定，演唱形式是一领众合，歌体曲调由一个乐句构成，共6个节拍，每句4拍，反复吟唱，句末衬以"加金加"一词，具有缓慢、庄重、深沉的风格。随着社会的发展，"加英"由原来固定的内容和形

---

① 西藏社会历史调查资料丛刊编辑部，《中国少数民族社会历史调查资料丛刊》修订编辑委员会.珞巴族社会历史调查（二）[M]. 北京：民族出版社，2009：417.

式演变为歌词可以即兴编唱，填写新词。由于将珞巴族民间文学和表演艺术形式紧密结合在一起，"加英"深受民众喜爱。

七、米林珞巴婚俗

一般珞巴族男人的名字发音都以"达"开头，女人的名字都以"亚"开头，而且重名极多。民主改革前，珞巴族普遍存在抢婚现象，现在已经成为一种民俗形式，有其名而无其实。结婚时要由"米剂"杀鸡看肝，占卜两人属相是否相投，选定吉日，伴随婚嫁歌曲，内容比较丰富。现在，珞巴族婚俗已经大大简化，招赘藏族、汉族等民族男子上门比较普遍，使南伊沟的民族成分日益多元化。

就目前来说，属于生存技能型非物质文化遗产的珞巴族服饰、织布制作技艺、竹编技艺、婚俗等保护和传承情况较好，而始祖传说、"加英"等生活娱乐型非物质文化遗产则日渐式微。因为旅游演出的需要，南伊村成立了珞巴刀舞演出队，使这项非物质文化遗产的形式得到延续。究其原因，一方面是因为生存技能型非物质文化遗产与珞巴族民众的生产生活密切相关，比如珞巴族服饰在重大人生礼仪和节日活动中都要穿着，婚俗则是青年男女恋爱结合时必不可少的一个过程。另一方面是这些非物质文化遗产能够快速转化成旅游产品，都能够作为旅游纪念品出售，并能在短期内被游客接受，产生经济效益。如珞巴土布制作的手袋色彩艳丽、富有民族特色，备受女性们喜爱，而竹编产品种类繁多，价格相对低廉，制作者人数较多，能够满足游客的购买需求。这两方面力量作用下促使生存技能型非物质文化遗产得到较好传承。而始祖传说、"加英"等非物质文化遗产主要被年长者拥有，随着人们投身旅游业后生活节奏的加快、经济中心的转移等因素，年轻人变得日益繁忙，对于这类非物质文化遗产的兴趣锐减，渐渐无人问津，最终因年长者的去世而消失。

第三节　南伊沟旅游开发中的冲突与调适

因为南伊沟风景秀丽，南伊珞巴民族乡又拥有从国家级到县级的各级非物质文化遗产项目7项，内容非常丰富，是珞巴族非物质文化遗产最为集中的地方，两者的结合为旅游开发提供了优越的自然和人文条件，使南伊沟既能作为生态旅游区，又能当作民俗旅游点。2007年，米林县委政府通过招商与内蒙古双鼎煤炭有限公司签订了南伊沟生态旅游开发项目，先后投入资金7142万元对景区实施了24个工程项目，建设了相关配套服务设施，于2008年5月28日正式对外试运营,已经打造出 20 多个旅游景点。2011 年南伊沟景区被评为国家级 4A 景区,旺季时每天可接待游客 1200 人次,每天门票可收入 30 余万元。但在发展旅游业的过程中也伴随着各方面的矛盾。

一、村民与旅游公司之间的冲突

从 1984 年成立南伊珞巴民族乡以来,才召村、南伊村和琼林村的村民与所处林区自然环境相适应,日出而作、日落而息,形成了一个彼此熟悉、人口流动性很小的熟人社会,养成了悠闲自得的生活习惯。而南伊沟景区开始运营后吸引来了大量游客,打破了村民原有的生活轨迹,使村民的生活节奏骤然加快,各种问题层出不穷。

一直以来,家庭养殖在珞巴族民众的生产生活中扮演着重要角色,其中尤以猪、鸡、牛为主,喜欢采取散养方式,这些家畜家禽在村子里游荡,经常能看到横卧在地上的猪和它们的排泄物,但村民们已经习以为常,不觉得有何不妥。随着景区车辆的增多,就出现了车辆撞死家畜和家禽的事情,引起村民与旅游公司的对峙。表面看这是一起交通事故,但深层次的原因却是传统与现代两种生活方式的冲突。在未开发旅游之前,南伊沟的人和家畜家禽都自由地在村寨中活动,没有养成防备车辆的习惯。随着旅游公司的介入,管理者以营利为目的,不自觉地将高节奏的生活方式带入村寨,尤其以疾驰的旅游车为代表,而村民们一时还没有做好准备,都市化生活方式与乡村生活方式在这里相遇,最终的结果只能是旅游公司和村民双方各退一步,相互妥协。村民们将散养的家畜家禽进行了圈养,人们出门时也留意过往车辆,防止出现意外,旅游车则放慢了速度,在拐弯时提前打喇叭示警。双方的关系有了一定缓和。

2010 年,继家畜被撞死亡之后,村民达嘎的摩托车与旅游车相撞,后因伤重不治死亡,引发村民的抗议,村民将山沟封锁,不让游客进入,在警方和村干部的调解下,旅游公司与达嘎家人最终达成全额赔偿协议。2012 年,村民巴吉的丈夫张磊鹏驾车与游客的车辆相撞,村民围困了想逃逸的游客,要求进行赔偿,经过交警的调查,游客赔偿了全部的医药费。这两起事件使村民意识到维护自身权益的重要性,并且逐步演化为村民希望从旅游公司那里分一杯羹,这说明市场经济在潜移默化中改变了村民的价值观,使他们意识到南伊沟优美的自然环境的价值,同时也在与游客的频繁接触中感觉到本民族文化的重要性。各村村民很快将这种想法付诸行动,在当地政府的协调下,从 2011 年开始,旅游公司按照每张门票提成 3 元的标准,年初结算后给各村村委会发放一次旅游惠民资金,2011 年共发放 758520 元,每个村委会 252840 元。之后又增加到每年每村 25 万元，对于这笔钱的支出，三个村寨却有着不同的用法：琼林村把 20 万元平均分给了村民，每户 5000 元，剩下的 5 万元用于资助贫困学生；才召村用这笔钱购买了收割机等大型农用机械，在秋收时供村民集体使用；而南伊村没有给村民发放。① 可以说，是旅游业的发展改变了南伊沟珞巴族民众的生活和思想观念，在与游客的接触中改变了原有的价值观，并学会了维护自己的权益，这其实就是村民逐步实现文化自觉的动态过程。

为缓和旅游公司与村民的紧张关系，在当地政府和内蒙古双鼎煤炭有限公司的协商下，引导村民走"靠景吃景"的道路，鼓励村民在景区内摆摊设点出售土特产品，兴建农家乐和家庭旅馆。现在，南伊沟的村民有 39 人在旅游公司上班，其中从事导游工作的有 10 人、保洁员 12 人、驾驶员 13 人、领班 3 人、主管 1 人，平均工资为每月 2000 元；有 60 多人在景区内出售土特产品，每年可创收 100 多万元；南伊珞巴民族乡和旅游公司共同扶持有条件的村民建立了 8 家家庭旅社，每个家庭旅社每年可创收 10 万元左右。② 旅游公司还出资 2 万元在才召村建立珞巴民族纺织技术传习所，鼓励珞巴族妇女传承非物质文化遗产——珞巴织布制作技艺，生产旅游产品，增加经济收入。这些措施的实行，使旅游公司与村民的关系逐步缓和，村民也在旅游开发过程中增加了收入，双方逐步实现了共同发展。

二、珞巴族民众的内部分歧

对于南伊沟进行旅游开发的问题，南伊乡三个村寨的村民意见并不一致，大致分为两派，一派是保守派，坚守本民族文化，以珞巴族传统的生产生活方式度日，不想与旅游公司和游客发生关系，更不愿意将在特定节日才进行的宗教民俗活动常态化，作为旅游节目进行表演，认为这种行为有悖传统。才召村的老主任林东和牧民达露等人是保守派代表。林东在 20 世纪八九十年代长期担任才召村村委会主任，是当地德高望重的智者，也是国家级非物质文化遗产珞巴族始祖传说阿巴达尼的主要传承人。随着南伊沟开发旅游，游客越来越多，有人慕名而来请他讲述阿巴达尼传说，才召村的基础设施建设也在进行中，很嘈杂，他不胜其烦，不愿意住在才召村的家里，就独自一人在距离村子 5 公里之外的牧场中生活，除了养 30 多只牛以外，他还养了一只大黑狗和自己相伴。作为老一辈珞巴族猎人的代表，林东拥有一整套珞巴族服饰和捕猎工具，精通射猎，擅长用动植

---

① 根据笔者对亚夏（女，珞巴族，39 岁，南伊珞巴民族乡琼林村村民）的访谈整理而成。
② 根据笔者对江红（女，藏族，47 岁，南伊珞巴民族乡南伊村村民）的访谈整理而成。

物原料制作用于捕猎的毒药，箭法极佳，现在还能捕捉黄鼠狼、野兔等动物。因为从才召村到牧场的路上有一条河，汽车无法过去，只能步行，如果来人心诚，愿意走这么远的山路来找他，林东就会和拜访者攀谈，讲述阿巴达尼传说和三个村寨的历史。① 他每天干的工作就是放牧、挤奶、打酥油、制作奶渣、采集野生蘑菇、编织竹筐和竹篮等竹编产品，不使用电话等通讯工具，四五天回村里一趟，过着闲云野鹤般的生活。

在距离才召村约2公里的山脚下是达露的牧场，他是当地的养殖大户，养了大约40多头牛、50多只羊，有一只藏獒和他做伴，生活条件比较优越，与林东不同的是，他每天都会返回村子里。达露的父亲名叫达念，是珞巴族中享有盛名的勇士，活了101岁，在部落斗争中保住了珞巴族人居住的这片土地，先后娶了四个太太，达露是四太太所生。达念给后人留下了珞巴长矛、珞巴长刀、弓箭、民族服装等大量遗产，其中有一把长刀在部落斗争中杀死过很多人，在林芝地区很有名，现在已经传了三代人，在内地和西藏很多地方都展览过，曾经有人出资30万元的高价收购。② 这些服饰平时并不穿戴，只有在重大节日时才会披挂整齐，非常雄壮。他们所住的牧场是林芝地区特有的黄牡丹花的主要分布地，风景非常优美。

还有一派是积极参与旅游开发的村民，以南伊村和琼林村的人最多，因为这两个村寨位于旅游景区内，具有地理上的先天优势。亚夏是琼林村的妇女主任，也是国家级非物质文化遗产珞巴族始祖传说阿巴达尼的传承人之一，她的丈夫新盛是门巴族，年轻时招赘到家里来的，两人育有2女1子。新盛不但人长得英俊，而且心灵手巧，会设计和装修房子，擅长绘画，还做生意，是琼林村中有名的能人。亚夏家的房屋特别宽敞，装修得非常别致，分布着很多几何形状的图案，是游客经常光顾与合影留念的地方。他们支持旅游公司的原因是，没有开发旅游前，村民的主要收入来源是虫草，一年平均收入为5000～20000元，而开发旅游以后，村民每个月能有4000多元的收入，日子变得富裕了，而且民族传统文化也越来越得到村民的重视，平时身穿本民族服饰的村民越来越多，土布、竹编产品等民族手工艺品备受游客喜爱，带动了年轻人的学习热情。③ 为了吸引游客，南伊村从2005年开始每年在藏历11月开展珞巴年节活动，持续3天时间，内容为唱歌跳舞，主要依靠在拉萨市文工团工作的本村人亚依给大家教舞

---

① 根据笔者对林东（男，75岁，珞巴族，米林县南伊乡才召村人）的访谈整理而成。
② 根据笔者对达露（男，42岁，珞巴族，米林县南伊乡才召村人）的访谈整理而成。
③ 根据笔者对亚夏（女，38岁，珞巴族，米林县南伊乡琼林村人）的访谈整理而成。

蹈，老年人则教大家歌曲，使游客能在南伊村停留。① 随着旅游开发的进行，南伊沟民众的族际通婚日益普遍，除了藏族和珞巴族通婚外，还出现珞巴族人与外地汉族人结婚的例子，例如，2007年22岁的亚吉（珞巴族）与在西藏当兵的陕西兴平人贾兵战结婚，并在娘家居住，贾兵战以跑出租车为生，得到了大家的认可。

三、三个村寨的旅游基础分析

就旅游开发来说，这三个村寨所面临的情况有很大不同。才召村位于公路旁边的河滩上，地处南伊沟景区外，属于1985年从拉嘎沟搬迁过来的移民村，民众都居住在2006年政府按照社会主义新农村建设标准修建的样板房中，既没有自然风光，也没有人文特点，没有旅游优势。此外，政府还迁来了一些藏族牧民，只有冬天居住在村子里，这些人与当地珞巴族民众间的关系比较紧张。南伊村地处南伊沟中部的马路两旁，房屋多分布在斜坡上，自然环境较好，村中有黑木耳种植基地、藏鸡种鸡孵化基地、苹果园等，村民组建起了一支嘎巴舞表演队，村民摆摊设点、发展农家旅社，有一定的旅游基础。琼林村位于南伊沟深处的原始森林边缘，地势最为开阔，南伊河绕村而过，是南伊沟景区的核心地段，南伊沟中的大多数农家旅馆和农家乐都分布在这里，旅游优势最为明显。

因为原始森林主要分布在琼林村中，河道中还搭建有栈道，游客能够到达森林深处欣赏自然风光，溯流而上的峡谷中还有小路，能够通往印控区，吸引好奇的游客。在景区已经开发的最末端是一个广场，村民摆摊设点，出售当地土特产和烤鱼、烤土豆等各种烧烤类特色美食，食客众多。有的村民利用富有民族特色的房屋吸引游客，开设商店，出售生活必需品。从琼林村和南伊村的村寨特色来说，游客在琼林村中主要是看风景，而在南伊村中则可以欣赏珞巴族民族风情。

第四节 非物质文化遗产保护的喜与忧

从2011年南伊沟开发旅游至今，珞巴族民众从最初对旅游一无所知到主动投身旅游开发，在思想上、行为上和心理上都经历了一次较大的跨越。因为旅游业的发展，村民赚取现金收入的渠道畅通，出现了青年人的回流，也促进了异族通婚。一些原本不受人重视的民族文化也备受人们青睐，成为人们发家致富的文化资源。

---

① 根据笔者对江红（女，46岁，珞巴族，米林县南伊乡南伊村人）的访谈整理而成。

一、福建省援建使珞巴族非物质文化遗产实现了质的飞跃

南伊沟自然风光旖旎，但整村改造后的民居民族特色并不浓厚，不能给游客以异文化的视觉冲击，其中尤以才召村为最，钢筋水泥的房屋与内地别无二致，为了营造民族风情，只能在房屋外墙上钉上一层皮板，掩盖水泥墙面。游客基本不来才召村，而是直接进入了南伊沟，这使才召村村民无法从旅游中受益。由于缺少智力和经费支持，南伊珞巴民族乡民众所传承的非物质文化遗产在相当长的时间里也不被外界所知，不能以游客喜闻乐见的形式展现出来，即使当地有关部门有这样的意识，却缺乏这方面的经验。为补齐南伊沟民族特色不明显的短板，使珞巴族文化得到长远保护，对口支援林芝地区的福建省厦门市第三批援藏工作队发挥了开拓性作用，在2008年斥资40多万元编辑出版《大山民族——珞巴族社会文化今昔》一书，做了大量基础性工作，使珞巴族服饰成功入选第二批国家级非物质文化遗产名录，并在南伊珞巴民族乡政府所在地才召村建成一座珞巴民俗文化展览厅（见图6-8），系统展示了珞巴族的神话传说、宗教与习俗、生产生活、文化艺术、科技、教育和卫生、社会组织结构与经济形态、自然风光等内容，以实物形式重点展示了珞巴族服饰、竹编产品等非物质文化遗产，搭建起一个了解珞巴族文化的平台，扭转了才召村"无景可看"的不利局面，用内地游客惯于接受的形式完整、形象地展现了珞巴族文化，同时也为南伊沟旅游业的发展提供了坚实的物质基础。

图6-8 米林县珞巴民俗文化展览厅

二、珞巴族民族文化的复兴

南伊沟在开发旅游之前，青年们一般都是外出打工赚钱，挖虫草补贴家用，对于传统民族文化的感情日益淡漠。随着南伊沟旅游业的发展，一些在外闯荡的珞巴族青年也回归村寨，积极投身旅游开发，并将其与保护本民族文化结合起来。

案例1：

> 林东是南伊沟珞巴族青年人投身旅游业的代表。他早年在拉萨当司机，后来回到家乡创业，2011年兴建了名为"珞巴族部落山庄"的大型旅游场所。山庄建有木头山门，用木质走廊连接房屋，靠近河边的房屋均为木质结构，屋顶盖着茅草，占地面积约2亩，融餐饮、住宿和购物为一体。受到珞巴民俗文化展览厅的影响，他也装饰了一个占地面积80多平方米的小型陈列馆，摆放着珞巴族传统的长矛、竹弓、长刀等生产用具，锅灶、服饰等生活用具，椅子上摆放着各种动物皮毛，墙上还挂着各种放大的老照片，体现出珞巴族作为一个狩猎民族的特色。这算是南伊沟珞巴族自己开设的规模最大的一家农家宾馆，也得到了国家的支持，2012年政府投入30万元资金，帮助山庄建起了餐厅和员工宿舍，供其使用。林东自己也筹措资金80多万元用于基础设施建设。因为举债太多，妻子也和他闹起了离婚，但他还是坚持将农家宾馆打造成为展示珞巴族民族文化的场所，弥补了琼林村旅游中缺乏民族特色场馆的缺憾，成为游客必须前去参观的场所。①

在传承手工技艺类非物质文化遗产方面，珞巴族中的一些有识之士也逐步行动起来，扮演了非常重要的角色。

案例2：

> 才召村村长达瓦在2008年就成立了米林县珞巴服饰生产合作社，2011年，他被认定为林芝地区米林珞巴服饰国家级代表性传承人，但是产量和销售的问题一直困扰着他。2012年，文化部委派专家对珞巴服饰的工艺传承和材料使用进行了评估，将其纳入"西藏林芝传统文化传承与发展综合项目"中，投入31万元的保护资金，将合作社的面积扩大到100多平方米，

---

① 根据笔者对林东（男，32岁，珞巴族，米林县南伊珞巴民族乡琼林村人）的访谈整理而成。

由北京的一家公司提供原料，交给合作社生产，编织者可以获得不菲的手工费，吸引了一些心灵手巧的妇女从事编织，壮大了非物质文化遗产的传承队伍。①

自从珞巴族传统服饰成为国家级非物质文化遗产以后，珞巴族传统服饰已经成为珞巴族发展旅游的一张名片。琼林村89岁的亚崩和70岁的亚丰年轻时都以手巧著称，能编织传统腰带，制作衣物，她们这些老人都没有想到本民族服饰能吸引这么多游客前来观看，现在跟她们学习编织技艺的年轻人越来越多，亚崩21岁的孙女格桑就学得很快。达吉是琼林村的村长，他已经充分认识到珞巴族民族文化的影响力，号召全村妇女积极从事服饰制作，男人们则在达果、阿久、达久、达依、达甲等中老年人的带领下大规模制作竹编器皿，一起出售给游客，大大提高了村民的经济收入。现在，南伊乡的珞巴族民众大多吃上了旅游饭，从前平时不常穿本民族服饰的男人们也每天穿着民族服饰招揽客人，家庭旅馆逐步发展起来，珞巴族传统美食野生药材炖土鸡、粟米饭坨、辣椒佐餐、荞麦饼都备受游客喜爱，弓箭射击也成为游客最喜欢的娱乐项目，游客都要穿戴珞巴族服饰跳舞照相。珞巴族的传统民族文化正在被不断挖掘出来，这也促成珞巴族民族文化的传承。以前，珞巴族服饰都要跟随主人下葬，现在一些年代久远、制作精美的服饰则被保留下来供后人观赏。珞巴族服饰制作技艺因为一直在珞巴族女性中广为流传，保留得比较好，具有广泛的群众基础。旅游业的发展作为强有力的外部因素，极大地激发了村民们制作、穿戴本民族服饰的兴趣，这一方面是服饰制作技艺的实用性在发挥作用，另一方面则归功于可观的旅游经济收入的刺激。

除了珞巴传统手工技艺类非物质文化遗产项目外，珞巴族传统舞蹈也逐步恢复。珞巴族刀舞久负盛名，为了吸引游客，宣传珞巴族歌舞，2009年，南伊珞巴民族乡成立了一支16人的珞巴民间舞蹈队（见图6-9），队员们英姿飒爽的舞姿总是最吸引游客们的目光。琼林村的尼玛德吉和亚白这两名大学生每年寒暑假回家都要穿上民族服饰，和大人们一起搞旅游，而参加舞蹈队则是她们最喜欢的事情。②琼林村、南伊村和才召村都成立了自己的文化艺术演出队，每年都要组织村民进行珞巴族歌舞表演。如今，文化艺术演出队的规模在不断壮大，每逢节日或村里来了尊贵的客人，演出队都要进行迎宾歌舞演出。目前，因为发展旅游业的需要，南伊沟的非物质文化遗产保护工作也取得了很好的效果，在与游客

---

① 根据笔者对达瓦（男，48岁，珞巴族，米林县南伊珞巴民族乡才召村人）的访谈整理而成。
② 根据笔者对尼玛德吉（女，22岁，珞巴族，南伊珞巴民族乡琼林村人）、亚白（女，22岁，珞巴族，南伊珞巴民族乡琼林村人）的访谈整理而成。

的接触过程中，珞巴族民众也意识到了本民族文化的重要性，逐步找回了自信心和民族自豪感。

图 6-9　珞巴民间舞蹈队表演《珞巴之春》（林芝地区文化局提供）

三、南伊珞巴民族乡发展旅游业的限制

旅游公司开发南伊沟，主打的是自然风光游，这一方面与作为外来者的旅游公司对珞巴族民族文化认识不够有关；另一方面也与珞巴族民族文化变迁的现实有关，因为珞巴族人口基数少，与藏族、门巴族、汉族通婚比较普遍，不可避免地出现了"藏化"和"汉化"问题，致使珞巴族民族特色文化不明显，使旅游公司放弃了开发民族文化游的想法。

在旅游中，"之所以有人愿意消费，是因为它们会带来一种不同于日常生活中所能感受的愉快经验。而且，这类经验至少有部分是为了凝视或欣赏那一幕幕有别于平常的景致——无论是自然景色或城市风光。当我们出游时，我们会怀着兴致与好奇心来看周围的事物"[①]。对于游客而言，绝大多数人对珞巴族并不了解，第一次来南伊沟时，希望能够看到异质化的场景，但由于当地房屋多是政府统一进行改造的，多采用现代建筑样式，无法营造出富有民族特色的村寨风景。在村寨中游玩的游客看到的珞巴族民众，除了在景区上班的本民族工作人员穿着民族服装外，绝大多数村民的衣着与游客无异，游客并不能产生置身异文化场域的感觉。就珞巴族特有的非物质文化遗产来说，游客只能通过观看竹编艺人和织

---

① （英）John Urry. 观光客的凝视［M］. 叶浩, 译. 台北：书林出版有限公司, 2007：20.

布女艺人的生产才能真实地感受到珞巴族民族文化的传承，但竹编产品和珞巴族土布并不能满足游客的购买需求，也就是说，南伊沟的旅游产品过于单一，并不能活态地呈现出整个珞巴族民族文化，而只能以展览馆静态地显示民族历史文化。"一个地方之所以被选择凝视，是因为人们对该处有所期盼。"① 而到南伊沟风景区不能提供给游客丰富多彩的旅游产品，更缺乏让游客参与和体验的民俗活动，不能满足游客的多方面需求，没能达到游客的期许。

因为南伊沟属于军管区，所以在沟口就驻扎着边防军队，游客要进入沟内必须经得军队的同意。游客多是随团进沟，当天离开，仅有一些散客有在沟内家庭旅馆住宿的意愿，但是由于留宿必须征得军队的同意，在旅馆主人的带领下办理相关手续，很多游客就打消了住宿的想法。另外，在住宿方面也不能提供符合游客需求的宾馆，对游客来说，白天游玩时希望能够体验异质化的珞巴族民族文化，但晚上休息时却希望能够享受城市化的住宿服务，以标准间为标准来衡量家庭旅馆的住宿条件，但南伊沟的家庭旅馆并不能满足接待团体旅游的需要，只能接待一些不过于挑剔的散客。南伊沟给游客提供娱乐产品方面也显得不足，主要表现为当地民众思想观念不够开放，珞巴族妇女不愿意抛头露面在游客面前唱歌跳舞。在出售手工艺品方面，当地村民能够提供给游客的民族特色旅游纪念品过于单一，这样一来，南伊沟旅游只给游客提供了吃、游等功能，并没有满足游客的住、行、购、娱等需要，旅游市场开发程度还处于初级阶段。

在南伊沟的各类非物质文化遗产中，珞巴族服饰、织布制作技艺、竹编技艺等项目属于看得见、摸得着的非物质文化遗产，能够被游客直观地感受到。而始祖传说、"加英"等用珞巴语讲解和歌唱的非物质文化遗产，本身所面向的对象具有封闭性，加上传承人年事已高或去世，其实不具备向游客展示的条件。而婚俗和珞巴刀舞平时也不会进行展演，只有在重大节日期间才会演出，所以游客也无法看到。

---

① （英）John Urry. 观光客的凝视［M］. 叶浩，译. 台北：书林出版有限公司，2007：20.

第七章 渐进式发展：墨脱县限制性旅游和非物质文化遗产保护

长期以来，因为在相当长的时间里不通公路，墨脱县一直被称为"高原孤岛"，与世隔绝是它的标签，这使墨脱县显得非常神秘。因为交通不便，居住在这里的门巴族、珞巴族民众所传承的非物质文化遗产仍然在生产生活中扮演着重要角色。随着西藏旅游业的发展，墨脱县成为徒步游行者和探险者的天堂，她所拥有的非物质文化遗产也逐渐被人们所熟悉。

第一节 墨脱县概况与旅游业

一、墨脱县概况

墨脱县地处雅鲁藏布江下游，坐落在喜马拉雅山脉东端南麓。面积3.4万平方千米，全县地势北高南低，从海拔7782米的南迦巴瓦峰下降到海拔200米的巴昔卡，平均海拔1200米，属于典型的立体气候区，植被呈垂直分布，森林覆盖率达到78.5%以上。气候温暖、多雨、潮湿，年均降雨量2330毫米，年均气温16℃，无霜期在320天以上。耕地面积2万亩，森林面积3200万亩。下辖7乡1镇、46个行政村，主要居民为门巴族和珞巴族，此外，还有部分藏族、汉族及其他少数民族。截至2013年，墨脱全县总人口12625人，乡村人口9965人，其中门巴族7745人、珞巴族1383人、藏族801人、汉族及其他少数民族共36人。墨脱县是西藏高原海拔最低、环境最好的地方，也是西藏气候最温和、雨量最充沛、生态保存最完好的地方（见图7-1）。由于嘎隆拉雪山的阻隔，墨脱县在相当长的时间里保持着中国唯一不通公路的县的称号，直到2010年12月

15日10时嘎隆拉隧道贯通才结束了这一历史。因为与外界的联系长期处于相对隔绝的状态，墨脱县门巴族、珞巴族文化保留得比较完整，也吸引着越来越多的游客前去游玩，为保护生态环境，墨脱县从2013年开始限制进入墨脱县的游客数量，并实行入境收费。

图7-1 墨脱县城远眺

二、墨脱县旅游业的发展过程

在2010年嘎隆拉隧道打通之前，墨脱县一直以中国唯一不通公路的县而著称。每年3～6月份为雨季，此时山上的积雪逐渐融化，经常会因为山洪而造成道路瘫痪，5月中旬至10月可以季节性通车，车辆可进出墨脱县运输物资，游客和墨脱民众也都集中在这一时段出行，11月到翌年5月大雪封山，墨脱县就真正成了高原孤岛。这种情况造成县内物资奇缺，物价奇高。正是因为如此，也增加了墨脱县的神秘感，成为徒步旅行者的天堂，一般来说，徒步者行走的主要路线为：米林县派镇—松林口—拉格—汗密—背崩—墨脱县城—108K—80K—52K—24K—波密，全程为270公里，这条路线是非常成熟的徒步路线，沿途都有简易的客栈，可以提供食宿，每年进入墨脱的游客数量一直保持在3000人次。嘎隆拉隧道打通后，墨脱县的公路状况有了极大改善，实现了几代人"出村不走路、出乡能坐车、出县不翻山"的夙愿，也为游客进入墨脱县城提供了便利，2012年墨脱县接待游客8000人次，旅游总收入近100万元；2013年墨脱县共接待游客6万多人次，旅游总收入达657万元。为了保护墨脱的生态环境，墨脱县从2014年6月10日起结束免费开放的政策，对进入墨脱县旅游的游客收取每人次160元的费用,截至2014年10月5日,门票销售金额累计已突破200万元,共售出门票17555张,总收入253.7万元。2014年,墨脱县共接待游客9.6万人次,旅游收入达2100多万元,其中农牧民收入1191.17万元,与上年同期相比增长82%。① 就旅游形式而言,也从徒步旅游拓展至自驾游、骑行游等多种形式。与西藏其他地方相比,墨脱县的自然风光最吸引人之处就是随处可见的高山瀑布,除素有"藏布奇观"之称的大拐弯瀑布外,有高达400米的汗密瀑布,有从悬崖绝壁倒挂的老虎嘴瀑布,有云崖飞泻的地东瀑布,有云雾缭绕的背崩瀑布,有银丝彩带飞舞的拉格瀑布,这些天然瀑布景观各不相同,让人流连忘返。

为发展旅游,墨脱县相关部门也积极提升接待能力,做了大量工作。2012年9月由福建省第六批援藏工作队援建了占地面积1523.5平方米的莲花阁——墨脱门珞历史文化遗产博物馆,是墨脱县标志性建筑,有四层主体建筑,三层阁楼,总投资750万元(见图7-2)。墨脱县旅游局招录了2名解说员,承担解说任务,免费对外开放,在旺季,莲花阁每月能接待游客2000多人,为游客呈现墨脱县门巴族、珞巴族的历史民俗文化。仁青崩景区升级建设项目现已完成,从当地农牧民中招收了17名保洁员,完成了相关培训工作。墨脱县制作了旅游网站,与林芝地区人寿保险公司签订了《风景名胜区责任保险及雇主责任保险合同书》,使每名入县游客的人身安全均有保障。墨脱县于2013年10月19日至10

图7-2 建设中的莲花阁

---

① 由墨脱县文广局提供的材料整理而成。

月 25 日举办"首届墨脱徒步文化节"、2014 年 10 月 20～31 日举办了"第二届墨脱徒步自驾文化旅游节"。背崩服务站、80K 游客服务中心、92K 武登瀑布观景台、107K 观景台、113K 观景台、县城附近景区（点）的简介牌、果果塘蛇形大拐弯景区的设计与开发、德兴民俗村农家乐的建设、比容典农家乐、拉贡景区的开发建设都在进行中。①

目前，墨脱县旅游业发展尚处于上升期，希望前去墨脱旅游的区内外游客数量庞大，但由于长期封闭，墨脱县旅游业的接待能力有限，旅游从业人员缺口很大，远远不能满足游客在吃、住、行方面的基本需求。随着经济投入的不断增加，墨脱县旅游业硬件设施的不断完善、服务水平的不断提高，墨脱旅游业还有相当广阔的提升空间。

第二节　门巴族、珞巴族手工技艺类非物质文化遗产的鸣奏

墨脱县气候炎热、潮湿，生态环境良好，植被茂密，山地多而平地少，非常有利于竹子、藤蔓类植物的生长。相对封闭的环境迫使门巴族和珞巴族民众形成了就地取材制作各类生产生活用品的传统，这种自给自足的生产方式保证了人们在与外界隔绝情况下的生存，凝聚着门巴族和珞巴族先民的智慧。随着时间的推移，这些生存技艺逐渐演变成门巴族和珞巴族的非物质文化遗产，与民众生产生活息息相关。目前，墨脱县县级非物质文化遗产保护项目分别为珞巴藤竹帽制作、门巴服饰制作技艺、门巴黄酒酿造技艺和门巴竹编制作技艺。

墨脱县门巴族和珞巴族手工技艺类非物质文化遗产一般以竹器、木器和石器种类为主，竹编器具有竹盒、竹筒、竹席、竹碗、竹凳、竹筛子、竹背篓、竹勺，木器有木筷、木桶、木箱、木梳、木勺、木碗、木凳、木床等，石器主要以石锅为主。2009 年，墨脱县石锅制造技艺入选西藏第三批自治区级非物质遗产名录。

一、帮辛乡的石锅制作技艺

在雅鲁藏布大峡谷腹心地带沿江两岸盛产一种叫作"皂石"的石料，质地特别柔软、光滑，容易塑造成型，这些石料一旦运送到墨脱县以外的地方，质地就会变得非常坚硬，雅鲁藏布江沿岸村寨的门巴族民众大都会以这种皂石为原料制作石锅，这种石锅是墨脱县各族民众的当家炊具。关于石锅，还有一个美丽的传说。相传很早的时候，门巴人做饭没有锅，只能用竹子做饭，把粮食装在竹筒

---

① 由墨脱县文广局提供的材料整理而成。

里烧熟了吃。后来人们发现了一种质地很软的石块,就把它削成石板,在上面烤食物吃,后来又在石块上掘出深浅不一的窝洞,用它来煮食物吃,最后在实践中制作出了粗糙的石锅。

墨脱县制作的石锅(见图7-3)尤以帮辛乡的最为出名,该乡位于墨脱县西北部,距县城59.6公里,海拔1204米。帮辛乡的居民大多为门巴族,总人口约为1351人,下辖帮辛、根登、帮固、肯肯、西登、岗玉、宗荣7个行政村,均位于雅鲁藏布江两岸斜坡的谷底。当地的门巴族工匠将皂石用原始的刀具纯手工雕凿成锅,因为锅壁非常薄,操作不慎就会前功尽弃,所以制作石锅时非常考验制作者的耐性,一个熟练的石锅制作者半天就能制作一个石锅。石锅成品以灰白色、灰褐色为主色调,质地柔软,形状为桶形,厚2~3厘米,规格大小不等,大锅直径约40厘米,小的直径15厘米左右,锅的上部两侧有对称的耳朵状把手,锅底有平底和弧形两类,手艺高超的艺人还能制作出类似炒勺一样的长柄石锅,专门给婴儿煮粥使用。墨脱石锅耐2000℃高温,具有传热快、不粘锅、泡子少、不变色等优点,用它炖煮的汤汁香浓可口,后味醇厚持久。即使在铁锅流行的今天,石锅仍然是门巴族民众家的重要厨具,能连续使用二三十年时间。无论时代如何变化,石锅的价格一直非常高,"一个直径超过50厘米的石锅可换回60升食盐,三个大锅可换回一头奶牛。1950年安布用一个大锅换回23个银元"①。由于皂石是不可再生性物质,随着原材料越来越少,墨脱石锅的价格也水涨船高。一个直径20厘米的石锅能卖到600~800元,直径40厘米的石锅则能卖到1500~2000元。

图7-3 墨脱县石锅

---

① 翼文正.珞巴族风情录[M].成都:成都时代出版社,2002:92.

随着旅游业的发展，石锅鸡成为游客必吃的一道名菜，风靡林芝。有内地商人出资对石锅进行检测后发现，石锅原料含有锌、铁、钙、镁等16种有益人体健康的微量元素，用石锅炖煮的食物对高血压、心脏病、心脑血管疾病患者具有明显的食疗保健作用，石锅开始引起游客的注意，并受到追捧。在八一镇随处可见出售墨脱石锅的店铺，但大都不是墨脱县生产的，由于地方政府的保护政策，石锅的原料产地逐渐从核心地带扩展到临近地方，以次充好的情况很多。为了给墨脱石锅正名，同时增加民众收入，墨脱县驻林芝地区办事处在八一镇设点代销正宗的墨脱石锅。即使是这样，由于需要石锅的游客人数太多，传统的石锅制作技艺产量有限，并不能满足游客的实际需求。

面对这种情况，林芝地区开始出现用机器制作石锅的作坊。云南白族人寸冠华是这种全新工艺的创始人（见图7-4），他曾经做过铁匠、银匠，心灵手巧，他于2004年从云南来到林芝，与一个藏族姑娘结婚后就在波密生活。2005年，他看到从事石锅制作技艺的商机，就把制作铁器的机器改造成了切割石头的机器，经过两年的不断实验后终于获得成功，从2007年开始大规模量产。制作石锅时先将石头夹在机器上，开动机器后用特制的铁棒不断切割石料，被铁棒磨掉的石头残渣不断泻出，出现了一个石洞，然后再将石料外面进行打磨切割，只留下石锅的耳朵，一个石锅的外形就做好了。石锅的盖子是用废料制作而成的，先把石料切割成薄片，然后进行打磨，再制作一个提手，用胶水粘在盖子中央，一个石锅就算做好了。为保护有限的皂石资源，墨脱县开始限制外地人开采皂石，所以寸冠华只能从其他地方购买原料，一块原料的价格在400~500元之间，好

图7-4　用机器制作石锅的创始人寸冠华先生

在机器制作石锅基本上不会有失误，杜绝了原料的浪费。因为机器制作的石锅光滑平整，传热均匀，所以生意很好，整个鲁朗镇餐饮所用石锅都是从他这里进货的，每年能够有15万元纯收入。寸冠华还收了几个藏族徒弟，但只有一个叫索朗（见图7-5）的朗县青年人学会了这门手艺，现在在给一个内地老板打工，每天工资300元，按天计酬。寸冠华准备资助索朗独立开厂，让他再教授一些徒弟，把这种新式技艺传承下去。

图7-5 传承机器制作石锅技艺的藏族青年索朗

二、达木珞巴民族乡的竹编技艺

达木村地处墨脱县东北部，是墨脱县达木珞巴民族乡乡政府驻地，东面以巴仍河为界与那巴相邻，南面有黑日河与马地相连，西面隔雅鲁藏布江与乌朗相望，北面有果河与珠村相邻，距离墨脱县城15公里。该村坐落在四面环山的一块平坝之中，海拔1300多米，属于亚热带湿润气候区，受印度洋暖湿气流的影响，四季如春，雨量充沛，分为雨季和旱季两个季节，林木茂盛，村寨四周都被森林包围。2008年以前，达木村有18户、171人。2008年3月28日，政府出资对达木村进行民房改造，自治区民委投入237万元，墨脱县财政投入23万元，将巴迪村的16户、77人搬到达木村居住，两个村子合二为一，人们用木板搭建而成的房屋散布在林中各处，时隐时现，在终日不散的云雾笼罩下，整个村寨仿佛梦幻般的仙境。

达木村现有43户、259人，由于地处亚热带气候区，达木村的气候非常湿润，为了防潮，珞巴族的房屋采用厚重的木板搭建而成，屋顶留有很宽的通风口,屋内陈设非常整齐。达木村盛产各种竹子,人们对藤竹有深刻的认识和详细的区分:"纽马"和"松纽马"的生长长度为20米左右,"达要"和"长必纽马"的生长长度为15米左右,"达边"的生长长度为10米,"达日"的生长长度为7米,其中,"纽马""松纽马""达要"为上等竹子,也是制作竹器时使用最多的原料。① 珞巴族人就地取材,利用这些藤竹制作出了竹碗、竹筷、竹篓、竹筐、竹杯、背篓、鱼篓、竹渔网、鱼竿、鸟笼、竹盘等各种各样的竹制品(见图7-6)。在瓷器、铁器用品进入墨脱县以前,竹制品一直是珞巴族民众的当家用品。一般来说,因为家庭传承,珞巴族男性都会编织竹器,除了自家使用外,也用于物物交换。传统的交换途径有两种,一种是常态性的交换,与附近不会制作竹编产品的格当乡藏族人交换辣椒。一种是周期性的交换,因为交通不便,人们往往积攒一些竹器后,结伴翻山走三四天,背到波密交换,最重要的路线是经过墨脱和背崩,翻越多雄拉山至米林县派镇,需要七八天时间。随着时代的发展,现在达木村珞巴族仍然保留着与格当乡藏族人交换的传统,而在波密和派镇则改为出售,补贴家用。同款的竹器,大的卖100元左右,小的竹器因为费时费力,更为精致,所以能够卖200元左右,装小鸡用的鸡笼价格比较低,在30~50元之间,价格最高的是装米的竹筐,在500元左右。一年下来每个人手工艺收入大概为2000~4000元。达木村中最出色的竹编艺人是基楚、益西和新生等三人,他们的双手可以编制出让人意想不到的物品。对于珞巴族这个曾经的狩猎民族来

图7-6 达木村珞巴族民众制作的竹制品

① 根据笔者对洛桑(男,56岁,珞巴族,墨脱县达木珞巴民族乡达木村村民)的访谈整理而成。

说，进山捕猎时用来装水的竹筒是必不可少的，一般一个人需要一天才能制成。达木村的竹子质地细腻柔韧，不扎手，使用起来非常方便，先将一节竹子从竹节处锯开，用火烧烤竹筒，将其水分烤干，外表呈现黑色，这样就不会开裂，然后用反刃的小弯刀"有儿"将白藤剖开，编织三条竹绳，分别缠绕在竹筒的上、中、下三个位置上，再将竹盖与筒身相连，一个竹筒就大功告成了，用这种竹筒装水便于携带，而且不会变质。

因为达木村地处雅鲁藏布江峡谷地带，具有从事捕鱼的自然条件，珞巴族人擅长编制竹笼来捕鱼。竹笼头大尾小，长度为1~2米不等，直径为0.5~1米，入口处有倒刺，沉入水中，鱼游进去后就无法出来，定期去查看就能有收获。

达木村的珞巴族人世世代代在深山密林中生活，养成了靠山吃山的生活方式，当地人都擅长射猎（见图7-7），用竹子制成的弓箭是每家每户的必需品，在铁箭头上涂抹毒药则是男人的专利。采集狼毒、一支蒿、"阿姆草"、藤果"果比"（见图7-8）等植物，用适当的比例进行配制，用"阿姆草"和臭鸡蛋配伍，一支蒿、"果比"和臭鸡蛋配伍，都可以制成毒药，能够见血封喉，可以捕获熊、虎、豹等大型动物。为确保安全，人们平时一般将毒箭放置在1米多长的竹筒中，和弓箭一起悬挂在墙壁上保存。打猎一度是珞巴族人肉食的主要来源，2009年，墨脱县全县实行禁猎后，打猎的人大幅度减少，但是弓箭却保留了下来。在珞巴族的食谱中，山鼠肉仍然扮演着重要角色，即使在今天也是难得的美食，男人用弓箭射猎大型的飞鼠和松鼠，用特制的竹子捕鼠套扑捉山鼠，孩子们的玩具都是松鼠标本。珞巴族人认为每一只山鼠走的路都不同，可以通过山鼠的足迹辨别山鼠的大小、公母等，从而准确放置捕鼠套，因为达木村气候炎热，一般2~3天要进山查看一次，否则捕捉到的山鼠就会腐烂。江巴是村中的智者，尤其擅长制作竹制捕鼠器（见图7-9），他将一根竹子剖开做成竹条，用线绳绑在两头，做成弓箭的样子，然后再用三根竹条做成一个三角形的开口，其中一根位于三角形底部的竹条充当机关，山鼠进入三角形缺口时触动机关，两根竹条就会夹紧，使山鼠窒息而死，他的儿子基楚是达木村的捕鼠能手，每年靠捕鼠能赚取约5000元的现金收入。①

除了擅长竹编技艺外，珞巴族人还掌握了驯养野蜂的绝技，这在1978—1980年，中国社会科学院民族研究所组织的"三巴"考察队对达木地区珞巴族进行调查后撰写的报告中也有论及："蜜蜂有3种：（1）崖蜂（珞巴族'达义'），蜂躯黑而大，在悬崖峭壁上筑巢，蜜多而甜，一窝可取蜜近100斤。每年7~8月

---

① 根据笔者对达木村基楚等人的访谈和现场观察整理而成。

图7-7 弯弓搭箭的珞巴族青年

图7-8 藤果"果比"

图7-9 达木村村民江巴展示捕鼠器

寻找蜂窝,用箭射或架天梯取。(2)'达埃',其身躯比'达义'小,冬天取蜜,这种蜂可人工饲养。(3)'达儿',身躯很小,其蜜可随时取,亦可人工饲养。"①现在,达木村珞巴族很多人家都驯养着野蜂"达儿",最多的人家有4巢,大多

---

① 西藏社会历史调查资料丛刊编辑部,《中国少数民族社会历史调查资料丛刊》修订编辑委员会.珞巴族社会历史调查(一)[M].北京:民族出版社,2009:123.

数人家只有1巢,野蜂"达儿"只在原始森林中的大树树冠上凿洞筑巢,很难找到,被珞巴族人视为吉祥的化身。珞巴族人一旦发现野蜂巢穴就只能将大树砍倒,把巢穴所在的树干砍下后抬到家里驯养,野蜂会用蜂蜡在巢穴口建造一个喇叭形的出入口用来自卫,因为表面非常粘稠,其他昆虫无法进入巢穴(见图7-10)。虽然这种野蜂的一个蜂群一年只能出产3公斤蜂蜜,而且性情凶猛,经常出现一巢蜂把另一巢蜂咬死的情况,造成损失,但珞巴族人仍然将其视为珍宝。

图7-10 珞巴族人驯养的野蜂

三、德兴乡的"帮穷"制作技艺

德兴乡(见图7-11)位于墨脱县南部,地处雅鲁藏布江右岸,隔江与墨脱镇相望,南与背崩乡巴登则村相接,平均海拔1200米,乡政府驻地德兴村,海拔850米,距县城7.8公里。德兴乡是一个以门巴族为主的多民族居住乡,属典型的立体气候区,植被垂直分布,森林覆盖率达85%。由于受印度洋暖湿气流的影响,气候温暖、多雨、潮湿,年降水量2000~3000毫米,年均气温18℃,无霜期约350天。下辖7个行政村,分别为德兴村、文浪村、德果村、荷扎村、那尔东村、巴登则村、易贡白村。德果老村距离乡政府10.7公里,共有43户224人,农作物总播种面积为411.16亩,其中粮食播种面积313.66亩,人均现金收入为3100元。当地土质多为砂石土,气候特别炎热,当地人的生计方式以农业为主,种植玉米、水稻、鸡爪谷等,是墨脱县的农业示范区,建有香蕉园、柠檬园、藏鸡养殖园等特色产业。因为气候炎热,人们存放食物时首先要考虑通风透气,所以各种竹制品最受欢迎。"编织者首先进山砍竹,竹子砍下后捆成适当的一捆将竹梢折回,绑在一起,用绳套在头顶,拖运下山。砍回的竹子先放在溪流中浸泡，用时削去尖部，用木锤将根端砸开，用刀劈成适当粗细，再用小刀削去多余的竹肉成篾，就可以根据需要编制了。"①"帮穷"直径为50多厘米，呈扁球形，可以盛放奶渣、瓜子、花生等食品，下地干活、逛林卡时随身携带起来特别方便，食物不易变质。"休斯贡"是用竹藤编织而成的方形器具，长度为40～50厘米，选用的藤竹油性很大，编织好的成品外表油光发亮，就像打了蜡一般，非常精致。"休查巴朗"是用一截长度为40～50厘米、直径为20厘米的竹筒制成的容器，上部开有一个小洞，外面包裹染色后的藤竹篾条，外出时盛酒用，显得古朴大方。"巴戎"是用藤竹编制而成的背篓，底小、顶部开口很大，使用时用一根竹绳的两端拴在背篓上，将竹绳中间比较宽的部分置于前额，背着行走（见图7-12）。一条1.6米长的竹绳的价格为150元。为提高当地门巴族民众的竹编技艺，2010年德兴乡政府选拔了一些有竹编基础的青年人到四川学习竹编技艺，并成立了竹编合作社，开发出竹椅、竹桌，引进了竹画制作，使竹编技艺不断推陈出新。

图7-11　德兴乡

图7-12　门巴族编织的竹器
（德兴乡乡政府提供）

在这些竹器中，以"帮穷"最为著名，是一种一底一盖扣合而成的扁圆形篾盒，制作工艺非常复杂精细。将竹子制成两种篾子，第一种宽度为2厘米，长度为30～50厘米。第二种宽度为0.5厘米，长度为30～50厘米，把第二种篾子放在不同颜色的颜料水中蒸煮上色，然后用芭蕉叶包裹保存，然后就可以进行

---

①　西藏社会历史调查资料丛刊编辑部，《中国少数民族社会历史调查资料丛刊》修订编辑委员会．珞巴族社会历史调查（一）[M]．北京：民族出版社，2009：28．

编织了。"帮穷"分为里外两层,用第一种篾子编织里层,以藤条做框固定,用第二种篾子编织外层,这些被染成五颜六色的篾子搭配组成绚丽多彩的几何图案,用来包裹里层,也固定在藤条框上,里层坚固、外层柔软,两层紧密连接在一起,呈扁圆形。然后将两个半圆形扣在一起,用绳子系在藤框上作为提手。"帮穷"做工精巧、颜色鲜艳、图案新奇,既是实用的随身器皿,又是精美的工艺品。以前门巴族在制作"帮穷"时都采用植物原料,"帮穷"的颜色主要有竹子的本色、黄色、大红、玫红色、草绿色等颜色。黄色原料是一种叫"久欧"的植物(见图7-13),玫红色原料是一种叫"拉宁"的植物,红色原料是当地一种叫"玛翠"的植物,草绿色的原料是一种叫"央加巴"的植物。① 因为传统的植物颜料采摘有时间限制,萃取工艺比较麻烦,为了避免出现颜料不足的现象,实现量产,从2002年以后,艺人们逐渐舍弃了植物颜料,转而采用化工染料给篾子上色,使用起来更加方便、快捷,"帮穷"的颜色也更加鲜艳。"帮穷"的价格为40~50元,"索共"能卖到80~100元,"休查巴朗"的售价为50~80元,"巴戎"的价格为200~300元。但化工染料容易变色,一般两年后就会褪尽颜色,恢复竹篾的本色。

图7-13 萃取黄色颜料的植株"久欧"

---

① 根据笔者对扎西罗布(男,54岁,门巴族,墨脱县德兴乡德果村村民)的访谈整理而成。

四、背崩乡的乌木筷子制作技艺

背崩乡（见图7-14）位于墨脱县西面，距县府28公里，人口359户2200多人。辖背崩村、阿苍村、波东村、巴登村、德尔贡村、地东村、西让村、江新村、格林村等9个行政村。海拔为860米，温度在20℃左右，非常湿润，森林覆盖率为85%，以农业为主，种植玉米、水稻、鸡爪谷等。背崩村位于乡政府所在地，有91户447口人，农业从业人员为223人，粮食播种面积为1011.30亩，其中水稻面积为566.30亩，玉米为445亩，油料为36.10亩，蔬菜面积为104.77亩，粮食总产量为358.71吨，玉米为134.99吨，蔬菜产量为21.42吨。人均现金收入为4300多元。

图7-14 背崩乡

除了农业收入外，从事竹编等手工技艺类非物质文化遗产是当地门巴族民众获取现金收入的主要来源，其中以乌木筷子的制作最为有名。墨脱县乌木资源丰富，因为乌木的硬度高，所以广泛用于门巴族民众的生产生活中，就连耕地用的犁铧都是用乌木制成的，制作乌木筷子是门巴族人的一大绝活。墨脱县背崩乡是乌木筷子的主要原产地，采用墨脱县特有的棕榈科植物乌木树"康阁曲新"为原料加工制作而成。乌木树是一种中空的树木，质地坚硬，生长比较缓慢，要长到12米高才能成材，门巴族人将其砍伐后剖开晾干，就可以制作筷子了。制作过程相对简单，把乌木锯成长度为30厘米的木板，再劈成大小适中的木棍，放置在特质的铁夹上，用"推刨"上下反复修正，呈现出一头大一头小的形状，再用刀把筷子两端修饰整齐，一只筷子就做好了。制作好的乌木筷子上下均为方形，色泽黑润、质地坚硬、手感厚重、美观耐用，具有不变形、无异味、耐沸水的特点，可以说集环保型艺术观赏与实用价值为一体，使用乌木筷子有利于身心健康，可除去食物中的有害物质和有毒物质。当地人在使用时一般要放在植物油中浸泡一周，让油分充分渗入筷子中，然后捞出晾晒，再用砂纸打磨，就可以使用了。乌木筷子按副出售，一副为10双，当地售价为100元。

此外，背崩村人还能编织五彩竹席（见图7-15），非常漂亮，可以放在越野车后座的一块凉席售价为500～700元。藤竹拐杖以藤竹为原料加工而成，造型古朴奇特，外表似竹节，内为实心，富有韧性，经久耐用。

图7-15　背崩村门巴族民众编织的竹席

五、墨脱镇的门巴族服饰和竹编制作技艺

墨脱村隶属于墨脱镇，距离墨脱县城不到1公里，北面连接马迪村，南面与背崩乡相连，海拔为1106米，分为新村和老村两部分，总人口为620多人。当地为亚热带湿润气候区，气候湿润，雨量充沛，四季如春，四周都是热带原始森林，植物资源非常丰富，其中白藤韧性很强，茎蔓细长，能长到40～60尺（约13～20米），是当地人编织器皿的主要原料。墨脱村门巴族民众主要种植玉米、水稻、鸡爪谷等农作物。墨脱县的男女都喜欢穿棉麻制成的衣服，有长、短两种款式的白色上衣。成年男子的外衣有两种，一种叫"蒙安康蒙"，是棉线织成的土布衣服，衣长及小腿肚，斜襟右衽，无领，长袖，用腰带束腰。另一种叫"蒙折曲巴"，是用红、黄、黑、白、绿五色相间织成的条纹布缝制的，也是斜襟右衽，无领，有长袖，多在节日活动时穿。男子的内衣叫"堆通"，为立领，搭

襟，3个扣子，长及肚脐，均为白色。下身穿的是棉布缝制的开裆裤，长及小腿。墨脱的门巴族男女在野外劳作时常绑缠裹腿，裹腿用棉线纺成，宽25厘米，长1米，可在小腿上裹缠5圈。① 门巴族妇女擅长纺毛线、织氆氇和腰带，墨脱门巴族妇女的传统服饰是白色质薄的小上衣，无袖无领、圆口的宽大褂子和长条花色裙子，不穿外罩衣服，天气转冷后会穿一种叫"古休"的长衣，这是一种无领无袖、从头上套下的宽大褂子，色彩纹饰是由红、绿、花组成的条纹（见图7-16）。现在，在墨脱村平时穿着门巴族服饰的人已经寥寥无几，会制作门巴族服饰的人更少，只有55岁的姑姆一个人会制作门巴族传统服饰，一般卖给本县的门巴族、游客和在墨脱县工作的公务员，一套大约800多元。

图7-16　墨脱县门巴族妇女服饰表演（林芝地区文化局提供）

墨脱村的门巴族民众还擅长竹编和藤编。20世纪50年代，墨脱村的门巴族民众男女都会制作藤编和竹编，现在都由男性来做，女人已经不再编织了，只有55岁的格桑卓玛还会编织竹器。男人们手艺最好的是高东、索朗等人，60岁的高东、欧珠等人还曾在1976年参加过著名的德兴乡藤网桥的制作。竹编产品也是墨脱村村民现金收入的主要来源，每年夏天门巴族民众就要把竹器背到米林县的派镇去卖，一年下来能收入3000~4000元。

六、黄酒酿造技艺

门巴族民众喜欢饮酒，常喝的黄酒就是用鸡爪谷（学名"蔓稼"）和玉米酿

---

① 关东升．中国民族文化大观：藏族、门巴族、珞巴族 [M]．北京：中国大百科全书出版社．1995：437．

成的,先将脱粒后的鸡爪谷和磨碎的玉米混合在锅中翻炒上色,放在锅中蒸熟,然后将蒸熟的鸡爪谷和玉米混合物倒在竹席上,放入酒曲搅拌均匀,晾冷后放入木桶或塑料桶中发酵,几天后就可以饮用。饮用时把发酵好的酒糟放入底部钻有三个眼的酒具"巴东"(竹筒子)中,倒入白开水,滤下的就是黄酒,度数只有10度左右,喝起来略带焦味和酸味,具有解暑降温的功效。"巴东"是门巴族特有的酿酒工具,是一节长度为50厘米左右、直径为15厘米的竹子,顶部掏空,在竹子壁两侧掏两个小洞拴绳子用,在竹子底部中间用钉子打开三个小洞,一个简单的"巴东"就做好了(见图7-17)。喝酒时要唱《劝酒歌》,歌词为:

喝啊,喝啊,喝一杯,看在酒杯的份上喝一杯。
喝啊,喝啊,喝一杯,看在舀酒的那个勺子的份上喝一杯。
喝啊,喝啊,喝一杯,我要真诚地敬你一杯。
喝啊,喝啊,喝一杯,看在我的面子上喝一杯。
喝啊,喝啊,喝一杯,我要真诚地敬你一杯。
我要真诚地敬你一杯,我要真诚地敬你一杯。

图7-17 酿造黄酒的器皿

总的来说,墨脱县门巴族、珞巴族非物质文化遗产都是就地取材、制作、享用,反映出门巴族、珞巴族民众对当地自然生态环境的熟悉和对生态文化知识的掌握,是民众按需索取、人与自然合二为一思想的表现,体现出人和自然和谐共生的生态观。

第三节 旅游业发展中的非物质文化遗产传承

一、墨脱县门巴族、珞巴族的生产生活状况

墨脱县地形复杂,海拔悬殊,是一个丛林密布的高山峡谷地带。北部南迦巴瓦峰海拔 7756 米,南部背崩村海拔 600 米。因为海拔的不同,墨脱县的气候差异也很大,植物种类繁多,分布着众多热带植物和高山寒带植物。海拔 800 米以下的雅鲁藏布江沿岸是准热带气候,年平均气温在 20℃ 以上,夏、秋两季炎热潮湿,年降雨量达 2000 毫米以上。河谷两侧的山坡上,分布着热带原始森林,千果榄人树、西南紫薇、天料木、猴欢喜、藤黄、瓜馥木和多种榕树等常绿阔叶树木高达 30~40 米。还有韧性很强的纤维植物白藤。海拔 800~2400 米的半山峡谷属山地亚热带气候,年平均温度在 12~20℃ 之间,雨量丰富。森林以常绿阔叶林、落叶阔叶林为主,还有少量针叶林,生长着多种竹林。海拔 2400~3800 米的范围属于山地温带气候,气候温凉潮湿,年平均气温为 3~11℃,夏季云雾浓密,降雨量丰富,生长着各种针叶林树种。3800 米以上是高山寒带,主要分布着高山灌丛和草甸。① 墨脱县山地多而平地少,土壤相对比较肥沃,但耕地相对不足,农作物有旱稻、水稻、玉米、荞麦、鸡爪谷、高粱、小米、绿豆、黄豆和芝麻等。瓜果和可食用的野生植物较多,芭蕉、柠檬、桃子、木耳、蘑菇、黄瓜、冬瓜很多,而且单个体积很大,这为采集业提供了天然仓库。墨脱县的野生动物种类很多,主要有野牛、岩羊、野猪、鹿、狗熊、虎、豹、猴、山鼠等,这为狩猎提供了条件。此外,由于邻近雅鲁藏布江,当地民众也从事一些渔业活动。

二、门巴族、珞巴族生存技能型非物质文化遗产的传承

由于自然条件限制,长期以来,墨脱县的门巴族和珞巴族民众养成了自产自销的生产生活方式,几乎各家各户都能就地取材,制作竹编产品、编织土布、制作衣服,满足生存所需,对于一些不能生产的生产生活必需品则采取物物交换的方式获得。这些制作生活必需品的技艺都属于生存技能型非物质文化遗产,是生存需求促进了此类非物质文化遗产项目的传承和发展。

---

① 中国社会科学院民族研究所. 西藏墨脱县门巴族社会历史调查报告:门巴族调查材料之一 [R]. 北京:中国社会科学院民族研究所,1978:16.

墨脱县门巴族、珞巴族的生存技能型非物质文化遗产的传承主要以子承祖业、子承父业的方式在家庭内部传承，耳濡目染、身体力行是其主要的传承方法。

案例1：
  背崩乡背崩村的竹编艺人平措罗布（见图7-18）是爷爷带大的，从小时候起就看见还用竹子编织各种器具，还能用竹子给他编织各种动物玩具，他最喜欢的是竹马。到12岁时他就开始跟爷爷学习竹编技艺，先将爷爷裁好的竹篾条进行排列组合，练习拼图，然后才练习劈短小的竹子、裁竹篾条、编织竹板、采集染料植物、萃取染料、上色，边玩边学，到16岁时就可以制作大多数竹编产品了。现在制作一个"绣插"需要3个小时，制作一个"帮穷"需要半天时间，每年出售竹编产品能赚到4000元钱。①

图7-18 访谈背崩村竹编艺人平措罗布（中） 图7-19 背崩村村民索朗顿珠在制作乌木筷子

案例2：
  背崩乡背崩村的索朗顿珠（见图7-19）是乌木筷子制作艺人，大约20分钟就能制作一双筷子。他是一个木匠，从13岁时就跟随父亲给别人造房

---

① 根据笔者对平措罗布（男，38岁，门巴族，墨脱县背崩乡背崩村村民）的访谈整理而成。

盖屋，先从打下手开始，慢慢学会了锯板、打线、凿孔、盖顶等木匠活，到20岁时就成为一个好木匠了。在夏季空闲时，他就在房前的树荫下用木匠工具制作乌木筷子，每天大约制作20双，积攒多了以后拿到县城里出售。①

案例3：

德兴乡的德果村有43户228人，这里的成年男性除了五六个人不会竹编外，其他人都擅长竹编技艺，是墨脱竹编产品的主要产地之一。德果村的扎西罗布（见图7-20）是当地竹编艺人中的高手，能够制作各种生产生活用具，尤其擅长制作"帮穷"，他编织的"帮穷"以坚固耐用、色彩艳丽著称。他从14岁开始跟随父亲上山砍竹子，学习竹编技艺，最重要的是从父亲那里学来了独特的染色秘诀，他编织的竹器色彩与其他人编织的不同，更加鲜艳，这是他的产品热销的主要原因，每年依靠出售竹编产品能收入10000多元。②

图7-20　德果村门巴族人扎西罗布在编织"帮穷"

案例4：

达木乡达木村的新顺（见图7-21）是一名竹编艺人，从13岁开始跟随父亲学习竹编技艺，到18岁时就能编织所有竹编产品了。他一个月能生产13种竹编产品，因为名气大，大多数时候都是帮辛、格堆、格当等地的人上门来买，自己想去找朋友玩时也带一些竹编产品到朋友所在村

---

① 根据笔者对索朗顿珠（男，42岁，门巴族，墨脱县背崩乡背崩村村民）的访谈整理而成。
② 根据笔者对扎西罗布（男，54岁，门巴族，墨脱县德兴乡德果村村民）的访谈整理而成。

寨出售,一年下来能收入8000多元,但他的儿子却以学习竹编太苦而不愿意学。①

图7-21 达木村的竹编高手新顺(中间坐者)

案例5:

　　帮辛乡的高东是一名石锅制作艺人,从15岁开始跟随父亲挖石料,背石方,一直干到18岁时才开始学习制作石锅。刚开始学习时,因为力道把握不好,经常把石料挖穿,浪费了很多石料。他练习了大半年后才能制作出简易的石锅,一年以后开始学习制作长柄石锅,要求一气呵成,难度很大。经过半年的练习,高东终于做出了像模像样的石锅。②

除了家庭传承以外,生存技能型非物质文化遗产也会在门巴族、珞巴族和藏族民众之间相互传承。

案例6:

　　背崩乡背崩村的索南顿珠是2006年从巴登村搬到背崩村来居住的,擅长竹编制作技艺。他从小痴迷竹编,18岁时跟随一名珞巴族人学习竹编,学了两年后,他的师父就去世了。之后,他再也没有拜师学艺,而是靠自己的不断琢磨,按照自己的创意和生活需求制作各种生活用具。他最得意之作

---

① 根据笔者对新顺(男,45岁,珞巴族,墨脱县达木乡达木村村民)的访谈整理而成。
② 根据笔者对高东(男,46岁,门巴族,墨脱县帮辛乡亚让村村民)的访谈整理而成。

就是编织出了长2米、宽1.8米的五彩竹席和汽车坐垫凉席,一套汽车坐垫凉席能卖到600元,而且需要提前预定。①

案例7:

墨脱县格当乡村民主要是藏族,是20世纪50年代时从康区迁徙过来的,善于种植辣椒,产量很大,辣味醇厚,在整个林芝地区都很有名,每年藏历11月是出售辣椒的季节,每位种植户能收入7000~30000元。他们生活中所需的竹编用品全部是从邻近的达木乡购买或用辣椒交换而来的。在整个格当乡只有一个名叫加多玛的藏族人能够编织竹编器具,他和达木乡的洛桑是好朋友,平时两人走动较多,加多玛去墨脱县城时中途会到洛桑家休息,洛桑到格当乡出售竹编产品时也住在加多玛家里。因为农业生产所需,加多玛对背篓和竹绳的需求量较大,洛桑会送他一些竹绳,并教他如何修补破损的背篓和竹筐,在洛桑的悉心教授下,加多玛逐渐学会了竹编技艺,成为格当乡唯一一个能够编织竹编器具的藏族人。②

一般来说,门巴族、珞巴族民众对生存技能型非物质文化遗产的学习是从青少年时期开始的,长辈的教授发挥着非常重要的作用,有效地促成了生存技能型非物质文化遗产的传承。在历史上,门巴族、珞巴族青少年教育主要以家庭教育为主,学习种植、养殖、采集、渔猎和手工技艺等生存技能是主要的教育内容。直到1962年对印自卫反击战结束后,门巴族、珞巴族青少年才开始接受学校教育,现在年龄在50岁左右的人大都识字,就是接受学校教育的结果。在这一代人身上,家庭教育仍然占据主导地位,学校教育发挥了辅助作用。"从1985年起,西藏自治区对义务教育阶段农牧民子女实行了'包吃、包住、包基本学习费用'的教育'三包'政策,享受范围确定为家庭住址距学校2公里以外的小学住校生、3公里以外的初中住校生,生均标准300元左右。从1985年至2013年,西藏自治区教育'三包'政策先后12次提高补助标准,到2013年生均补助达到2700元。"③"三包"政策的有效执行确保了西藏各族学龄儿童能够全部接受义务教育,对现在的青少年来说,学校教育已经取代家庭教育成为主要的教育方式。

---

① 根据笔者对索南顿珠(男,60岁,门巴族,墨脱县背崩乡背崩村村民)的访谈整理而成。
② 根据笔者对加多玛(男,53岁,藏族,墨脱县格当乡村民)和洛桑(男,57岁,珞巴族,墨脱县达木乡达木村村民)的访谈整理而成。
③ 西藏"三包"政策惠及近52万学子[EB/OL]. 中国西藏新闻网, http://www.chinatibetnews.com/2014/0129/1321264.shtml, 2014-01-29.

虽然国家强制学龄儿童和青少年入学接受义务教育，但是因为家庭贫穷或男性劳动力丧生后，门巴族、珞巴族青少年不得不辍学，其中尤以男孩为主。这些孩子持当地乡政府开具的证明材料，才能从学校退学，他们从十五六岁起就过早地担负起家庭重担，从事农牧业生产，赚钱养家，从事竹编技艺就成为他们现金收入的主要来源之一。正是这些辍学青少年成为门巴族、珞巴族生存技能型非物质文化遗产的主要传承者。

生存技能型非物质文化遗产在不同民族间的传播体现出生活在同一区域的人们频繁交往的情况以及生产生活方式的趋同，这主要取决于人们对当地生态环境的认识和缓解生存压力的现实需要。墨脱县气候炎热，地质结构复杂，滑坡、泥石流灾害较多，门巴族、珞巴族和藏族民众从原居地向居住条件较好的地方搬迁的现象比较普遍。2010年，因为山上的居住条件不好，交通不便，距离墨脱县城太远等原因，格当乡的部分藏族民众下山，搬到了波密的桑登村、巴卡村、达兴村等地居住。① 地东村是墨脱县背崩乡人口最多的村，共有90户562人，距乡政府11.14公里，不通公路，需徒步约4小时才能到达，物资转运只能依靠人背马驮，生活非常不便，该村的部分门巴族民众搬到墨脱县城附近居住，以打工为生，留在地东村的人越来越少。帮辛乡的门巴族青年与达木乡的珞巴族女性结婚后，从帮辛乡搬到达木村另立门户的也不少。

墨脱县各族民众频繁的人口流动给不同文化间的接触、交流、融合创造了条件。从帮辛乡到达木乡的近距离搬迁户往往带来生存技能型非物质文化遗产的移植。达木村耕地面积少，仅仅依靠农业无法生活，搬迁户面临很大的生存压力，于是他们就依靠石锅制作技艺补贴家用，只是因为距离石料产地较远，花费的功夫更多一些。随着居住地生态环境的改变，远距离搬迁户原有的地方性生态文化知识与迁入地的实际情况不符，其生产生活方式必然要发生相应的变化，肯定会出现一些生活不适应的情况。搬迁户学习迁入地民众的生态文化知识是改变窘境的最好途径，迁入地民众的生存技能型非物质文化遗产就成为搬迁户的首选。1989年以前，德兴村的门巴族民众都在森林中生活，依靠采集狩猎和刀耕火种为生。在国家的大力扶持下，1989年之后，人们才走出森林，聚集到地势比较平坦的德兴村居住，那时候有22户人，之后又从文朗村搬来1户人家，从易贡白村搬来12户人家，初步形成了德兴村的雏形。② 2009年，享受国家的兴边富民政策，政府出资80%，村民出资20%，兴建了德兴新村，全部是木质房屋，

---

① 根据笔者对次仁旺扎（男，43岁，门巴族，墨脱县墨脱镇墨脱村村民）的访谈整理而成。
② 根据笔者对德庆卡珠（男，73岁，门巴族，墨脱县德兴乡德兴村村民）的访谈整理而成。

屋顶为彩钢板，共有68户328人。因为德兴村所在位置是一个白砂窝，存不住水，气候特别炎热，这些门巴族民众逐渐舍弃了狩猎和刀耕火种的传统生计方式，形成了以农业和养殖业为主的生计方式，现有农作物播种面积716.02亩，其中，粮食播种面积546.22亩，主要种植玉米、香蕉、柠檬、枇杷、柑橘和花生，饲养的猪有298头，其他大牲畜55匹。人们养成了煮黄酒消暑解渴的生活习惯。因为背靠植被茂盛的大山，各种竹林分布很广，德兴村的人也开始从事竹编，生产各种竹制品，逐渐成为当地的支柱性经济产业。2009年，交通不便的达木珞巴民族乡巴迪村17户村民集体搬迁到达木村以后也出现了耕地不足、生产成本增加的情况，生活压力增大，他们很想念以前的生活，虽然交通不便但耕地面积大，拥有大面积的玉米地和菜地，还能从事渔猎，生活相对舒服。① 现在，巴迪村搬迁户们的生计方式已经发生了巨大变化，单纯依靠农牧业已经无法养活自己，必须跟随达木村村民一起外出打工赚钱，还要依靠竹编制作技艺补贴家用，饲养猪、牛和鸡，在生产生活方面与达木村村民完全一致。

三、旅游业对非物质文化遗产的影响

历史上，由于自然环境条件的限制，墨脱县的绝大多数物资都依靠从外地运入，因此物价极高。嘎隆拉隧道建成通车后，随着交通条件的便利，墨脱县乡级公路也逐步完成了升级改造，各种物资都能够运入墨脱县，物价也下降很多，基础设施建设速度有了大幅度的提升，这为旅游业的发展提供了可能。到墨脱县旅游的游客分为徒步旅游者、骑行者、自驾游、旅行团等四种，游客数量增长迅猛。这些游客主要是欣赏亚热带自然风光，以风景游为主，徒步旅游者和骑行者基本不会购买特产，只有自驾游和旅行团游客会有购买墨脱特产的需求，形成相对固定的消费群体。"一般的大众型游客往往希望能够在一定程度上既体现异文化，又同时享受到优质的服务。"② 就目前墨脱县的基础设施建设而言，县城有宾馆、饭店、商铺、歌舞厅、台球室，能够满足游客吃、住、玩、购的需要，特别是在吃、住方面能够给游客提供达到其心理预期、能够接受的条件，但各个乡镇尚不能为游客提供住宿条件，因此，墨脱乡村旅游只能以一日游为主，早上出发，晚上回到县城住宿。

随着游客的涌入，墨脱县社会经济实现快速发展，墨脱县城的服务业发展尤为迅速，餐馆、宾馆、旅社、商店都需要人手，墨脱县各乡镇的青年人出现了向

---

① 根据笔者对次仁多吉（男，31岁，珞巴族，墨脱县达木珞巴民族乡达木村村民）的访谈整理而成。

② 孙九霞.传承与变迁——旅游中的族群与文化[M].北京：商务印书馆，2012：272.

县城流动的趋势。旅游业的发展也带来了地方特色旅游纪念品销售的火爆，这些旅游纪念品主要是门巴族、珞巴族生存技能型非物质文化遗产产品。随着人员的流动，门巴族、珞巴族生存技能型非物质文化遗产产品也开始从乡村流向墨脱县城，县城中出售石锅、乌木筷子、竹编产品和民族服饰的店铺出现井喷式发展，非物质文化遗产产品实现了从以家庭自用、兼顾出售向以出售为主的转变，乡村青年人的流动也使非物质文化遗产产品的流动变得方便快捷，非物质文化遗产传承者足不出户，就有人登门收购。随着乡村公路改扩建工程的推进，交通条件的改善使墨脱县旅游业逐渐从县城向乡村延伸，生存技能型非物质文化遗产产品直接化身为旅游纪念品，其流动出现了县城为主、乡镇为辅的特点。各个乡政府为了吸引游客，也纷纷以村民合作社的形式设立了专门的特色旅游纪念品商店，明码标价地出售竹编、石锅、乌木筷子等非物质文化遗产产品。一般来说，游客比较倾向于到乡村直接向非物质文化遗产传承人购买产品，认为这些产品具有"原真性""乡土性"的特点，而且价格偏低，这在一定程度上分流了游客的购买量，使乡镇旅游能够在"一日游"式的短距离旅游中分享旅游效益，也带动了青年人学习非物质文化遗产技能的积极性。因为这些非物质文化遗产产品全部用手工制作而成，制作时间相对固定，产量稳定，在旅游旺季，墨脱县生存技能型非物质文化遗产产品出现供不应求的现象，这种变化促使非物质文化遗产传承突破了以往传统的家庭传承方式，进行跨民族传承就在情理之中了。

"族群文化是族群生存和发展的基础，也是旅游事业发展的核心需要。对于族群的发展来说，能够主导文化变迁，保持文化持久的耐力和潜力是至关重要的。"① 随着旅游业的发展，游客对门巴族和珞巴族的了解首先是从其服饰、语言、饮食等民俗文化的表象开始的，进而深入了解其核心文化，实现游客欣赏异文化的目的，这与非物质文化遗产保护致力于文化多样性保护的初衷达成一致。在旅游业的发展过程中，游客的需求也对门巴族、珞巴族非物质文化遗产产生了影响。顺应游客的要求，非物质文化遗产传承人对石锅、竹编产品和乌木筷子等进行了改革，创造出了不同的形制，增加了非物质文化遗产产品的经济附加值，实现了传承人与游客的文化互动。例如，传统的墨脱石锅形制一般有两种：一种为底大口小的圆柱形，锅口窄、锅身长，这样的设计是为了防止汤汁溢出。另一种是专门为婴儿设计的长柄小石锅，专门给婴幼儿煮粥、煮鸡蛋。后来受游客的启发，石锅制作艺人又制作出了专供吃火锅使用的鸳鸯石锅，一种锅体分内外两层，呈现出两个圆圈的形状。另一种分为左右两边，呈太极图案形状（见图

---

① 孙九霞. 传承与变迁——旅游中的族群与文化［M］. 北京：商务印书馆，2012：267.

7-22)。与石锅的变化相伴而生的是乌木筷子的改变,由于吃火锅的需要,乌木筷子的长度也由传统的22厘米增加到30厘米,更加适合游客的需要。在墨脱县,传统的竹编产品主要用于满足人们的生产生活所需,而很少用于装饰,从旅游者的角度来看,购买竹编产品更多是出于好奇,主要出于装饰目的,五彩斑斓的"帮穷"最受人喜爱。顺应游客需求,竹编艺人们对现有"帮穷"进行了加工,缩小其形制,满足游客便于携带的需要。此外,竹编艺人们创造出的五彩笔筒也备受游客喜爱,这种笔筒与用于酿酒的"休查巴朗"模样一样,只是形制更小,将竹节一头打空,一头留作底子,竹筒外面用染色的竹篾条细细编织出各种花色,再用藤条将竹篾条固定在竹筒的两端,使之与竹筒连为一体,整个笔筒高约15厘米,直径8~10厘米,小巧玲珑,非常实用。墨脱村的姑姆是自治区级非物质文化遗产传承人,是墨脱村唯一一个会制作门巴族服饰的人,很受墨脱县政府重视,因为旅游业的发展,游客也成为门巴族服饰的消费者之一,但是因为人手不够,时间有限,她每年只能制作十三四套衣服,不能满足市场的需求。

图 7-22 鸳鸯石锅

从以上这些非物质文化遗产产品的变化中可以看出,墨脱县门巴族和珞巴族的非物质文化遗产产品不但没有因为旅游开发而消失,反而因为旅游业的促进作用而更加受人们重视,甚至形成了文化产业,成为民众改善生活条件、发家致富的手段,进而成为宣传本民族文化的文化符号,旅游与非物质文化遗产在这里实现了相互促进。

第八章 没有观众的演出：错那县非物质文化遗产保护的困境

错那县位于西藏自治区南端，喜玛拉雅山脉东南，东接印控珞瑜地区，西邻不丹，南与印度接壤，是西藏自治区山南地区的边境县之一，现实际控制面积约10094平方公里，属藏南山原湖盆谷地中的喜马拉雅区，地势北高南低，相对高差7000多米，最高海拔7060米，最低海拔18米。气候大致可分为喜马拉雅山南麓亚热带山地半湿润、湿润气候和喜马拉雅山北麓高原性高寒气候两类，总人口为1.6万人。错那县是我国门巴族的主要聚居区之一。

勒布沟位于错那县西南方向，距县城约40公里，国土面积1365平方公里。从错那县城西南方向过丁丁拉山，翻过5000米的博拉山口，可到平均海拔仅有2900米、年均气温10.04℃、年降水量在960毫米以上的勒布沟。这里树木茂盛、自然风光优美，但平地很少，耕地非常有限。错那县在勒布沟设有娘姆江曲，下辖600平方公里，耕地面积464亩，草场面积2865.8亩，下设勒门巴族乡、贡日门巴族乡、基巴门巴族乡、麻玛门巴族乡，总人口约600余人。勒布沟民众以农业和畜牧业为主要生计方式，种植荞麦、小麦、大麦、青稞、豆类、马铃薯、元根、油菜等农作物，种植萝卜、白菜、辣椒等蔬菜，其中又以辣椒最为有名，年产量在3万斤左右，备受山南地区民众喜爱。养殖牦牛、犏牛、黄牛、马、羊、猪等牲畜。

国家级非物质文化遗产项目山南门巴戏就在这一带流传，传承人主要分布在位于错那县城西南的勒乡，距县城52公里。勒，藏语含义为"神仙居住的地方"，它东与浪坡乡连接，北与麻玛门巴族乡相连，西与不丹接壤，南与印控达旺地区相邻，是山南地区乃至全国重要边境乡镇之一，战略地理位置十分重要。1962年6月，设立勒乡；1970年，改称勒公社；1984年11月1日，经国家民族事务委员会批准，成立勒门巴族乡；现辖勒村和贤村2个行政村，辖区面积363平方公里，现在有54户133人，其中有7户藏族，是上门女婿招赘到家的。

第一节 自成一派的山南门巴戏

一、山南门巴戏的起源

山南门巴戏，民间称为"门巴阿吉拉姆"，是门巴族民众在长期的生产生活中创造并发展出的本民族特有的文化艺术。据说，门巴戏产生于五世达赖喇嘛时期。当时门隅地方有一处叫"隅松沙定"的村庄，那里有一位名叫洛追加措的人。因为他当时对门隅群众发展生产有功，五世达赖为了表彰他的功绩，收洛追加措为自己的弟子，并让他到哲蚌寺学经。学成后，人们尊称他为"门巴梅惹喇嘛·洛追加措"。1680年，五世达赖喇嘛拨给洛追加措一笔经费，派他回到门隅担任行政长官，同时让他修建达旺寺。在修建寺院期间，洛追加措搜集、整理了很多当地的民间故事和传说，并编写了藏戏《卓娃桑姆》剧本。[①]

门巴戏的起源主要是酬神歌舞，其直接源头是宗教祭祀活动中的巴羌表演，把它加以情节化，就形成了独具一格的门巴歌舞戏剧。门巴戏由于源自宗教仪式活动，戴面具演出者在锣钹伴奏下，说、唱、舞错落穿插，交替配合，常常会产生令人震撼的艺术效果。唱词采用散体歌谣形式，曲调随内容和情节的变化而变化。

门巴戏虽然受到藏戏的影响，但并未照搬藏戏的模式，而是根据本民族的审美需要和审美心理进行消化和吸收，使之成为门巴族民俗文化的重要组成部分。门巴戏的表演源自门巴族的民间舞蹈、歌舞和宗教艺术表演，其音乐则源自门巴族民歌萨玛酒歌，此外又吸收了门巴族的说唱音乐、古歌、悲歌和宗教音乐。门巴戏的服装主要以门巴族生活服装为基础，也受到藏族服饰的影响。

二、门巴戏的演出

一般来说，门巴戏的表演团队只有6个演员和1个伴奏员，同时轮流扮演其他配角，唱腔充满宛转悠扬的民歌韵味，常见基本舞蹈动作有18种。门巴戏开场戏仪式表演"琼根着娃松"，有老渔夫、小渔夫、仙翁、巫师、仙女、龙女6种人物，以独有唱腔和舞蹈动作，共表演十八段，分别祭祀獐子、大象、牦牛、

---

① 王希华. 初探门巴戏和藏戏艺术之特点 [J]. 西藏艺术研究，2003（4）：53.

图 8-1　门巴戏表演（山南地区文化局提供）

鹿子、狮子、石磨、经幡和当地神祇"杜嘎尔"以及佛祖菩萨①（见图 8-1）。正戏开始后，6 个演员除要分别扮演剧中 6 个角色外，还要轮流串演其他角色，服装、装扮都不变换。门巴戏表演对伴奏员则有更高的要求，除小鼓小钹要由他司奏外，还要求他谙熟全部剧情、戏词，懂全部唱腔、舞蹈动作和表演，以使鼓钹点与整个戏剧节奏相合。

门巴戏的正式演出叫"雄"，结尾戏为"扎西"，扮演"娘钦"（即渔翁）的演员在正戏开始之前有一段念诵介绍，在正戏演出中则很少再穿插念诵，一般情况下，一个整本大戏要演很长时间。勒布沟每年藏历新年期间，都要连续演出《诺桑法王》七天，一天演一段，持续七天时间，也可以浓缩成一天演完。演出《卓娃桑姆》时，各段分别被称为《格勒旺布》《卓娃桑姆》《哈江堆姆》《拉赛杰布》等。门巴戏的喜剧表演不多，表演和舞蹈也有类似程式的固定节拍和一鼓一钹的伴奏。

在历史上，勒布沟的门巴戏班是门巴戏艺人朗杰拉姆的父亲创建的，这个戏班除在勒乡、基巴乡、贡日乡、麻玛乡的村庄演出外，还要到下边的邦青地区演出。门巴戏的剧目主要有三个：《诺桑法王》《卓娃桑姆》《阿拉卡教》，前两个取材于佛教神话，最后一个取材于古代神话。《诺桑法王》有 36 种唱腔，有很多模仿动物的动作组合，是门巴族对居住地自然环境中的野生动物动作的再现。《卓娃桑姆》是门巴族自己的历史传统剧目，其故事源自门巴族历史上格勒旺布

---

①　刘志群. 错那门巴族：文化艺术的调查及其对外开放和开发的可行性研究 [J]. 西藏艺术研究，1992（4）：12.

国王时期的传说材料。《阿拉卡教》共五场，第一场《降魔》完全是舞蹈表演，没有说、唱。内容表现创世之初魔鬼猖獗、灾难不断，力大无比的神鹏降伏了妖魔，平息了灾难。第二场《兴旺》的形式与第一场一样，舞蹈表现猪、牛驱赶妖魔入地府的过程。第三场《人间》表现人间的世俗生活。第四场《出猎》通过对狩猎活动过程的反映，表现猎人们的期待、渴望、焦虑、失望、悲伤的内心世界，反映了人们的愤懑和不平。第五场《地狱》反映猎人因"杀生"而被当作"罪人"在地狱里遭到的"惩罚"。后面这三场戏与第一场和第二场戏不同，是舞蹈、道白、歌唱穿插进行。反映了人间的爱与恨、喜与悲、善与恶、正义与嫉妒、和谐与冲突、和平与战争等等纷繁复杂、矛盾错综的现实世界。门巴戏演出地点灵活，演员居中表演，观众围坐四周观看，构成一个圆形的演出空间。场次转换十分灵活，不分台前台后台上台下，演员与观众处于同一个平面空间中。①1986年，西藏自治区民族艺术研究所的研究人员对门巴戏进行了压缩和改进，每个角色的每首唱腔仅选择一首最精彩的词唱一遍；将动作组合改为完整的一套动作，只做一次；将门巴戏人物精简为14人；先口头朗诵唱词，清楚表达词意，再用唱腔演唱。整个戏1小时50分钟就能演完，更通俗易懂。1987年8月14日改进后的门巴戏在勒布沟演出，反响良好。1987年，勒布沟门巴戏演出队赴拉萨进行公演，引起了强烈反响。②2006年，山南门巴戏入选第一批国家级非物质文化遗产名录。

三、门巴戏的现代传承

历史上，门巴戏只是在门隅地区流传，没有在其他地区表演的惯例，直到1987年，门巴戏首次在西藏拉萨雪顿节上亮相。1986年，勒布、麻玛两个乡成立时曾恢复错那县门巴戏班，但面临演员流失的情况，到1991年，演出又终止了。2007年初，在地方政府的支持下，勒乡正式恢复组织了门巴戏团，6名勒布乡村民和3名麻玛乡村民联合组成了一个9人戏班，演员能够得到国家的补贴。现在，传统的门巴戏表演有7名演员，有两种演出方式，一种是完整性的，18个小戏表演完最少要一周时间；一种是压缩版的，随着人们生活节奏的加快，演员们对节目进行了压缩和改版，能够在一天内表演完。目前，表演简易性的门巴戏已经常态化。

从2007年至今，国家和西藏地方政府累计在门巴戏上投入保护经费10万

---

① 于乃昌. 门巴族民间戏剧的审美启示 [J]. 民族艺术，1993（1）：56-59.
② 王希华. 初探门巴戏和藏戏艺术之特点 [J]. 西藏艺术研究，2003（4）：55.

元。山南门巴戏的国家级非物质文化遗产传承人有2名,分别叫格桑旦增和巴桑,其中格桑旦增(见图8-2)是勒乡村长,从18岁就开始当该村村长,威望很高。他在1987年开始拜82岁的朗杰拉姆为师,学习门巴戏,学习两个月后被师父带去参加拉萨的雪顿节,进行门巴戏的表演。从此之后,他一直致力于门巴戏的传承和保护,自己组织村民学习门巴戏,曾被文化部授予"全国非物质文化遗产门巴阿吉拉姆乐器师传承人"称号。

图8-2 山南门巴戏的国家级非物质文化遗产传承人格桑旦增

现在,勒乡门巴戏班有演员18人,全部是门巴族,该戏班曾于2005年受邀去拉萨参加雪顿节表演,当时去的演出人员有格桑丹增、索朗丹增、次仁罗布、索郎巴珠、普布扎西、索朗旺堆、次仁桑杰、次仁旦增、确噶等9人,其中确噶负责后勤。在宗角禄康公园演出了两场,时长分别是30分钟和1个小时,得到酬劳500元,前去观看的观众人数很多。现在全村的18名演员中,只有被认定为国家级非物质文化遗产传承人的格桑旦增和巴桑每年可以领到5000元的国家补贴,其他16名演员则得不到国家和地方政府的补贴。为了鼓励大家演出,格桑旦增主要采取两种方式筹集经费,一种是去错那县和山南地区文化局要钱,2010年从错那县宣传部要了1300元钱;另一种是带演员赴外地演出,赚取一些劳务费,主要在勒布沟表演,错那县其他乡也前来邀请,因为老百姓特别是老年人比较喜欢看门巴戏,老百姓家里有喜事时请的多,表演一次可以得到200~300元,观看的群众也给10~20元钱,一个演员一场下来能得到20~40元。除了为百姓表演外，山南边防支队也会邀请门巴戏班前去演出。现在年轻人学习门巴戏的热情比较高，要培养的人多了，学习时要每天给学习者误工补贴35～40元，经费显得非常紧张。①

四、山南门巴戏的保护经验

山南门巴戏能够流传至今，与流传地的地理环境有着密切关系。勒布沟属于中印边境地带，山大沟深，交通不便，到这里来的外人很少。2013年底，从错那县城到勒布沟的公路重修后，交通状况才有所改善，有游客前去游玩，但以错那县本县人居多。这种长期的封闭性在客观上保护了门巴戏所依赖的文化生态，使其能够顺利传承下去。此外，一个强有力的带头人是门巴戏得以振兴的重要原因，格桑旦增本人熟悉门巴戏，热爱门巴戏，是戏班中的乐器师，深得师父真传，这个角色在门巴戏的整个表演过程中发挥的是组织作用。他同时又是村长，在村民中有号召力，能够发动村民学习门巴戏。他的社会活动能力很强，对外能够争取到维持门巴戏戏班日常训练的活动经费，为演员和学习者解决误工费的问题。因为门巴戏的传承一直是民间运作，直到2007年才有国家力量介入，门巴戏能够传承到今天，一个强有力的民间代表是不可缺少的。

第二节　生与舞的抉择：错那边境游中的门巴戏困局

一、勒布沟旅游业的发展

勒布沟的自然环境优美，海拔较低，与山南其他地区的自然风光有很大不同，因此成为山南地区有名的风景名胜区，号称"边境第一乡"。安徽省援建了宾馆，2012年开始对外开放，娘江曲也建有招待所，可以为游客提供住宿。2011年，麻玛乡政府新建的二层小楼竣工后，一楼也开了两家饭馆和商店。2013年，从错那县城到勒布沟的乡村公路也修建完毕，基础设施和交通条件得到了极大改善，已经具备了开发旅游的条件。2014年3月，麻玛乡被纳入"生态文明小康示范村"建设规划，麻玛门巴新村生态文明小康示范点项目共投入资金9265万元，拓宽了道路，加固了娘姆江曲流域麻玛乡段的河堤，整个村寨建筑极具门巴特色，村民们开有农家乐、家庭旅馆，开始接待游客，来自拉萨、山南的散客较多，但内地游客人数不多。在门巴戏的主要流传地勒乡，村民对房屋

---

① 根据笔者对格桑旦增（男，45岁，门巴族，错那县勒乡村民）的访谈整理而成。

进行改造后,开设了家庭旅馆和饭馆,于 2013 年底正式对外接待游客,2014 年共接待游客 3000 多人。此外,门巴族民众也因势利导,充分发掘特色旅游产品,勒乡于 2013 年成立了茶业合作社(见图 8-3),全乡 50 多户都加入了该社,从事本地茶叶加工。当年嫩茶一斤能卖到 1000 多元,绿茶一斤可以卖到 150～200 元,砖茶一斤也能卖到 50 元,而且供不应求,成为畅销品。

图 8-3 勒乡茶叶厂内景

"所有的旅游都是追求本真(authenticity)的具体展现,而且这种追求乃是人类向往神圣这普世价值的实践。观光客其实总对其他人的真实生活极感兴趣,且总觉得那里面存在着一种他们自身的经验之中所难以挖掘的真象。"[①] 勒布沟自然风光优美,政府出资兴建的民居具有鲜明的民族特色,房檐下的经幡随着微风不停摆动,门巴族妇女身着鲜红的民族服装穿梭在村寨中,传说门巴族服装的颜色是文成公主最喜欢的。麻玛乡最引人注目的是一座传说是六世达赖喇嘛行宫的古老建筑,且流传着很多六世达赖喇嘛的传说(见图 8-4)。1962 年的对印自卫反击战也在这里留下了历史的印记,张国华将军前线指挥部、将军桥、石刻、给军队带路的门巴族老人、战斗故事等都给勒布沟留下了很多历史的痕迹,构成了勒布沟独一无二的旅游文化资源(见图 8-5)。从 2010 年开始,错那县文化局对勒布沟的历史遗迹进行了调查,整理了一批文字材料,制作成用藏汉两种文字书写的小册子,将口耳相传的勒布沟传奇以书本的形式推介给游客,使到勒布

---

① (英)John Urry. 观光客的凝视 [M]. 叶浩,译. 台北:书林出版有限公司,2007:32.

沟旅游的游客能够通过自身的体验和对书本的阅读，更全面地了解勒布沟。这些游客完成旅游返回后，又将自己在勒布沟的经历和这些书本与朋友分享，完成了一次完美的旅游宣传。这种积极的推介行为吸引着大批游客前来观光。近两年来西藏自治区游客扎堆前往勒乡旅游的另一个重要原因是它最靠近中印边境，属于军管区，在相当长的时间里没有开放旅游，错那县之外的人进入这里都需要办理边防通行证，使其显得比较神秘。现在开放旅游后，游客到勒乡还可以隔着一条小溪看到印控区的印度兵，这成为勒布沟旅游的主要吸引物，能够满足游客的好奇心。

图8-4　麻玛门巴民族乡的古老建筑　　　图8-5　张国华将军前线指挥部旧址

"旅游的独特之处在于，它的收入的大部分是由体验的促成者所创造的，而不是由体验的提供者所创造的。一次旅游的费用，其中只有很少一部分是真正花在被称为吸引物的对象上的，其余则花在了交通、住宿、食物、饮料、小费、游览，以及给旅游业的佣金上面。然而，最初正是这些吸引物才把旅游者吸引到了目的地，从而使其余行业的利益得以产生。"[①] 可以说，自然风光、历史遗迹、门巴族人文风情和口头传说共同组成了勒布沟旅游的吸引物，而要达到欣赏这些吸引物的目的，游客就必须从居住地来到勒布沟，交通问题是第一个需要解决的问题。因为勒布沟尚未开展旅行团业务，游客以区内散客为主，所以自驾游就成为拉萨、山南等游客的首选，由于路途遥远，决定了勒布沟旅游不是一日游，而要耗费几天时间，所以在住宿、食物等方面也带来很多消费。加上勒布沟是开放式景区，没有生活区和游览区之分，所以游客看到的都是门巴族民众最真实的生

———————
① （加）Bob McKercher，（澳）Hilary du Cros. 文化旅游与文化遗产管理［M］. 朱路平，译. 天津：南开大学出版社，2006：32.

产生活场景,而不是旅游项目的展示,不收门票的游览又对游客形成了一种心理暗示,刺激着人们的消费神经,这又为旅游纪念品的消费打下了基础。

二、非物质文化遗产的不同境遇

(一)木碗和竹编技艺的旅游化展示

由于麻玛乡的基础设施比较完备,因此到勒布沟旅游的游客主要是以麻玛乡为中心,到勒乡和边境一带游玩,返回错那县时也会有游客顺便去基巴乡和贡日乡。"旅游者通过愉快体验的消费来满足其个人需要。"[①] 在麻玛乡,游客们除了领略优美的自然风光外,更希望看到独特的门巴族文化,其注意力很容易被门巴族木碗和竹编产品牢牢吸引,因为木碗和竹编产品就在麻玛乡兴建的公房和非物质文化遗产传承人房屋前的空地上制作,能够提供给游客观看非物质文化遗产技艺的场所和机会。通过展示和交流,使游客感受到门巴族手工技艺类非物质文化遗产的魅力,享受制作过程,消磨了时光,满足了游客的观光需求(见图8-6)。因为游客亲眼目睹了非物质文化遗产的展演过程,所以对产品的价值有了更深一步的认识,游客认为木碗和竹编产品"材料原真",加之手工制作而成,费时耗力,因此愿意花钱购买,使非物质文化遗产产品化身为价值不菲的旅游纪念品。

图8-6 勒布沟竹编制作技艺展示(山南地区文化局提供)

---

① (加)Bob McKercher,(澳)Hilary du Cros. 文化旅游与文化遗产管理[M]. 朱路平,译. 天津:南开大学出版社,2006:32.

因为木碗和竹编产品都是以可再生植物为原料制成的，受自然环境和植物本身特点的影响较大，相比而言，能够制作木碗的各种树木主要分布在勒乡，数量相对稳定，可以提供比较充足的原料。而竹编产品的原料竹子的情况很不稳定，勒布沟的竹子15～20年开花一次，然后就会大面积死亡，恢复生长至少需要三年时间，这就造成竹编产品原材料的短缺，形成周期性的产品空档。随着旅游业的发展，这种空档期却带来了竹编产品的紧俏，因为缺少原材料，一方面是竹编产品数量锐减，另一方面却是游客数量不断涌入，出现了供不应求的情况，使现有竹编产品的价格不断攀升，激发了勒布沟妇女学习竹编制作技艺的积极性，促进了非物质文化遗产的传承。

（二）无所适从的门巴戏艺人

从名气上来说，作为国家级非物质文化遗产的门巴戏要远远大于自治区级非物质文化遗产竹编制作技艺和县级非物质文化遗产木碗制作技艺，但在旅游业发展过程中，山南门巴戏并不为人所知。这与它的属性有很大的关系，门巴戏属于生活娱乐型非物质文化遗产，演员是非职业性的，由门巴族民众义务担任。这些人平时是以农牧民的身份生活，排练、学习和演出只能在冬天农闲时节才能开展，由国家级非物质文化遗产传承人格桑旦增负责。他在冬天把艺人们聚集到一起，一边排练，一边亲自教授，然后给勒布沟的民众进行表演，一次演出需要集中表演人员，费时费力，演员和观众都有空闲是门巴戏演出的前提。就表演而言，艺人们在勒乡表演是免费的，如果接受错那县文化局的任务外出进行演出，则收取一定的误工费，一般是每人每天50元。此外，给前来调研的科研机构的研究人员和慕名而来的各地电视台进行表演在门巴戏演出中所占比重越来越大，形成了一种名不副实的情况。从表面上看，经由研究人员和电视台工作人员之手，门巴戏频繁出现在报纸、网站和电视节目中，从一个原本流传范围很小、观众人数不多的地方戏登上了大雅之堂，越来越高端化，艺人们的社会地位似乎也得到了提高。但实际情况是，给研究人员和电视台的表演并没有使艺人得到更多的经济报酬，很多时候甚至并没有收入，他们的表演所换取的只能是在电视上亮相，获得一种精神层面的满足，至于是否会在报纸和网站上出现，他们并不关注，也没有办法获取这些信息。这种现实情况也从侧面说明门巴戏的传统性和封闭性。

门巴戏艺人并不是职业艺人，主要在冬天农闲时间完成排练和表演，接受地方文化部门的表演任务、给科研人员和电视台记者的表演打破了门巴戏以往的表演传统，使艺人们在冬天之外的时间里也得以聚集在一起进行表演，使门巴戏艺人在形式上成为半职业化的演出者。我们认为，门巴戏艺人在农闲时间给当地人的表演是其传承的基础，完全是一种义务表演，艺人们所得到的是勒布沟民众的认同和赞许，体现出门巴戏艺人的社会价值，这种精神上的愉悦感吸引着年轻人来学习这门艺术，是门巴戏得以生存和延续的秘诀。而给科研人员和电视台记者的演出几乎没有经济报酬，使艺人们无法得到半职业化后的经济补偿，所以艺人们目前还不能通过门巴戏的表演来维持基本的生活，只能依赖传统的农牧业经济来维持生计，这使门巴戏班出现了类似于1986—1991年间演员流失的情况。现在，18名艺人中，巴桑、索朗旦增因为年龄原因不再跳了，普布扎西搬到麻玛乡生活，土旦次仁大学毕业后在错那县工作，巴桑次仁、次仁旺堆也因为个人原因退出戏班。勒乡的门巴戏班只剩下格桑旦增、次仁巴桑、次仁罗布、永车、索朗达杰、罗布次仁、索朗巴珠、格桑次仁、次仁索朗、索朗多布杰、次仁索达、洛桑登巴等12人，平均年龄为36岁。这些人除了格桑旦增于2013年底提干成为勒村党支部第一书记外，其他人全部都是农牧民，平时以农牧业和打工为生，现金收入有限（见图8-7）。2011年底茶叶合作社成立后，这些人才与其他村民一起从事茶叶种植、采摘和销售等工作，年底能从茶业合作社拿到一笔2～4万元不等的分红。而且，这些艺人中没有一个人从事与旅游业直接相关的行业。究其原因，主要是这些艺人的家庭情况并不太好，有的房屋较小，有的家里有拖累，都无法腾出手来将现有住房改造成家庭旅馆，接待游客，只能将主要精力放在现有农牧业生产方面，维持基本生活，所以尚不具备参与旅游业的条件。

图8-7　门巴戏班

三、门巴戏表演的转化困惑

目前，到勒布沟的游客多为区内散客，没有内地旅游团，旅游形式以观光游为主，尚不能构成文化旅游，游客的参与程度和体验程度较低。勒布沟在发展旅游业的过程中面临的问题除了接待能力有限外，缺少娱乐性节目的集中展演是不能较长时间留住游客的主要原因。按照传统，门巴戏的表演主要集中在冬季的农闲时节，观众比较固定，几乎全部为勒布沟民众，是一种门巴族民众自娱自乐的表演形式，参加拉萨雪顿节的藏戏表演次数也屈指可数，为门巴戏增添了几分荣誉。从理论上来说，门巴戏是勒布沟最适宜向游客展演的高品位娱乐性节目，是勒布沟的文化名片。但由于门巴戏艺人并没有从事与门巴戏相关的旅游产品展演，而仅仅处在旅游产品——茶叶供给链条的底端，并没有发挥自己的特长，所以这一名片还停留在艺人手中，并没有发送出去，也就是说没有发挥门巴戏作为旅游吸引物的重要作用。

由于勒布沟还没有进行整体开发的旅游公司进驻，完全处于农牧民的个体经营状态，正处于探索阶段，所以缺少连接游客与门巴戏艺人的组织者。历史上，因为地理环境的限制，门巴戏的演出对场地的要求不高，没有舞台，演员与观众处于同一个平面，以往都在娘江曲的院子里演出。2014年，勒乡才建设了自己的演出场地。对外来的游客而言，即使想看门巴戏，也面临演员不齐、缺少观看演出的舞台、无人组织、无法计算演出酬劳等一系列问题，所以游客和门巴戏班在需求度方面存在错位。因此，勒布沟旅游业的发展对门巴戏的积极影响可以忽略不计。

作为国家级非物质文化遗产，门巴戏在勒乡的存在具有文化象征符号的意义，能够得到国家和地方政府的大力支持，但也面临很多实际困难，最主要的问题是传承群体人数基础小，本民族观众人数少，演出机会有限，只能单纯依靠国家的输血式扶持，无法实现自养，这使门巴戏的前景非常暗淡。要使门巴戏作为国家级非物质文化遗产的招牌实至名归，真正成为勒布沟边境旅游的文化名片，采用文化援藏的方式引进旅游公司，不失为一种可行性较强的办法。

第九章 门巴族、珞巴族非物质文化遗产与旅游业的结合路径

对门巴族和珞巴族这两个人口较少民族来说,目前非物质文化遗产保护的成就是巨大的,在一定程度上实现了民族文化的传承和发展。但在实际操作过程中也存在一些不能回避的现实问题,需要引起我们的重视和思考。

第一节 门巴族、珞巴族非物质文化遗产的旅游产品转化

正如第一章第二节所述,西藏发展旅游业是1984年第二次中央西藏工作座谈会时提出的,2001年第四次中央西藏工作座谈会上再次强调要大力发展旅游业。经过30多年的发展,"西藏2014年全年累计接待游客1553万人次,全年旅游总收入达到204亿元,分别比上年增长20%和23%"[①]。旅游业已经成为西藏经济社会发展和农牧民致富的主要支柱性产业。首府拉萨作为西藏的政治、经济和文化中心,在西藏旅游业中所占比重非常大,"2014年拉萨市旅游业向体验游、休闲游发展,接待游客925.74万人次,实现收入111.67亿元"[②]。拉萨的游客数量占西藏2014年游客总量的59.6%,旅游收入占西藏2014年旅游收入的54.7%。门巴族和珞巴族分布的林芝地区米林县是完全开放的旅游市场,拥有非常成熟的旅游线路、完备的基础设施和众多的服务人员队伍。而墨脱县和山南地区隆子县这两个边境县都属于限制性旅游市场,尚处在规划开发过程中,在西藏

---

① 西藏2014年旅游总收入突破两百亿元 [EB/OL]. http://news.xinhuanet.com/local/2015-01/19/c_1114043856.htm. 2015-01-19.

② 2014年西藏拉萨旅游收入实现111.67亿元人民币 [EB/OL]. http://www.chinanews.com/sh/2015/01-06/6942428.shtml. 2015-01-06.

旅游业中所占份额极其有限。这就决定了门巴族、珞巴族在西藏旅游业中的边缘化生存状态。

一、门巴族、珞巴族的文化变迁

文化变迁是人类学研究的主要课题之一，备受人类学各个学派的关注，早期进化论学派用文化进化理论来说明文化发展的普遍性，主要论述历史上的文化变迁。传播学派则认为文化变迁过程就是传播过程，文化在传播过程中发生变迁。功能学派也注意研究在调查中所发现的文化变迁。历史学派则认为民族文化的特殊性取决于社会内部发展和外部影响。① 文化变迁是指由于民族社会内部的发展，或由于不同民族的接触而引起的一个民族文化系统，从内容到结构、模式、风格的变化。②

大约在18世纪前期，门隅地区的部分门巴族人，不堪忍受封建农奴主的压榨，以及强烈地震等自然灾害的袭击，抱着到东方寻找"佛之净土""莲花圣地"的宗教幻想，开始了千里迢迢背井离乡的大迁徙，迁往白马岗，即今墨脱县，开始了历史上著名的"门巴族东迁"。门巴族迁入白马岗的初期，人数较少，所占猎场、耕地和森林不多，与珞巴族没有根本的经济利益冲突，初来乍到，一度得到善良好客的珞巴族的同情和支持，门、珞关系友好。在以后的岁月中，门巴族继续不断地迁入白马岗，建立村庄，开垦荒地，狩猎捕鱼，使当地珞巴族的猎场、河流、耕地和森林不断缩小，门、珞两族群众在经济利益上发生了直接冲突。在波密土王白马策旺的挑唆下，终于引发了门、珞之间的大规模械斗。门、珞之间曾连续发生6次大规模械斗。③ 战败的珞巴族各部落开始了从北向南的迁徙，他们迁徙前的住地大致是藏区的工布、塔布和波密一代。④ 最后，退到南部的珞巴族按照习惯派了一位老年妇女摇着树枝，前来讲和。门、珞械斗双方在地东村歃血为盟，发誓门、珞两族以后视为兄弟，永远友好相处。双方确定以仰桑河为界，以北为门巴族居住区，以南为珞巴族居住区。⑤ 大规模的械斗造成了门巴族和珞巴族分别聚族而居的格局，流传着很多传说。20世纪60年代以来，当门巴族和珞巴族被认定为单一民族后，当地的群众非常高兴，相互传

---

① 黄淑娉，龚佩华. 文化人类学理论方法研究 [M]. 广州：广东高等教育出版社，2004：216.
② 林耀华. 民族学通论 [M]. 北京：中央民族大学出版社，1997：396.
③ 关东升. 中国民族文化大观：藏族、门巴族、珞巴族 [M]. 北京：中国大百科全书出版社，1995：364—365.
④ 《珞巴族简史》编写组. 珞巴族简史 [M]. 北京：民族出版社，2009：10—12.
⑤ 关东升. 中国民族文化大观：藏族、门巴族、珞巴族 [M]. 北京：中国大百科全书出版社，1995：365.

话，笑称自己"是大人了"①，实现了政治上的平等，门巴族、珞巴族和藏族、汉族间的往来愈发密切，社会主义新型民族关系进一步巩固和发展。

因为藏族是西藏的主体民族，藏族文化博大精深，自成一体，拥有仅次于汉文化的文化体系，门巴族、珞巴族都毫无例外地受到了藏文化的影响，门巴族、珞巴族都通用藏语，使用藏文。随着现代学校教育的发展，门巴族和珞巴族民众中的中年人和青少年能讲汉语、会写汉字的人已经非常多。受藏族的影响，门巴族饮食习俗出现了米食文化和面食文化的互融、现食文化和积食文化的互融、水茶文化和油茶文化的互融，在衣着习俗方面出现了棉麻文化和毛呢文化的互融、裙式文化和袍式文化的互融。在节日礼俗方面，门巴族对藏族节日文化进行了吸收和改造，都过藏历新年、萨嘎达瓦节、望果节，过藏历新年时喝古土、摆供羊头和使用切玛。②

在穿着方面，斗玉珞巴民族乡、勒布沟里的珞巴族和门巴族妇女一年四季都穿戴本民族服装，南伊珞巴民族乡的少数珞巴族年轻妇女为了配合旅游公司也穿戴本民族服装，达木珞巴民族乡只有扎西巴老人一直穿戴民族服饰，"60岁的门巴族老人达瓦曲珍是墨脱村少数穿戴着传统门巴族服饰的妇女之一"③。其他地方的门巴族和珞巴族民众已经习惯于在平时穿戴现代服饰，只在节日里才会穿上民族服饰。在与门巴族民众的交往过程中，擅长采集、狩猎的珞巴族民众已经很少打猎，与门巴族民众的生计方式趋于同一，都以农牧业为主要的生计方式。在饮食方面，墨脱县门巴族、珞巴族民众一直以鸡爪谷、玉米为主食，20世纪80年代后，随着水稻种植的推广，大米逐渐成为民众的主食，玉米和鸡爪谷的数量逐渐减少，主要用于酿酒。蔬菜大棚推广成功后，新鲜蔬菜也成为门巴族和珞巴族民众的日常菜肴。在住房方面，门巴族、珞巴族房屋大都简陋，20世纪90年代国家实施的"兴边富民"行动、2005年国家实施的"扶持人口较少民族发展"政策、2006年西藏自治区实施的社会主义新农村建设对门巴族、珞巴族民众改善居住条件意义重大，门巴族、珞巴族聚居区都实行了住房补贴性重建，由国家出资在墨脱县的达木珞巴民族乡、德兴乡、墨脱村，米林县南伊珞巴民族乡，错那县贡日门巴民族乡、基巴门巴民族乡、麻玛门巴民族乡和勒门巴民族乡等地实行统一规划，建造了大量样本性安居工程，在改善门巴族、珞巴族民众住房条件的同时，也使门巴族、珞巴族民众的房屋格局发生了较大变化。改变最大的是墨

---

① 根据笔者对翼文正（男，81岁，西藏离休干部）的访谈整理而成。
② 关东升. 中国民族文化大观：藏族、门巴族、珞巴族［M］. 北京：中国大百科全书出版社，1995：488—492.
③ 王丽平. 墨脱村调查［M］. 北京：中国经济出版社，2012：124.

脱县德兴乡的房屋，新建的房屋就像一座座排列整齐的小别墅，用一条主干道和很多小道将这些房屋连接起来，村子里还修建了舞台和广场，完全是按照城市楼房的格局来设计的。一套房有4间房子，房屋外面没有院子和院墙，是完全开放的，没有预留农牧民存储农具、粮食、柴火等物资的空间，与农牧民的生活方式不太适应。而墨脱县达木珞巴民族乡的房屋建设情况就比较好，各家各户都按照自己的意愿新建了房屋，保留了院子，延续了珞巴族民居与地面保持一定距离、存放杂物的传统，这与农牧民的生活方式相适应。在出行方面，除了墨脱县，门巴族、珞巴族聚居的地方很早就通公路，乘车出行已经非常普遍。只有墨脱县民众一直是以人背肩扛和马帮托运的方式运送物资。为改变墨脱县不通公路的历史，国家投入大量人力、物力和财力修建从波密县扎木镇到墨脱县的公路，1975—1981年第一次施工，只能实现扎木大桥及扎木至嘎隆寺段能使用；1989—1994年第二次施工，扎墨公路短暂初通；1995—1996年第三次施工，恢复约27公里路段；2009—2010年第三次施工，随着12月15日嘎隆拉隧道打通，扎墨公路全县贯通，墨脱县民众真正实现了公路交通的畅通，乘坐摩托车和汽车出行的人很多。随着扎墨公路的间歇性通车，从1995年开始，马帮逐渐退出了墨脱县交通运输的历史。但在以小路连通的墨脱县背崩乡地东村，村民仍然有养马的习惯，用来从背崩乡背崩村驮运物资到地东村时使用。在生活用品方面，门巴族、珞巴族已经普遍拥有电视机、电冰箱、缝纫机、收音机、电话、手机等家用电器，过着与内地民众一样的现代化生活。

就婚姻情况而言，米林县南伊珞巴民族乡的珞巴族民众与藏族民众通婚普遍，琼林村的珞巴族妇女亚夏的丈夫新生就是门巴族。① 墨脱县达木珞巴民族乡的珞巴族和藏族人通婚最多，与门巴族间通婚次之。本村的珞巴族人洛桑和藏族妇女卡罗卓玛于1980年结婚，已经35年了，那时候生活条件很差，邻居们给予他们很多物质上的帮助。2005年，珞巴族男子古拉娶了来达木乡工作的藏族姑娘拉琼；2003年，在达木村小学当老师的藏族男子扎西罗布和本村珞巴族女子扎桑拉姆结婚，在达木村落户；珞巴族男子尼玛顿珠与门巴族姑娘索朗措姆结婚已经13年了。现在，本村的珞巴族女性往往招赘门巴族男性来达木村生活，2001年，帮辛乡的门巴族小伙子曲珠就到珞巴族妇女卓玛家做了上门女婿；2003年，帮辛乡的门巴族男子雪东到珞巴族女性曲宗家做了上门女婿。② 隆子县斗玉珞巴民族乡的珞巴族民众与藏族民众通婚较多，珞巴族男性巴甲就娶了一个

---

① 根据笔者对亚夏（女，39岁，珞巴族，米林县南伊珞巴民族乡琼林村村民）的访谈整理而成。
② 根据笔者对扎西巴（男，75岁，珞巴族，墨脱县达木珞巴民族乡达木村村民）的访谈整理而成。

叫群宗的藏族女性。① 墨脱县的门巴族民众与珞巴族、汉族民众通婚的情况也逐渐增多，甚至有一些门巴族、珞巴族女性嫁给到本地修路的内地建筑工人为妻，到夫家生活，也有一些汉族男性建筑工人在墨脱县落户的，婚后往来于内地与墨脱县。② 达木村的珞巴族妇女央前就嫁到了四川成都，和汉族丈夫陈旧一起做建筑工程生意，但户口还在本村；2006年四川人蔡本东与达木村珞巴族女性唯东结婚后在达木村生活。③ 2003年，墨脱村的门巴族女子达瓦拉姆与外来的汉族人结婚。④ 由于珞巴族人口很少，在历史上实行氏族外婚，严禁氏族内通婚，对犯事者进行严惩，还因此发生过氏族的裂变，经历了从处死当事者—舆论谴责—容忍的发展过程，保留了讥笑"血亲相奸"氏族祖先的传统。⑤ 随着西藏经济社会的快速发展，各民族间人员往来日益频繁，依靠亲戚介绍，扩大婚姻圈，与藏族和汉族等周边民族通婚已经成为广大民众的自愿选择。

在国家的大力扶持下，门巴族、珞巴族社会已经发生了翻天覆地的变化，表现在生产生活的方方面面，资讯更加发达、出行更加便捷，物资更加丰富，人员流动加快，与外来人口的联系日益紧密。特别是随着旅游业的发展，门巴族、珞巴族民众在与游客的频繁接触中接受了现代化的生活方式，更加追求生活的舒适度。也深刻认识到本民族文化的经济价值，将其作为文化资本进行个体展示，获取金钱。

二、门巴族、珞巴族的旅游产品嬗变

如前所述，目前门巴族、珞巴族进行旅游开发比较成熟的地区是米林县南伊沟旅游风景区，而错那县勒布沟和墨脱县都属于限制性开发地区，在景区规模、质量、服务设施、游客数量、民众参与程度和旅游产品供给等方面都存在巨大差异。

（一）勒布沟门巴族和南伊沟珞巴族的文化空间

"文化空间是指通俗的和传统的文化活动集中的地方，它通常具有某种周期性特点和盛事形式的特点。文化地的完整性对提供真实性体验起到重要的作

---

① 根据笔者对麻旦（男，68岁，珞巴族，隆子县斗玉珞巴民族乡一村村民）的访谈整理而成。
② 根据笔者对张秋生（男，46岁，汉族，墨脱县副县长）的访谈整理而成。
③ 根据笔者对宗吉（女，25岁，珞巴族，墨脱县组织部干部，墨脱县达木珞巴民族乡达木村人）的访谈整理而成。
④ 根据笔者对扎西卓玛（女，25岁，门巴族，墨脱县墨脱村人）的访谈整理而成。
⑤ 王玉平. 珞巴族 [M]. 北京：民族出版社，1997：30.

用。"① 勒布沟四周群山环绕,娘江曲从北向南奔流其间,形成一条弯曲狭长的河谷地带,门巴族村寨就坐落在河流两岸,河流冲击地带为农业区,山顶平坝地带为牧业区。② 南伊沟位于喜马拉雅山北侧,雅鲁藏布江南岸支流南伊河两岸山高岭峻,森林茂密,河岸两侧是冲击而成的平坡地带,适宜农耕。③ 大山、峡谷与河流共同构成了门巴族和珞巴族所生存的生态环境基础,这种地形地貌决定了门巴族和珞巴族文化的区域性和封闭性特点,客观上也使其传统文化得到了较好的延续。

勒布沟属于门隅地区,是门巴族民众的传统居住地之一,很早就流传着"猴子变人"的古老传说。7世纪,门隅即属吐蕃王朝管辖范围。13世纪,元朝统一中国后,中央政府的统治权力到达这一地区。14世纪中叶到15世纪初叶,藏传佛教噶举教派帕竹地方势力统治西藏以后,门隅成了帕竹噶举教派的世袭领地,建立了噶举教派的寺庙。17世纪中叶,格鲁派五世达赖喇嘛曾派他的弟子梅惹喇嘛洛朱嘉措和错那宗官员朗喀主扎到门隅建立达旺寺和绛喀溪宗康,进行对当地的统治。1914年,西姆拉会议期间,英国代表麦克马洪背着中央政府,擅自与西藏地方政府的代表用秘密换文的卑劣手段,在我国领土上划了一条非法的边界线,即所谓"麦克马洪线",把门隅及麦克马洪线以南的其他我国领土,共计9万多平方公里的土地划归英属印度。对此,当时的中国政府和以后的历届中国中央政府也从来没有承认过。1936年以前,英国政府一直不敢公开把这条线划在地图上。从1936年起,英国殖民当局趁我国遭到日本帝国主义侵略之际,偷偷摸摸地侵占了部分地区。1951年,西藏和平解放后,印度陆续占领了除勒布四错(舍姆错、基巴错、贡热错、贤来错)以外的整个门隅地区,赶走了这里的西藏地方官员。现在,除勒布四错以外的其他门隅地区都不在我国实际控制区域内。④ 勒布沟里平地较少,耕地有限,门巴族民众以种植荞麦、冬青稞为主,最南部的勒乡可种植鸡爪谷,生产元根、萝卜、土豆等蔬菜。在山上牧场里放牧牦牛、犏牛和黄牛,制作酥油、奶渣,宰杀后获取牛肉。如前所述,勒布沟的门巴族民众还制作木碗和竹编器具,形成了颇具特色的手工业,传承着门巴戏。拥有国家级、自治区级、县级非物质文化遗产5项,是门巴族特色文化最突出的地

---

① (加)Bob McKercher,(澳)Hilary du Cros. 文化旅游与文化遗产管理[M]. 朱路平,译. 天津:南开大学出版社,2006:100.
② 西藏社会历史调查资料丛刊编辑部. 门巴族社会历史调查[M]. 北京:民族出版社,2009:1.
③ 西藏社会历史调查资料丛刊编辑组. 珞巴族社会历史调查(一)[M]. 北京:民族出版社,2009:1.
④ 西藏社会历史调查资料丛刊编辑组. 门巴族社会历史调查(一)[M]. 北京:民族出版社,2009:2.

方，门巴族男女平时头戴橘黄边前部留有缺口的"拔尔甲"帽子，穿着红色氆氇制作的长袍，男子腰间系赭色腰带，女子在腰部围一块白氆氇制成的围裙。主要过藏历年和旺果节等节日，吟唱萨玛酒歌，民族特色比较浓厚，构成了门巴族的文化空间。多年以来，国家通过在这里实行兴边富民政策、安居工程，建设生态文明示范村，弘扬门巴族传统文化，将其打造成为门巴族的精神家园。

20世纪90年代以来，勒布沟中的藏族人口数量开始增加，特别是竹器厂藏族职工迁入麻玛乡后，勒布沟民众的民族成分发生了变化，形成了门巴族与藏族混居的格局，两个民族的民众共同居住、相互通婚，使勒布沟的人口数量大为增加，也为门巴族文化的代际传承提供了足够的人力储备。

南伊沟作为珞巴族人居住地的时间并不长，据传都是陆续从喜马拉雅山南麓的马尼岗、梅楚卡等地区迁来的。1940年，有4户10名珞巴族人迁徙到南伊沟定居下来，1950年前后迁来的有六七户、20余人，其余大部分为1956年前后迁来，还有少部分是1962年迁来的①，逐步形成了今天南伊沟三个村寨的雏形。1984年南伊珞巴民族乡建立后，珞巴族民众的政治意识也得到相应的加强。因为自然环境的限制，南伊沟珞巴族民众在生产生活方式上有很大的相似性，都以农牧业为主，辅以竹编、编织等民族手工业，男子戴熊皮盔帽、穿氆氇长袍，外罩套头大坎肩；女子穿名为"基都"的短上衣，下身穿羊毛编织的紧身筒裙"结邦"，配以各种贝壳装饰，延续了本民族的传统服饰。在岁时年节上，珞巴族民众在每年藏历12月中旬左右举行"洞更谷乳木"新年，在每年1月左右举行"梭龙杜"节，在每年2月举行"旭独龙"节，在每年11月底12月初举行"居尼巴洛萨"节，上山打猎、捕老鼠和下江捕鱼，还要酿酒。② 居于一地、使用珞巴语、采用共同的生计方式、穿着共同的民族服饰、聚在一起过共同的民俗节日，使南伊沟最终成为当地珞巴族民众的共同文化空间。

由于受藏族文化的影响，珞巴族人的民族文化已经发生了很大的变化，现在，欢庆丰收的"旭独龙"节、辞旧迎新的"洞更谷乳木"节都已经消失，当地人主要过工布新年。珞巴孩子不但要过周岁礼，而且从一岁到三岁都要过生日。丧葬习俗和一年周祭习俗则保留了下来。③ 由于与藏族民众的混居和通婚已

---

① 西藏社会历史调查资料丛刊编辑组. 珞巴族社会历史调查（一）[M]. 北京：民族出版社，2009：1.

② 关东升. 中国民族文化大观：藏族、门巴族、珞巴族 [M]. 北京：中国大百科全书出版社，1995：626—627.

③ 龚锐，晋美. 珞巴族——西藏米林县琼林村调查 [M]. 昆明：云南大学出版社，2004：234—245.

经比较普通，珞巴族文化习俗也发生了相应的变化，随着珞巴族传统节日的消失和被藏族节日替代，南伊沟珞巴族的文化空间已经发生了很大变化，出现了一定程度的"藏化"现象。而国家层面则竭力将南伊沟打造成珞巴族民族文化保护的典范，除了持续投入大量资金推行安居工程外，更是在民族文化保护方面给予大力支持。现在南伊沟除了拥有从国家级到县级的各级非物质文化遗产名录外，南伊珞巴民族乡还入选2014—2016年度"中国民间文化艺术之乡"，成为集中展示珞巴族民族文化的集中地。经过70多年的持续建设，南伊沟已经被国家打造为珞巴族人的精神家园，是国内珞巴族民众的小康村，具有非常重要的象征意义，是对外界进行展示的重要窗口。

（二）门巴族、珞巴族文化旅游产品的供给

门巴族、珞巴族地区能够提供的旅游产品大概分为手工技艺类非物质文化遗产和文化娱乐类非物质文化遗产两大类。竹编、木碗、编织等手工技艺类非物质文化遗产在门巴族、珞巴族非物质文化遗产中占有相当比例，涉及门巴族、珞巴族的吃、穿、用等方面，有其传承的实用性基础。门巴族的萨玛酒歌、拔羌姆、门巴戏，珞巴族的阿巴达尼始祖传说、刀舞、加金加等文化娱乐性非物质文化遗产一般要在特定的时间、特定的地点，由特定的演员对特定的人群进行表演，并不是随时随地都可以进行展示的。与娱乐性非物质文化遗产项目相比，手工技艺类非物质文化遗产在门巴族、珞巴族民众的生活中扮演着重要角色，属于个体性非物质文化遗产，最大程度地发挥了单个传承人的主体作用，突出的是传承人的个体行为，不受时间和地点的限制，随时随地都能进行操作，而且不受人员数量的限制。文化娱乐性非物质文化遗产属于团体性非物质文化遗产，突出的是传承人群体的团队精神，很难进行个体展示，即使可以进行展示，其效果也大打折扣，在很大程度上受到人员数量的限制。

从吸引游客的程度来说，手工技艺类非物质文化遗产能够通过传承人的现场展示引起游客的围观，让游客切实感受到非物质文化遗产的艺术魅力，认识到这些非物质文化遗产产品的民族性、活态性和地域性特点，愿意将其视为旅游纪念品进行购买，使这些非物质文化遗产顺利实现向旅游产品的转化。勒布沟木碗制作艺人白天都在公房里制作木碗，政府免费提供的房屋、机器和电力是吸引艺人们聚集的最主要原因，这样一来，确保每天都能有艺人在公房里制作木碗，可以给游客提供文化旅游的吸引物。对艺人而言，他们只是在进行最平常的工作，并没有表演的欲望；而对于游客来说，一块块木头疙瘩在艺人的手中化身为造型独特、色彩艳丽的木碗，这无疑是一场手工技艺的华丽表演，刨床的使用将这一过程时间大大缩减，在游客能够接受的时间内完整地展示出了木碗的制作过程，完

美地展示出了门巴族文化的精华，不需要语言，仅仅凭借制作过程和产品就能引起游客的共鸣，激发起游客的购买欲望。对于区内游客来说，藏族人认为用木碗喝酥油茶更加香甜，有每个人使用自己的木碗的传统习惯，这又催生出比较广阔的市场，借助刨床可以使木碗的产量大为增加，能够满足游客的购买需求。在传承木碗制作技艺的同时，增加传承人的经济收入，实现文化传承与经济效益的双赢。

对于竹编技艺来说，虽然编织产品的过程比较缓慢，在观赏性方面不如木碗制作那么花哨好看，但是它却具有灵活性、随意性、简易性等特点。一名竹编艺人带上一个板凳、一块竹席、几样微型铁质工具，拿上一捆竹篾就可以在村寨中任何一个相对宽敞的地方编织竹编产品，完全是艺随人走，技随人动，是非物质文化遗产活态化的最好表现。更为重要的是，艺人在编织过程中还可以自由地与游客进行交流，而不影响他的正常编织行为。竹编艺人并不是单纯的制作者，他们集制作者和生意人于一身，往往将已经编好的竹编产品摆放在自己面前，使游客们在欣赏竹编产品成品时，也能对竹编产品的制作过程有更加直观的了解。其实艺人们进行现场编织行为的初衷并不是为了表演，而是一种日常生活习惯的真实展示，竹编艺人们不是职业的手工业者，而是以农牧业为主要生计方式，竹编只是副业，闲暇时在自己家的房间屋后、院落中编织产品，换取生活所需，补贴家用。南伊沟开发旅游以后，为了获取更多的经济效益，竹编艺人们就将编织场所从自己家里搬到了村寨中的主干道附近，实现了制作场所从家屋到广场的转变，在大庭广众之下从事编织的时间也相应增加。经济效益的驱使在这个转变过程中发挥了重要的拉动作用，促使一些竹编艺人逐渐转变为半职业的手工技艺者。因为需求量的增加，一些艺人甚至从拉嘎村等地收购竹编产品，在南伊沟出售。此外，因为竹编艺人作为门巴族、珞巴族非物质文化遗产的传承者和展示者，是文化空间的重要组成部分，所以本身也成为重要的旅游吸引物，成为勒布沟和南伊沟民族文化的最显著标志。他们吸引着游客拍照、合影，承载了游客对门巴族、珞巴族文化的美好记忆，成功实现了民族旅游产品的多元化转变。

除了门巴族和珞巴族民众积极适应当地旅游业的发展，出售和展示非物质文化遗产外，外界社会力量的介入则是非物质文化遗产绝处逢生的又一重要推动力。门巴族竹编技艺和珞巴族服饰编织技艺的传承就得益于来自北京的独立设计师G女士和她的团队。2012年，G女士受到林芝地委、行署的邀请，赴西藏考察手工艺发展的前景，在3年多的时间里，她全身心地投入到田野调查中，梳理出了当地手工艺的传承脉络，开发设计出了一系列符合现代人需求和审美的产品。墨脱县背崩乡巴登村是一个27户178人的门巴族村寨，村民是100多年前从布丹迁徙过来繁衍至今的。长期以来,门巴族民众养成了靠山吃山,砍伐竹子制作竹器的传统,村庄里随处可见男人们制作竹器的场面。一种叫作"达巴"的竹子生长在有半天路程的山上,比巴登村附近的竹子都要高大和粗壮,每年11月竹子开始变老,就是砍伐的季节,竹子砍回来要劈开、去芯,再削成竹篾,然后晾晒,让绿色褪成黄色。等到农闲慢慢来编,编的时候还要反复将半成品泡水,防止竹篾干裂。生产生活中的竹篓、背篓、鸡笼、箩筐、瓶子、竹帽子等都是用竹子编成的。一共有四五十种竹编方法,村里一般人都能掌握十几种编法。虽然经过村子的背包客都喜欢购买100元钱一个的方竹盒,但毕竟销量有限,为了试验巴登村的量产能力,G女士订购了2000个竹器,没想到都符合要求,她希望能通过这种方式让村民建立起对传统工艺的自信。[①]

G女士认为米林县南伊珞巴民族乡才召村村民做衣服的羊毛都来自本地村里的绵羊,不仅数量有限,而且由于是长纤维的高原羊毛,手感比较坚硬,不适合做其他产品的开发。用土方法染色过于缓慢而且不稳定,不能保证质量,她又坚决反对使用化学染料,于是在林芝政府工作人员的提醒下选择了位于八一镇的林芝毛纺厂,解决了厂房、机器和员工问题,又从山南购买绵羊毛,在北京服装学院老师的帮助下解决了纱线问题,邀请毛纺厂染色师傅陈吉华担任厂长,解决了羊毛配色的难题,使毛纺厂源源不断地生产出优质毛线。这些毛线又供给米林县才召村珞巴族姑娘在本村的非物质文化遗产传习所里安心织布,她们使用珞巴族的传统织机——腰机织出传统的长条形布料,用珞巴族传统大胆配色,创作图案,织出了各种各样的围巾。[②] 现在,珞巴族服饰编织技艺已经不像以前那样为了迎接各级领导检查进行作秀表演,而是实实在在地在才召村的传习所里进行创作,这些珞巴族围巾不对区内销售,全部销往国外,走高端消费市场,使每一个珞巴族服饰编织艺人每月收入过万元,极大地促进了非物质文化遗产的传承。这改变了以往来南伊沟旅游的游客只去南伊村和琼林村,而很少到才召村的情况。游客来到才召村就能看到十几个珞巴族妇女在传习所中织布,展厅里还摆着各种各样的产品,但是这些产品不对游客出售,只能观赏,这吊足了游客的胃口。[③] 依靠区外社会力量的帮助,珞巴族服饰不但走向了复兴,而且还成为高档商品,实现了非物质文化遗产的生产性保护。

此外,珞巴族服饰编织技艺的复兴还带动了珞巴族神话传说的传承,游客们在欣赏珞巴族妇女的编织工艺时,还能聆听到与编织技艺有关的美丽传说:"苏

---

① 丘濂.西藏林芝:民艺的微光[J].三联生活周刊,2005(20):71—73.
② 丘濂.西藏林芝:民艺的微光[J].三联生活周刊,2005(20):73—78.
③ 根据笔者对达瓦(男,48岁,珞巴族,米林县南伊珞巴民族乡才召村村长)的访谈整理而成。

龙人离开母亲多尼亚依乃时，母亲曾传授织布、编织技术给大女儿阿尼布仁得和小女儿巴鲁麦布哈惹。从天上来到地面后，姐姐已大部分掌握了母亲传授织布、编织的技术，妹妹则因年幼而只掌握了一些简单的技术。但是，妹妹的技术是面向珞巴人的，而姐姐的技术却面向'波叉'鬼。因此，姐妹俩就技术应传授给谁而发生冲突、矛盾，敌对开了。这样，姐姐的织布、编织技术在人间失传了。现在珞巴人的织布、编织技术是从妹妹那里传承下来的。姐姐的编织技术先是传授给蜈蚣'达背格基'，后由蜈蚣传授给野鸡'阿翁达穷'，再由野鸡传授给人。现在苏龙妇女的编织物，仍沿袭野鸡传授的花纹'阿悦耶'。妹妹的织布技术传授给了蜘蛛'阿巴比得'，但蜘蛛聚居在天与地之间的中层，与珞巴人相距甚远。然而，珞巴人看到蜘蛛织布后得到了启迪，学会并掌握了织布技术。当今珞巴妇女只有简单的织布技术，原因是传授鼻祖巴鲁麦布哈惹技术不怎么高明。"①这一神话传说再度被珞巴族妇女讲述，使珞巴族服饰编织技艺得到了灵魂，赋予了珞巴族服饰编织技艺更深的文化内涵。从理论上来说，作为单一民族，门巴族、珞巴族文化应该有其鲜明的特色。但在实际生活中，由于门巴族、珞巴族民众相互间的影响，特别是都受藏族文化的共同影响，其民族文化发生了一定变化，主要表现为藏化倾向，受这种变化的影响，门巴族、珞巴族文化旅游产品的供给也出现了同质化趋势。而区外社会力量的介入则使门巴族、珞巴族民众认识到了本民族文化的独特之处，大大延缓了同质化过程，有利于增强门巴族、珞巴族民众的文化自信心，保持西藏文化多样性。

三、地方政府与合作公司的博弈

由于当地经济发展模式单一，缺乏强有力的龙头企业，地方政府在发展地方经济的过程中往往要招商引资，采取合作经营的方式开发本地特色产业，随着合作的深入，双方的博弈也变得更加激烈。

（一）茶叶采摘的矛盾

1. 勒乡茶叶种植业的发展历史

错那县勒门巴民族乡（简称"勒乡"）有一处茶场，号称西藏第二大高原茶场。这里的茶树是外来品种，因为当地海拔低，气候适宜，1971年，勒乡开始从四川引进茶树进行试种，成功后开始较大规模扩种，一共种植了50亩茶树，这是勒乡历史上最大规模的一次茶树种植。1994年国家实施"对口支援西藏"

---

① 西藏社会历史调查资料丛刊编辑部，《中国少数民族社会历史调查资料丛刊》修订编辑委员会．珞巴族社会历史调查（二）[M]．北京：民族出版社，2009：417．

政策以来，安徽省在勒乡援建了一座茶叶加工厂，投入了100多万元的机器设备，移交给勒乡以后，当地门巴族民众断断续续进行茶叶加工，但产量有限。为发挥勒乡的茶叶资源优势，2011年，勒乡成立了勒门巴族乡茶叶农牧民专业合作社，由勒村、贤村村委会班子成员、致富带头人共10人组成理事长，与农牧民群众共计97人组成，占全乡农牧民总人数的73%，村民加入合作社的年龄限定18～60岁之间，注册资金500万元，主要经营茶叶种植、清茶加工以及销售。合作社成立以来，顺利完成新垦茶田674余亩，并于2014年完成了所有栽种工作。2013年以来，合作社新建生产加工车间1200平方米，职工住宿250平方米，合作社办公用房312平方米。现在，可采摘茶田共有144亩，年产清茶叶16000余斤，销售收入80余万元，其中60余万元用于合作社社员分红。①

2. 传统与现代的冲突

西藏的藏族民众和汉族民众的喝茶习惯有很大的不同，一般藏族民众喜欢喝发酵后的砖茶，汉族民众则喜欢喝清茶。勒乡的门巴族民众根据市场需求，按照不同民族的饮茶习惯开发出砖茶和清茶两个品种。采用传统技法加工茶叶，制作砖茶时主要是用老茶叶和茶茎作原料经过高温高压蒸压成型，一般一块的重量为1斤，价格为50元，这种本地砖茶煮出来的茶汤鲜亮，用其打制酥油茶，口感香甜，备受农牧民喜爱，一直供不应求。制作清茶时是将茶叶制成大叶茶，保留了茶叶的原貌，就像一片片的树叶一样，成袋出售，一袋茶叶不到1斤，价格为150～200元不等，这种茶叶类似枯叶，卖相不佳，但口感极佳，备受汉族民众喜爱。此外，门巴族民众也制作一点嫩茶，每年能生产100多斤，一盒不到2两，虽然价格高达每斤260～400元，但仍然备受热捧。勒乡的茶叶采取传统技艺制作而成，因为质量上乘，在西藏各个阶层中的口碑极好，往往需要提前订货才能买到。

2014年，错那县政府引入朗赛经贸有限公司，又开发出了毛尖品种，由朗赛经贸有限公司负责运营，传统的清茶和砖茶仍然由合作社运营。朗赛经贸有限公司由热爱藏茶文化、熟知制茶古法的老人次仁顿典于2001年初建立，当时筹集资金800万元，在四川雅安名山县的蒙顶山下建立起国家定点生产边销茶的企业，该企业占地15880平方米，建筑面积126000多平方米，拥有各种制茶机具100多台套，产品质量检测设备20多台套，年产藏茶设计能力5000多吨，现有总资产1000多万元。为提高勒乡茶叶的社会知名度，朗赛经贸有限公司组织人员查找大量藏文典籍，在《格萨尔王传》和《虎豹宝藏》中发现有"门隅仙

---

① 根据勒门巴民族乡乡政府提供的资料整理而成。

茶——玉罗冈吉"的记载,证明勒乡种植茶叶有悠久的历史。朗赛经贸有限公司希望通过与合作社的合作,努力打造"门隅佛芽、玉罗岗吉"特色高端茶叶品牌。但在实际操作过程中,双方的分歧逐渐扩大,首先在茶叶的采摘方式上爆发出来。勒乡的茶叶从每年的5月份开始采摘嫩茶,每两个月可以采茶一次,一年能够采摘5次,一年能生产100多斤成品嫩茶。按照合作社与朗赛经贸有限公司的合作协议,采摘的嫩茶要制成毛尖,交给朗赛经贸有限公司运营。这些嫩茶本身就属于高端茶叶,虽然数量少,但是卖价很高,更重要的是因为加工嫩茶需要很好的技术,所以勒乡的茶农们都以能加工这些嫩茶为荣,将其视为在合作社中社会地位高低的象征。现在,朗赛经贸有限公司要求取消嫩茶的采摘,扩大毛尖的产量,增加该公司的营业额,这一要求遭到合作社的抵制,也招致错那县政府的不满,双方各不相让,致使合作陷入僵局,无法取得实质性进展。①

归根到底,勒乡茶业合作社与朗赛经贸有限公司的冲突是门巴族传统文化与外来商业文化的冲突。勒乡民众认为茶叶生产不仅仅能增加收入,更重要的是勒乡历史传统的延续,毕竟勒乡民众规模化种植茶场已经有44年的历史了,茶叶已经与木碗、竹编合称"勒布三宝",是门巴族民族文化的象征,面对的消费群体非常广泛,知名度日益提高,其销售方式是坐等客人上门购买的传统方式,遵循的是"酒香不怕巷子深"的古训。随着旅游业的发展,勒乡茶叶已经成为当地的特色产业,是游客只能耳闻而无法买到的名贵特产,很多人慕名前来订购,即使是错那县当地人,想购买勒乡的茶叶都要提前预定。因此,茶业合作社认为延续传统就是最好的经营方式。朗赛经贸有限公司要通过挖掘历史文化和精美包装,将勒布茶叶打造成高端消费品,采用的完全是现代的商业经营方式,以获取最大经济利益为目的,没有顾及当地民众的感受,也没有考虑到门巴族传统文化的驱动力,致使双方出现了无法弥合的分歧。

3. 手工技艺的复兴和传承

虽然勒乡茶叶制作技艺尚未被官方认定为非物质文化遗产,但它已经在勒乡存在和传承了44年。尽管在相当长的时间里,茶厂的经营并不景气,但勒乡的门巴族民众仍然保持着小规模制作茶叶的传统,形成了相对稳定的制茶艺人队伍,他们在实践中总结出了具有本地特色的茶叶制作方法,并不断进行改进和创新,还针对不同的消费群体推出了嫩茶、清茶和砖茶等三个成茶产品。正是这些门巴族制茶艺人,使勒乡茶叶及其制作技艺具有独特性、活态性、传承性、流变性、民族性和地域性等特点,成为门巴族的新型文化名片,得到其他民族群众的

---

① 根据笔者对勒门巴民族乡李佳(男,32岁,勒门巴民族乡党总支书记)的访谈整理而成。

认可和喜爱，提供了勒乡茶叶制作技艺存在的空间。2014年错那县—勒乡公路的全县贯通为旅游业的快速发展提供了可能，为勒乡茶叶带来了更大的消费者市场。

（二）非物质文化遗产产品如何销售的矛盾

1. 独立设计师与村民合作社的蜜月期

与朗赛经贸有限公司开发勒乡茶叶毫无进展不同，来自北京的独立设计师G女士却与米林县南伊珞巴民族乡才召村的珞巴服饰生产合作社建立了密切联系，实现了双赢。

如前所述，南伊珞巴民族乡才召村的珞巴族服饰编织技艺在G女士的帮助下实现了文化复兴。在此之前，每当有参观团、工作组来才召村时，乡政府都是临时找几个人现场表演珞巴族服饰编织技艺，完全属于应付性展示，既没有固定的编织场地，也没有形成固定的编织队伍。现在，从事珞巴族服饰编织的珞巴族妇女每天准时准点到才召村中间的传习所中从事编织工作，虽然没有人要求，但编织艺人都会按照她们相互约定的时间按时上下班，晚上还会把毛线和腰机带回家中继续工作。而且一旦编织艺人织出围巾成品后，交给管理人员，马上就能兑现现金。既增加了珞巴族妇女的现金收入，也极大地鼓舞了珞巴族妇女学习编织技艺的热情，出现了像亚依、次卓玛、亚蝶、亚娘、雅觉、雅达儿等师父级别的艺人，越来越多的年轻人加入到合作社中从事编织工作。

这种合作模式能够成功的原因是多方面的，其中一个最重要的原因是才召村的珞巴族服饰编织技艺仍然在传承。2008年，才召村村长达瓦带领村民成立了米林县珞巴服饰生产合作社，2010年建起了珞巴民族服饰加工传习所。2011年，达瓦被认定为林芝地区米林珞巴服饰国家级代表性传承人，在他的带领下，珞巴族妇女组成了编织协会，利用空闲时间编织服饰等具有珞巴族特色的手工艺。2012年，在地方政府和文化部非物质文化遗产司的帮助下，珞巴服饰成为"西藏林芝传统文化传承与发展综合项目"的一部分，文化部委派专家对珞巴服饰从工艺理性传承到材料合理使用进行了全面梳理，达瓦领导的珞巴服饰生产合作社在接受评估后，获得了非遗保护资金，生产规模扩大，由原来20平方米左右的小平房，扩大为两间100平方米以上的，包含织布机、产品展示等在内的综合性工艺作坊，纺织艺人也增加到了十几人。① G女士的到来则使珞巴服饰生产合作社获得了更高的平台，提供原料羊毛线并按件支付织工加工费，一条窄一点的围裙需要一名纺织艺人织一天，加工费是500元，一条近一米的最宽的围裙需要一

---

① 根据笔者对达瓦（男，48岁，珞巴族，米林县南伊珞巴民族乡才召村村长）的访谈整理而成。

名纺织艺人织六天，加工费是 800 元左右。师父级别的纺织艺人平均下来每个月能赚一万元以上。依靠非物质文化遗产产品赚取高额收入使珞巴族妇女的社会地位得到提高，刺激了妇女们的学习热情。

2. 政府的质疑

文化部、西藏自治区、林芝政府都在这个项目上投入了巨资，已经超过千万元资金，虽然珞巴族的纺织艺人得到了现金收入，也使珞巴族服饰制作这项非物质文化遗产传承了下来，但是因为 G 女士是按照她的经营模式来运作的，有大量游客在参观传习所后提出购买要求，但都被拒绝。按照 G 女士的规划，这些非物质文化遗产产品既不能出售给区内游客，也不能作为政府的特色礼品馈赠，全部运到北京进行处理和包装后销往国际市场，国内市场准备采用网店销售方式进行，等各项准备工作就绪后一次性推出。政府官员习惯于边生产边销售的零散营销方式，对这种只生产不销售的运营模式渐渐失去了兴趣，提出"有人买，为什么不卖"的问题，开始质疑它的合理性，这给地方政府与公司的合作蒙上了阴影。

3. 保护非物质文化遗产的目的是什么

"传统手工业的技巧正在面临改变着的经济条件的威胁。但是如果有足够的需求并且保证其收入的话，即使是极其特殊的手工艺也有希望生存下来。只有提供恰当的激励措施，才能使无形文化遗产的保护取得成功。"① 珞巴族服饰编织技艺从自然传承到人为介入，从默默无闻到引人注目，从自编自用到赚钱获利，走过了一条相对快捷的复兴之路。在此之前，虽然珞巴族服饰编织技艺的传承人数量不多，但这项技艺仍然在民间传承却是不争的事实。它构成了珞巴族服饰编织技艺复兴的内因，区外社会力量的介入和政府的大力扶持发挥了重要的外因作用，正是它们的共同作用才使得珞巴族服饰编织技艺在发展壮大的同时，实现了从乡野走向都市的跨越。就目前而言，珞巴族服饰编织技艺的发展符合非物质文化遗产保护的目标，编织艺人能够以此为生，过上富足的生活，并吸引年轻人主动学习，实现了活态化保护和代际传承，满足了编织艺人的个人追求和切身利益。就社会力量而言，这是其将文化与资本完美结合后进行市场运作的成功体现，凭借雄厚的资本和优惠政策的支持，依托政府的硬件设施，借助珞巴族民间艺人的智慧，解决了原料、染色、配色等问题，直接将南伊沟与千里之外的北京联系在一起，最终连接起珞巴族非物质文化遗产产品从生产到销售的整个环节，

---

① 联合国教科文组织. 世界文化报告——文化的多样性、冲突与多元共存（2000）[M]. 关世杰等，译. 北京：北京大学出版社，2002：158.

为企业带来了可观的利润。对林芝地区和米林县而言，珞巴族服饰编织技艺的常态化传承，增加了才召村的旅游看点，使南伊沟的民族文化特色更加明显，以此区别于周边的藏族地区，树立起珞巴族文化旅游的招牌，弥补了南伊沟风景区缺少民族文化展演的不足。对国家来说，使珞巴族服饰编织技艺这一富有民族特色的文化符号得以延续，是国家保护珞巴族这个人口较少民族传统文化的最好例证，具有很强的政治意义。可以说，珞巴族服饰编织技艺的复兴满足了各方面的利益，是一件皆大欢喜的事情。

但从长远来看，作为学者，我们对珞巴族服饰编织技艺的传承持谨慎态度。抛开珞巴族非物质文化遗产产品的市场销售情况能否一直持续不说，我们仅仅从非物质文化遗产保护的角度来看，G 女士根据珞巴族编织艺人善于编织长条形布料的特点，让艺人们编织各种围巾，这些产品不会就地销售，而是全部运到北京，面向国外销售。从表面看，这种销售渠道没有任何问题，但是如果这种情况持续下去，因为珞巴族非物质文化遗产衍生品——围巾的价格不菲，而且一旦做成成品就能马上换现现金，所以珞巴族编织艺人生产出来的布料不再用于珞巴族民众自用，或者说编织艺人都不舍得用其制作珞巴族服饰，而是全部外销，这样一来，势必会出现制作珞巴族服饰的原料短缺的问题，珞巴族民众可能会有两个选择，一是寻找替代品来制作民族服饰，二是彻底舍弃民族服饰。如果出现这种结果，是否与保护非物质文化遗产的原意相悖？我们只能让时间来证明。

第二节　门巴族、珞巴族聚居区旅游开发的路径探讨

"边境，靠近边界的地方，是旅游的藩篱与连接点，本身就是非常具有特色的旅游地，边境口岸的氛围也可能是很具有魅力的旅游吸引物。"[①]中国的边境旅游，以 1985 年辽宁的丹东开展中朝边境旅游为肇始，从北而南逐渐发展起来。学术界从 20 世纪 90 年代开始研究中国边境旅游，"按旅游目的分类，将边境旅游分为贸易驱动型、观光驱动型、购物观光型等类型"[②]。现在，西藏的樟木口岸已经成为国内游客赴尼泊尔旅游的热点景点，在国内外具有很高的知名度。我国门巴族、珞巴族所在地区大都毗邻印控区，战略地位非常重要，具备开发边境旅游的条件。

---

① 张广瑞．边境旅游：国际的实践与经验［J］．旅游研究与实践，1996（4）：24．
② 中国边境旅游的基本类型、基本特点及发展趋势［J］．经济研究参考，1996（6）：16．

一、边境旅游发展图景

(一) 斗玉珞巴民族乡的旅游看点

游客之所以愿意花钱消费旅游，主要是因为旅游能带来一种不同于日常生活中所能感受到的愉快经验。西藏吸引游客的地方除了自然风光外，还有以藏传佛教为核心的人文风情，可以提供给游客不同的旅游产品，满足游客的不同需求。游客在拉萨能够充分享受以藏传佛教为核心的民族文化，获得了精神上的满足，在林芝地区能够通过对自然风光的观赏，实现眼睛的放松和身心的愉悦。而门巴族和珞巴族所在社区处于西藏边陲，军队的存在构成了另一种风景，除了民族文化和自然风光外，还能给游客一种莫名的紧张感。追求新鲜事物是人类的本性，往往一句"由此前进××公里就是印控区"就能勾起游客的无限遐想。

隆子县斗玉珞巴民族乡的人口由珞巴族和藏族民众共同组成，藏族民众的祖先是 20 世纪 50 年代不堪忍受农奴主压迫而逃跑出来的农奴，甚至有一些人是为了躲避战乱，从昌都逃过来的。藏族人刚逃到斗玉时，发现这里林木茂密，水草肥美，珞巴族人口不多，比较友善，没有压迫，很适合生存，就在这里安顿了下来。当时，斗玉珞巴族人的生产方式比较原始，生产工具以木制品为主，生产效率不高，虽然珞巴族人帮助了一些藏族人，但还是有一些人因为生活无以为继而死去，幸存下来的人砍伐树木，搭建窝棚，开荒种地，谁开垦的地就归谁，逐渐安定下来，形成了与珞巴族人杂居的状态。最重要的是藏族人带来了铁器，传授给珞巴族人农业生产技术，特别是引水灌溉技术，使珞巴族人的生活水平得到很大提高。双方逐渐通婚，共同生存繁衍下来，形成了现在的三个村寨。① 斗玉一村和二村所在地段非常平缓，土地较多，有大片种植小麦、洋芋、油菜、大豆的田地，蔬菜大棚里面种着黄瓜、包菜、小白菜、尖椒等蔬菜，民众主要以农业生产为主，三村在山坡上，海拔较高，民众农牧兼营，以游牧为主。斗玉二村里有两棵巨大的茉香树，藏族民众煨桑的原料都取自此树，还有 5 个人才能合抱住的两棵巨大的核桃树（见图 9-1），果实非常繁盛，流传着很多美丽的传说。

斗玉珞巴民族乡民众与外界的联系较少，主要是当地人往拉萨、山南、隆子县等地的单方面流动为主，而除了工作原因外，这些地方的人前往斗玉的很少。此外，由于民族认同感的作用，也有林芝地区南伊珞巴民族乡的个别珞巴族精英

---

① 根据笔者对斗玉珞巴民族乡三村村民的访谈整理而成。

图9-1 斗玉二村中巨大的核桃树和老村长

人士会到斗玉珞巴民族乡来做客。外来人口大量进入斗玉珞巴民族乡的情况就是每年藏历七八月时印控区珞巴族人的到访。斗玉的自然景观、历史传说、非物质文化遗产与这种流传已久的社会现象共同构成了斗玉珞巴民族乡各族民众共同的历史记忆，使斗玉珞巴民族乡具备了开发旅游的基础。

（二）开发边境旅游的可能性

由于我国与印度部分边界尚未划定，所以，与国内目前已经开通边境旅游的地方不同，斗玉珞巴民族乡开发边境旅游只能面向我国公民，以观光驱动型为主，贸易驱动型为辅。近些年来，随着西藏旅游业的发展，除了走比较成熟的旅游线路，到基础设施完备的景点旅游外，很多游客更钟情于到尚未完全开发旅游的地方进行个体式、穿越式、体验式旅游。随着交通条件的改善，国内游客到林芝地区墨脱县、山南地区错那县、阿里地区日土县等靠近印控区的地方旅游的人数不断增加，使边境旅游不断升温。与此形成鲜明对比的是，我国绝大多数人对斗玉珞巴民族乡存在民众与印控区珞巴族人进行民间物物交换和文化交流的情况一无所知，即使是山南地区和隆子县的公务员都对这一情况知之甚少。如果在斗玉珞巴民族乡开发边境旅游，这一情况绝对能成为西藏独一无二的旅游吸引物，能够吸引游客前来旅游。

边境旅游中最吸引人的地方莫过于接触异国文化时的惊喜感，满足好奇心后的愉悦感。虽然我国与印度在边界上存在争议，但在民间，人们还有一些交流。在西藏边境旅游中，山南错那县勒布沟、墨脱县背崩乡等地能够远眺印度兵，特别是在勒布沟，我国游客与印度兵隔河进行抛物交易，每次交易过程可以概括为：游客等待巡逻的印度兵—印度兵巡逻小队出现—游客做出抛财物的手势，印度兵摆手拒绝—游客完成抛物，印度兵捡起财物，转身离去—游客焦急等待—印度兵手持己方财物出现—将财物隔河抛向游客，转身离去—游客满意而归。其实这种旅游体验并不是始于游客，而是我国当地民众与印度士兵在长期接触的过程中逐渐形成的民间贸易方式，具有自发性特点，一般是用我国生产的轻纺用品换取印度的罐头、美国的骆驼牌香烟等。勒布沟开发旅游后，当地民众将这种情况告诉了游客，游客模仿民众行为后就出现了这样的体验式旅游，行为者从当地人逐渐扩大为游客。为了进行这种旅游体验，很多游客专程前往，甚至为了等待巡逻的印度士兵，宁愿多住几天。也有很多人没有遇到印度士兵，扫兴而回。

与勒布沟的隔河抛物相比，斗玉珞巴民族乡民众与印控区珞巴族人的民间贸易规模很大，人数众多，如果开发体验式旅游，完全能够满足游客的需求。从旅游的时间选择上来说，印控区珞巴族人到斗玉珞巴民族乡的时间正好是西藏旅游的黄金时间，一路上风景优美，有高山瀑布、山地牧场、牛羊马群、美丽田园，自然风光观赏度很高。从交通条件来说，从隆子县到斗玉珞巴民族乡建有乡村公路，路况较好。从接待条件来说，斗玉珞巴民族乡乡政府建有规模较大的招待所和食堂，能够接待50人，当地民众所建房屋多为土木结构和土石结构，宽敞明亮，可以以家庭旅馆的形式招待客人。在娱乐文化方面，当地有珞巴族刀舞、珞巴族服饰制作等非物质文化遗产项目，能够提供丰富的旅游产品。其中，游客与印控区珞巴族人进行物物交换这一文化现象能够作为旅游核心吸引物，肯定能吸引大量游客前去参观。住在珞巴族民众家中，既可以感受珞巴文化，还能接触印控区珞巴人，感受印控区文化，与其进行物物交换，满足人们求异的需求，完成旅游体验。一旦在斗玉珞巴民族乡开发边境旅游，不但能产生经济效应，使珞巴族民众的收入来源更加多元，增加其经济收入，还能产生社会文化效应，扩大珞巴族文化的影响力，使印控区珞巴人对我国多民族文化有所了解，增加其向心力。

从旅游效应上来说，从隆子县到斗玉珞巴民族乡，沿途要经过列麦乡、加玉乡、准巴乡等地，这些乡镇也有丰富的非物质文化遗产资料。加玉藏刀的打造技艺可追溯到20世纪40年代初期，据说，加玉藏刀的制造技艺最初是从尼泊尔王国传入隆子县加玉一带的，加玉藏刀第一代传承人桑杰加措跟随贵族自中到尼泊尔，得到尼泊尔刀的打制说明书，由此产生了加玉藏刀，通过几代老工匠们的不懈努力，将尼泊尔的传统刀打造技巧与西藏传统手工技艺融为一体，打造出了独一无二的加玉藏刀款式。加玉藏刀有3个规格、4个品种、6种花纹，雕刻的图象有领袖头像、飞禽、水果、花等，用金、银、铜辅以象牙、鹿角、木头等作装饰。还能加工碗、碗盖、手镯、戒指、耳环、银杯等工艺品。①准巴乡手工技艺距今已有几百年的历史，由于隆子县准巴乡地处偏僻，交通不便、信息闭塞，农民日常生活用品都要自产自用，这促进了准巴乡民族手工艺业的发展，在做工技艺、实用价值上得到不断更新，形成了自己独特的手工艺品样式，主要有瓢、勺子、马鞍等。斗玉珞巴民族乡边境游的发展对于沿途各项非物质文化遗产的发展也能起到促进作用，形成体量较大的旅游市场。

二、社区参与旅游图景

（一）社区参与旅游

社区是人类学的传统研究领域，旅游社区是指旅游目的地、旅游风景区内及其周边与旅游活动较为密切的社区。②学术界将社区参与当作改善社区居民经济生活、消除旅游给当地社区带来负面影响的主要方式，对社区参与报以积极支持的态度；同时，也将社区参与当作旅游业可持续发展的一个重要标志。社区参与能够强化社区居民的自我意识觉醒，增强社区认同感，促进民族文化的保护、发展和传承；社区参与旅游同当地文化保护之间存在着紧密的联系；社区参与层次越高，居民的文化保护意识越强，保护的效果也越好。③随着西藏经济社会的跨越式发展，依靠旅游业发展地方经济，增加农牧民收入已经成为西藏社会各界的共同选择。门巴族、珞巴族这两个人口较少民族地处我国边境地带，在兴边富民政策的支持下，门巴族、珞巴族民众能够享受很多优惠政策，所在村寨也在国家的帮扶下或迁移或合并或重新规划，建设成为基础设施先进、生活条件便利、民族特色浓郁的新型社区。在提高农牧民群众居住水平的同时，也为农牧民群众发展旅游业提供了良好的物质和文化基础。

"在进行非物质文化遗产抢救与保护的过程中，重视发挥基层社区的作用，是国际社会的普遍共识之一。"④西藏非物质文化遗产所在的基层社区，特别是乡、村，是广大人民群众繁衍生息、生产劳作的基本场所，很多非物质文化遗产就是以这些乡、村基层社区中的人为主要负载者和传承者，以这些基层社区为流传区域而不断传承的。可以说，西藏的乡、村基层社区是西藏非物质文化遗产的根脉，也是西藏非物质文化遗产保护的最前沿阵地。西藏非物质文化遗产保护的好

---

① 根据山南地区文化局提供的资料整理而成。
② 孙九霞.旅游人类学的社区旅游与社区参与［M］.北京：商务印书馆，2009：65.
③ 孙九霞.传承与变迁——旅游中的族群与文化［M］.北京：商务印书馆，2012：246.
④ 王文章.非物质文化遗产概论［M］.北京：文化艺术出版社，2006：365.

坏,在很大程度上取决于西藏广大的基层社区的作用能否得到很好的发挥。① 重视南伊沟珞巴族三个基层社区的作用,是珞巴族社区参与旅游和非物质文化遗产保护的重点。

(二) 南伊沟珞巴族民众参与旅游的发展路径

由于地方政府的大力扶持和招商引资的成功,米林县南伊珞巴民族乡已经是西藏旅游业中的重要景点之一,是三月桃花节、五月黄牡丹节的重要观赏地。在近十年的建设过程中,整个南伊沟采取的是社区与景区合二为一的发展模式,三个村寨既是民众生活的社区,也是旅游景区所在,军队驻地位于进入景区的要道上,形成了军、民、旅游公司杂处一地的分布格局。南伊沟的游客主要以旅游团为主,散客为辅,旅游形式以一日观光游为主。在政府和旅游公司的扶持下,琼林村村民在南伊沟核心景点摆摊设点,开设烧烤摊,在家里开设商店,拥有4家较大规模的家庭旅馆,还有10多人在景区上班,初步形成了社区民众参与旅游的格局。

1. 打造模范性家庭旅馆,带动珞巴族民众参与旅游业

如第六章第四节所述,南伊珞巴民族乡琼林村的林东在政府的支持下兴建了颇具民族特色的"珞巴部落山庄",是琼林村规模最大的集餐饮、住宿和游览于一体的家庭旅馆,吸纳从业人员11人。但在向更高层次发展的过程中面临诸多问题,主要是团体游游客走马观花地逛一圈就走了,不能留住游客,没有产生消费,只能依靠散客,特别是年轻游客群体,为其提供食宿来营利,影响了经济效益。我们认为,"珞巴部落山庄"是琼林村家庭旅馆中的龙头,具有较强的示范作用,应该利用其现有场地的优势地理位置,将其打造为琼林村的模范家庭旅馆,由政府、景区、私企和民众共同协商,在"珞巴部落山庄"现有民族文化展厅的基础上,增设珞巴族民族文化活动场地,由琼林村与南伊村的表演队轮流表演珞巴刀舞、加金加、阿巴达尼传说等非物质文化遗产,吸引游客观看,表演队酬劳从观看演出的游客门票中扣除后,发放给表演人员。如此一来,可以打破表演队的行政区划,发挥市场的调节作用,增强表演者的积极性,增加"珞巴部落山庄"的游客游览数量,扩大珞巴族非物质文化遗产的影响力,解决表演队员的酬劳问题,带动年轻人主动学习和传承珞巴族非物质文化遗产,提升珞巴族文化游的竞争力,使其成为南伊沟旅游的核心文化品牌,弥补南伊沟旅游项目过于单一、文化旅游项目缺失的不足,引导更多的珞巴族民众投身文化游项目。

2. 发挥社区妇女的作用,促进手工技艺类非物质文化遗产的传承

珞巴族非物质文化遗产的传承有着非常明确的性别划分,男性是始祖传说的

---

① 马宁. 论西藏非物质文化遗产的分类和传承保护 [J]. 西藏民族学院学报, 2008 (1): 52.

传唱群体、竹编产品的生产者和刀舞的表演者，女性则是珞巴族服饰的制作者、珞巴族布料的制作者，更是娱乐性活动中的重要参与者，她们在珞巴族非物质文化遗产传承中扮演着重要角色，关系着珞巴族民族符号的延续与否。因为珞巴族人口太少，与异族通婚是他们生存下去的唯一选择，随着珞巴族民众与藏族的持续通婚，藏化已经成为珞巴族社会不可避免的问题，珞巴族已经不再过自己的节日，而习惯于过藏历新年，藏语在日常生活中的比重越来越大，珞巴语的生存空间不断缩小。在这种情况下，珞巴族服饰在民族文化中的地位日益提高，在重要节日和场合穿着本民族服饰已经成为珞巴族民众表达群体存在的重要手段。掌握着珞巴族服饰制作技艺的妇女就扮演着重要的社会角色，负责采集、纺织、染色、制作成衣、装饰等。在全球化背景下，随着职业的日益多元化，现在从事珞巴族服饰制作技艺的珞巴族妇女人数不多，特别是年轻女性所占比例不高，应该继续借助外界力量，引导更多年轻女性走上手工技艺类非物质文化遗产的传承之路，不但能够使珞巴族民族文化传承下去，而且能够培养出一批以此为生的业务骨干。

3. 发挥各个社区的不同功能，避免同质性发展引起的恶性竞争

从2008年南伊沟景区正式对外开发以来，南伊珞巴民族乡中的三个村寨在旅游开发中的地位并不平等，呈现出一种鸡蛋式的结构。风景优美、民族特色浓郁的琼林村是蛋黄，游客能从原始森林、特色民居、广场上的生活场景、生产生活细节中感受到珞巴族的民族文化，满足其对异文化的追求；进入南伊沟时途经的南伊村则是蛋清，除了一处较大的木耳种植园、在街道上游荡的牛和猪外，吸引游客的旅游看点不多，而地理条件的限制又使南伊村无法容纳太多的游客，只能一扫而过；才召村是蛋壳，处于南伊沟外，与核心景区相距甚远，又与数量众多的藏族生态移民杂居，民族特色并不明显，在2014年游客接待中心投入运营前，游客很少到这里旅游，而是将旅游的重点放在南伊沟内。面对这种情况，应该根据三个社区的不同特点进行改造，避免无序化和同质化发展带来的恶性竞争，对旅游市场造成伤害，也不利于珞巴族非物质文化遗产的传承。

我们认为，才召村现有的珞巴民族纺织技术传习所、珞巴民俗文化展览厅、游客接待中心展览室与才召新村等设施和村民共同组成了一个较为完整的文化空间，旅游区与村寨保持着一定的距离，既能够集中展示珞巴族民族文化，又不会打扰村民的正常生活，是一个功能较为完备的旅游区，有足够的旅游文化资源留住游客，可以将其打造成南伊沟珞巴族文化体验游的核心景区，突出其文化展演的功能，使游客在这里通过参观珞巴民俗文化展览厅系统了解珞巴族民族历史文化，在珞巴民族纺织技术传习所中欣赏珞巴族妇女的纺织技艺，与珞巴族妇女互动，观赏其纺织成品，在游客中心休息、饮食，到才召新村参观，徒步到才召村

的牧场（见图9-2）观赏野生黄杜鹃和草场，能够使游客在运动中更加了解珞巴族民族文化。南伊村可以发挥本村优势，开展特色农牧产品观赏、采摘和购买活动，在道路两旁开发一些农家乐和家庭旅馆，满足游客"求静"愿望，带动村民参与旅游。琼林村则发挥原生态自然风光游的优势，整合琼林村与南伊村的民族文化表演队，在村寨中央进行珞巴族民族文化表演，搭建起文化传承平台，发挥门巴族、珞巴族社区的整体功能，克服民众羞于抛头露面的心理障碍，调动大家参与文化旅游展演的积极性和主动性，吸引游客选择文化旅游，增加体验式旅游的游客数量，使游客通过欣赏加金加、阿巴达尼始祖传说、珞巴刀舞、使用珞巴弓箭练习射箭、尝试竹编技艺等，加深对珞巴族的了解，才能使更多的门巴族、珞巴族民众从旅游业中受益，同时，也为珞巴族非物质文化遗产的活态化传承发挥一定的促进作用。这样就可以最大限度地发挥三个村寨的各自优势，避免恶性竞争，将南伊沟打造成自然和人文合璧的双重旅游胜地。

图9-2　才召村牧场

就门巴族、珞巴族聚居区的具体情况来说，由于地理条件的差异，林芝地区米林县、墨脱县等地的门巴族、珞巴族社区参与旅游的情况较好，提升空间很大。山南地区隆子县的旅游业发展水平有限，没有形成固定的旅游市场，到珞巴族社区旅游的游客极少，所以当地珞巴族民众参与旅游的情况较差。

三、打造徒步探险旅游图景

（一）墨脱县的徒步探险游

徒步探险游是人类对步行这种古老行走方式的延伸，具有自主性大、低碳环保、低消耗、重体验的特点,备受久居城市的民众喜爱。西藏墨脱县素有"徒步者天堂"的美誉,因为自然风景优美、人迹罕至、道路崎岖、蚂蟥横行,极富挑战性,在国内徒步旅行者中拥有很好的口碑,是背包客们心驰神往的地方。墨脱县徒步探险游的主要路线为:米林县派镇—松林口—拉格—汗密—背崩—墨脱县城—108K—80K—52K—24K—波密,全程为270公里,从派镇出发,沿途要经过拉格、汗密、背崩等休憩点,因为游客数量较多,沿途建有招待徒步游客的简易客栈,提供食宿和必要的给养。其中又以背崩村的客栈规模最大,当地有两处最为集中的客栈群,全部用木板搭建而成,非常简陋,相距约1公里,都位于背崩村小学下面的空地上,往雅鲁藏布江步行约3公里就能到达著名的解放大桥,这是从派镇过来的徒步探险游客的必经之路,也是徒步旅游最重要的整休点。在客栈外的木板墙上钉有河南乐游户外运动俱乐部、青岛动力巅峰户外运动俱乐部、山东户外驴友俱乐部、酷驴兵团、河南新乡市登山户外运动协会、水都跑吧、北山客户外运动俱乐部、陆标户外、包头户外、西安长乐未央、宁夏固原等徒步旅游者的旗帜(见图9-3)。这些客栈还出售石锅、竹编,供游客购买。

图9-3 钉满徒步者标示的客栈

(二)门巴族民众参与徒步旅游的可能性

从米林县派镇出发后,徒步路上就没有门巴族村寨了,拉格和汗密是两个重要驿站,背包客都要在这里休息,驿站主要由四川人和极少数门巴族人经营。过阿尼三号桥后爬山,可以到达门巴族村寨——巴登村,山脚下的平坝就是著名的马尼翁,村民在这里种植有稻田。巴登村门巴族民族文化保留得比较完整,因为交通不便,人们仍然沿袭着背东西上山的习惯,木质房屋根据地形修建,竹编制品在人们的生产生活中依然发挥着重要的作用,这是门巴族先民根据当地的自然生态环境创造出来的地方性生存技艺,集中了门巴族先民的生存智慧,体现出人与自然的和谐共生文化,这些竹编制品很受游客喜爱,是门巴族民众能够转化成旅游纪念品的主要特产。由于这条线路道路崎岖,骡马和背夫仍然是这条徒步旅游线路上不可或缺的重要力量,给各个客栈供货,直接关系着游客的给养是否充足,产生了较大的旅游开发空间,使门巴族民众参与旅游的可能性大大增加。

根据《西藏墨脱定制旅游开发控制专项规划》,墨脱县定制旅游功能空间规划为"一核两心三带四区",即墨脱镇旅游公共服务核、两个旅游接待服务中心、三条旅游开发控制带、四个可持续旅游发展区。"一核"将以墨脱镇为主体,将其打造成极具生态特色和地方文化特色的旅游风情小镇,重点建设旅游客运服务站、旅游安全检测中心、应急救援中心等项目。"两心"是根据规划,墨脱将在80K和背崩村建立旅游接待服务中心。"三带"即"墨脱公路—多雄拉旅游带""峡谷三乡旅游带""金珠藏布旅游带",这三条旅游开发控制带将构建墨脱精品旅游环线。"四区"为墨脱镇—德兴乡、背崩乡、达木—嘎隆拉、墨脱南部,将重点发展特色乡镇旅游、农业旅游、徒步旅游、生态科考探险游、公路旅游等,适时发展高端生态度假游,吸引季节性养生休闲群体。① 政府的支持为墨脱旅游业的发展提供了重要保障,门巴族民众也能从徒步探险旅游中受益。

无论是斗玉珞巴民族乡的边境旅游、南伊沟的社区参与旅游,还是墨脱县的徒步探险旅游,都是我们在田野调查的基础上,根据门巴族、珞巴族社会发展实际提出的发展思路,既能使门巴族、珞巴族非物质文化遗产得到保护和发展,又能促进旅游业的发展,增加农牧民收入,使门巴族、珞巴族民众从中受益,促进非物质文化遗产的传承。

第三节 西藏文化多样性的旅游式展演

一、文化多样性与少数民族文化保护

"冷战"结束后,随着全球社会格局的深刻变化,第三世界各国民众获得越来越多的政治解放,文化观念也随之发生巨大变革。人类学着眼于人类社会的"发展"视角,注重对世界各地文化的研究,认为发展中国家民众所持有的文化虽然与以欧美为中心的西方文化的表现形式不同,但一样具有文化应有的价值和

---

① 材料由墨脱县文化旅游局提供。

意义。这些文化的存在并不是非西方国家发展的阻碍，而是人类的共同财富，发展中国家民众应以珍惜的眼光来重新评价本国的传统文化。在地球村成员的共同努力下，不同人类群体创造并传承的文化逐渐得到大家的承认和尊重，2001年联合国教科文组织（UNESCO）通过了《世界文化多样性宣言》，在国际文件层面给出了文化多样性的正式定义：文化在不同的时代和不同的地方具有各种不同的表现形式。这种多样性的具体表现是构成人类的各群体和各社会的特性所具有的独特性和多样化。文化多样性是交流、革新和创作的源泉，对人类来讲就像生物多样性对维持生物平衡那样必不可少。从这个意义上讲，文化多样性是人类的共同遗产，应当从当代人和子孙后代的利益考虑予以承认和肯定。①

这一定义打破了价值层面对不同地方、不同群体的文化的优劣判断，承认各类文化是人类"交流、革新和创作的源泉"。人类学家列维－斯特劳斯指出："我们希望每个人尊重不同于自己的文化，这只是人人应该尊重所有生活形式的一个特例。"② 文化多样性本来是一个早已存在的基本事实，但长久以来"西方中心"思维却使人们忽略了这一事实，为谋求发展拼命消灭世界不同民族间的差异，但并没有收到人们所期待的发展效果。2005年，UNESCO以国际法形式通过《保护和促进文化表现形式多样性公约》，指出文化多样性是"指各群体和社会借以表现其文化的多种不同形式。这些表现形式在他们内部及其间传承。文化多样性不仅体现在人类文化遗产通过丰富多彩的文化表现形式来表达、弘扬和传承的多种方式，也体现在借助各种方式和技术进行的艺术创造、生产、传播、销售和消费的多种方式"。较之于2001年宣言中的文化多样性概念，2005年公约进一步扩充了文化多样性的内涵，指出一个群体或社会的文化在传承及市场化方面也具有多样性。联合国教科文组织在政治层面提倡文化多样性，其指向是明确文化虽有无数种表达方式，但并不是冲突的根本原因，而是人类生活丰富性的表现，应给每一种文化以应有的尊重，文化交流和跨文化对话是减少冲突和分歧的方式。随着全球化进程，不同群体间的文化碰撞越来越多，文化多样性已经成为当代社会最为重要的发展理念。

二、文化多样性对门巴族、珞巴族社会的意义

（一）文化多样性意味着西藏社会具有包容和欣赏差异的内涵

当代社会，随着人们交往范围的不断扩大，人们越来越多地感受到文化间

---

① 联合国教科文组织. 世界文化多样性宣言 [Z]. 2001：1.
② 联合国教科文组织. 共鸣：文化多样性——发展之路《教科文组织世界文化多样性宣言》通过十周年 [R]. 巴黎：2011：15.

的差异，人们在不断摒弃种族歧视的同时，文化层面的贬视也无孔不入。我们认为，人们的生活方式、价值观念、思维方式、行为规范从来无法用一种标准来评价，更不能以经济利益至上的原则来判断其先进或落后。从文化多样性的视角来看，人们在认识自我的同时，也会意识到与他者的差异，并在与他者接触的过程中尊重这种差异，最终接受这种差异。如前所述，门巴族、珞巴族地处我国边疆，市场经济并不发达，民众所创造出来的包括生存技能型非物质文化遗产在内的民族文化并不是为了谋求经济利益，而是为了满足自己的生存所需，竹编、服饰、木碗、弓箭、植物毒药、黄酒等都是与当地自然生态环境相适应的结果。客观地说，门巴族、珞巴族文化并不能直接促成当地社会的经济繁荣，但在发展过程中如果忽略和轻视门巴族、珞巴族文化特色，不充分考虑门巴族、珞巴族社会因素和文化背景，而直接将外部的发展模式"空降"或移植到门巴族、珞巴族地区，将会给门巴族、珞巴族社会带来不可逆转的文化危机和新的经济贫困。

人类学家格尔茨曾指出："想像差异是接受他人的第一步。他人有同样的权力自由构造自己的意识，只要他们这样做并不妨碍你享受同样的自由。……并不是我们必须互相爱对方，或者争个你死我活……而是我们必须相互了解，并以这种知识与对方生活在地球上……我们必须学会领会那些我们不能接受的东西。正是在这方面，加强我们的想像力，领会我们所面对的世界；使用这种多样性，利用对多样性的研究。"① 因此，在文化层面上必须摒弃以经济是否发达来判断他者文化优劣与否的思维方式，而应该接受和欣赏这种文化差异，这才是文化多样性的最基本表现。不能使地处中国边境地区的门巴族、珞巴族民众边缘化，产生自卑感，而应该获得来自国家和西藏主体民族对其文化上的肯定，激发其文化自信，展示西藏的多样性文化生态。因此，门巴族、珞巴族通过旅游向他者开放，是自身文化独特性的展现，游客由此看到人类文化丰富性的一面，作为他者的游客不能用自己的文化标准、经济观念来衡量这个旅游吸引物，而是应该带着欣赏文化差异的心态投入异文化旅游中，深度细致地体验门巴族、珞巴族文化表现形态，使门巴族、珞巴族民众在增强经济贸易能力的基础上又能够自豪地展示其民族文化。

（二）文化多样性意味着门巴族、珞巴族文化传承能力的提高

早有学者指出，文化不是一个名词，而是一个动词。也就是说，文化是不断

---

① 联合国教科文组织. 世界文化报告——文化的多样性、冲突与多元共存（2000）[M]. 关世杰等，译. 北京：北京大学出版社，2002：25.

演变的过程，而不是演变的结果，这种变化实质上是人的能力的变化。人类有探索和创造的能力，不同群体以不同的形式表现着他们的好奇心、想象力、创意力、创新力和发明力。就门巴族、珞巴族民众而言，能够就地取材，制作各种木器、竹编品、竹碗，制作弓箭，猎杀野兽；能够认识和分辨各种植物，从中萃取五颜六色的染料，用来给毛线和竹篾上色，并通过煮沸时间的长短来控制颜色的着色程度；通过对植物汁液的混合来制作毒药，用于狩猎；能够大胆组合各种颜色，编织出职业设计师不敢想象的美丽图案；不会照着图案进行仿制性编织，而是能随心所欲地编织出各具特色的民族服饰和非物质文化遗产衍生品。这些能力是在自然环境、社会条件的不断刺激下才逐渐定格为门巴族、珞巴族民众的共同行为，不是一蹴而就的，而是门巴族、珞巴族民众在与所处自然环境的互动过程中，经过各种摸索和不断失败后才形成的，在时间长河中，这些失败和成功的经验最终成为门巴族、珞巴族民众的集体记忆，如同生物遗传一样在代际间传承，降低了后代的生存成本，使其更加自由自在地面对所处的环境。门巴族、珞巴族的原生态化学知识和艺术知识是其先民在青藏高原和亚热带环境下积累的生存经验，他们解决问题的思维方式，对自然万物功能和作用的认识，与自然环境相处的传统知识和社会管理方式，都对当代社会处理生态环境危机有重要的借鉴意义。面对社会环境的变化，这些传统知识和社会管理方式的世代传承为门巴族、珞巴族社会的可持续发展提供了更多选择，是留给子孙后代独一无二的文化密码。

值得注意的是，门巴族、珞巴族传统文化为社会发展提供了更多选择，不能简单地把这些传统文化挪为己用，而是应该让这些传统文化的持有者享有各种机会，创造各种条件，合理利用各种资源，拥有应有的文化权利，使青年一代继续传承本民族文化，继续发挥他们的创造力，根据当前社会的变化，对传统文化进行合理的修正和调整，使他们在新的社会发展语境下，能够自主参与到各类社会发展项目中，并就如何建设地方社会发出自己的声音。

（三）多样的文化表现形式是创造力的源泉

文化作为一套动态体系，涵盖了精神、物质、知识和情感等使一个社会或群体产生认同感并富含真善美的内容。发达西方国家从传统社群中发现并"再创造"的文化遗产资源的案例屡见不鲜，获得了巨额回报。门巴族、珞巴族地方社会也能把传统和民间文化视为文化资源进行再创造，在系统整理地方文化的基础上，从创意的角度出发进行开发，运用多种形式，赋予传统和民间文化以全新的表现形式，服务于当地民众生活。竹编艺人根据游客的需求，通过对竹编产品的改造升级，创造出了备受各个人群喜爱的竹编笔筒，成为继"帮穷"之外最畅销的门巴族竹编特色产品。珞巴族服饰制作艺人将长条状的土布织成形态各异的围巾,推向国内外高端市场,编织出颇具珞巴族民族特色的挎包,成为都市女性的新宠,也使艺人们的辛苦劳作得到了现代社会的尊重,获得了丰厚的经济收益。这充分证明了门巴族、珞巴族民族文化的独特性魅力,体现出民众的巨大创造力。

三、门巴族、珞巴族非物质文化遗产传承与旅游业的完美结合

作为我国的22个人口较少民族之一,门巴族、珞巴族民众人口基数小,在与藏族民众交往的过程中逐渐接受了藏族文化中的合理部分,与藏族民众通婚、过藏历新年、信仰藏传佛教等都是各民族间交往程度不断加深的体现。在西藏旅游业的发展过程中,门巴族、珞巴族民族文化得到重视,不断体现出其与西藏主体民族相异的特点,这也成为游客们的主要看点。由于地处偏远地区,门巴族、珞巴族民众的社会经济发展水平明显低于西藏主体民族,并没有留下著名的物质文化遗产,但是这种依赖口述形式流传民族历史,依靠言传身教传承民族文化的形式,却促使门巴族、珞巴族民众保留了丰富多彩的非物质文化遗产,成为游客的最大看点。"无形文化遗产的基本特点在于它是由活生生的实践者来进行的,有活生生的观众欣赏……它们应当活生生地存在于当代社会中,应该像过去一样保持创造力。"① 非物质文化遗产是一种生活状态,其根本目的在于满足民众的生存需求,门巴族、珞巴族的竹编技艺丰富多彩,基于日常生活用品的编法多达四五十种,这就是其文化创造力的表现,也是竹编产品能够满足游客多种需求的基础。西藏旅游业的日益成熟,为门巴族、珞巴族民众提供了一个展示和出售非物质文化遗产产品的市场,既改变了门巴族、珞巴族非物质文化遗产的存在状态,也改变了民众对习以为常的本民族文化的态度,明白了本民族非物质文化遗产的价值所在,使非物质文化遗产产品融入了市场经济,产生了效益,促进了就业,也改善了民众生活,使青年人获得了传承本民族非物质文化遗产的动力,实现了非物质文化遗产的活态化传承。从这个意义上来说,如果没有旅游业提供的大量有欣赏水平、购买意愿和追求异文化享受的游客,门巴族、珞巴族非物质文化遗产不可能有今天这样的发展程度。生存技能型非物质文化遗产项目的有效传承是游客对门巴族、珞巴族民众生存智慧的认可,在旅游产品的供给上实现了文化共享。随着文化体验

---

① 联合国教科文组织. 世界文化报告——文化的多样性、冲突与多元共存(2000)[M]. 关世杰等,译. 北京:北京大学出版社,2002:158.

式旅游的发展，生活娱乐型非物质文化遗产还有很大的提升空间，是下一步发展传承的重点。今后，要想使门巴族、珞巴族非物质文化遗产得到长远发展，不再依靠政府的扶持，就必须依靠旅游业，充分调动门巴族、珞巴族民众的积极性，最终实现文化自觉。

后 记

从 2005 年到西藏民族学院（2015 年更名为"西藏民族大学"）工作，经过十年的学习和积累，我终于写出了西藏的第一本非物质文化遗产学术著作，也算是对自己有了一个交代。

回想往事，我不由得想起自己在西北民族大学攻读硕士研究生时的场景，早在 2003 年，恩师郝苏民先生就在《专业始业教育》的课堂上给弟子们讲授非物质文化遗产的知识，指出了民俗学与非物质文化遗产的天然联系，为我们从事非物质文化遗产研究打好了基础。虽然学校地处西北，信息相对闭塞，但先生却能利用受邀讲学的机会，广泛收集信息，并以最快的速度将来自日本、韩国和北京有关非物质文化遗产的最新学术动态告诉我们，让弟子们各取所需，然后在研讨课上展开讨论，达到消化吸收的目的。我到西藏民族大学工作后，遵从先生的教诲，大量研读前辈学人关于西藏民俗的著述，最终走上了非物质文化遗产的研究之路，也才有了今天的这本小书。

谨以此书献给尊敬的郝苏民先生！

门巴族、珞巴族研究在西藏民族大学有着深厚的学术积淀。1979 年，于乃昌先生就带领西藏民族学院门巴族、珞巴族民间文学调查组深入西藏边陲开展田野调查，整理出《门巴族民间文学资料》《珞巴族民间文学资料》等文本资料，将门巴族、珞巴族口头流传的文学作品第一次以汉文的形式呈现出来，开启了我校门、珞研究的先河。其弟子陈立明教授更是数十年笔耕不辍，对门巴族、珞巴族民俗进行了深入细致的研究，出版了著名的《西藏民俗文化》一书。经过两代学人的不懈努力，终于使西藏民族大学执学术界门、珞研究之牛耳。作为晚辈，我经常就一些疑难问题求教于陈立明教授，每次都能得到他的细致解答，他对早年入藏调研的精彩描述，将我引入了门、珞研究的大门。在科研道路上，我有幸与索南才让教授在近三年的时间里共处一室，他严谨的治学态度、谦和的处世之道潜移默化地影响着我，引导我向学术高峰不断前进。狄方耀教授以其深厚的政治理论功底在党的治藏政策方面给予我很多指点，指导我研读历次西藏工作座谈会纪要，使我受益匪浅。

  在我赴藏调研期间，文化部非物质文化遗产司的马盛德副司长、郝永安处长，西藏自治区文化厅的任淑琼副厅长、吉吉处长，我的好友阿旺旦增、石三毛等人都给予我很多帮助。在本书的出版过程中，香港新鸿基地产郭氏基金会李家华总监、温瑞娥主任一如既往地给予我经济上的无私援助，中山大学校友会的张晓彤部长、黄源穗主任，中山大学出版社的徐劲社长、高惠贞主任、刘丽丽编辑也付出了大量心血，在此一并致谢。

  最后，要感谢我的家人，他们对我科研工作的默默支持是我前行的最大动力。

马宁于古都咸阳
2015 年 10 月 18 日